CLC 기독교문서선교회 (Christian Literature Center: 약칭 CLC)는 1941년 영국 콜체스터에서 켄 아담스에 의해 시작되었으며 국제 본부는 미국 필라델피아에 있습니다. 국제 CLC는 59개 나라에서 180개의 본부를 두고, 약 650여 명의 선교사들이 이동도서차량 40대를 이용하여 문서 보급에 힘쓰고 있으며 이메일 주문을 통해 130여 국으로 책을 공급하고 있습니다. 한국 CLC는 청교도적 복음주의 신학과 신앙서적을 출판하는 문서선교기관으로서, 한 영혼이라도 구원되길 소망하면서 주님이 오시는 그날까지 최선을 다할 것입니다.

추천사 1

이 승 구 박사
합동신학대학원대학교 조직신학 교수

  여기 마하엘 벨커와 존 폴킹혼의 매우 흥미로운 책의 한국어 번역본이 우리에게 주어졌습니다. 먼저 이 책의 내용과 저자들 때문에 이 책을 읽을 만한 책이라고 여겨 추천합니다. 이 책의 내용을 "살아 계신 하나님", "진리를 추구하는 공동체", 그리고 "이해를 추구하는 신앙"이라는, 우리가 늘 사랑하는 세 어구로 요약할 수 있습니다.

  교회 공동체는 항상 진리를 추구하는 공동체이니 함께 믿음으로 출발해서 믿음으로 이해를 추구합니다(저는 오래전에 이를 A-A-C 전통이라고 표현한 바 있습니다. 고대의 Augustine, 중세의 Anselm, 근대의 Calvin이 이런 이해를 추구하는 신앙의 전통을 잘 대변해 왔기 때문입니다). 이 "이해를 추구하는 신앙"(Fides quarens intellectum)은 동시에 참으로 살아 계신 하나님을 생동적으로 믿는 일이기도 합니다. 그리스도인들에게 이것은 너무나 당연한 일입니다.

  그런데 중세에도 이를 벗어나는 일이 많이 있었고(이것이 중세의 아이러니입니다. 중세 유럽 사람들은 다 삼위일체 하나님을 사랑하고 추구한다고 말했는데, 그렇지 않고 다른 방향을 추구하게 되었으니 말입니다), 17세기 이후에는 하나님을 추구하지 않는 일도 많았고 그것이 교회에도 큰 영향을 미치고 있기에 다시 살아 계신 하나님에 대한 믿음에서 출발하는 이해를 추구하는 신앙을 강조할 필요가 생겼습니다.

  독일 하이델베르크대학교의 조직신학 교수인 미하엘 벨커와 영국 케임브리지의 물리학자이면서 신학자인 존 폴킹혼의 공동 작업으로 나온 이 책은 그들 나름의 "이해를 추구하는 신앙"입니다. 그것과 성경에 좀 더 충실하려고 하는 "우리들의 이해를 추구하는 신앙"을 비교하는 것은 흥미로운 일입니다.

그리고 과연 어떤 것이 위에서 언급한 어거스틴-안셀름-칼빈(Augustine-Anselm-Calvin)의 전통에 더 충실한 것인지를 생각하는 것은 더 흥미로운 일이 될 것입니다. 여기서 신학 책은 그것을 읽고 외우는 것이 아니라 그에 대해서 생각하고 비판하는 대상이 되는 것이라는 말이 다시 생각났으면 합니다. 모든 독자를 이런 풍성한 대화에로 초대합니다.

사실 이 책은 영어로 출판되기 전에 저자의 한 사람인 마하엘 벨커 교수가 한국어 번역을 추천자에게 요청해서 시작된 일입니다. 대부분의 번역은 우리들이 저자에게 요청해서 이루어지지만, 이 책은 놀랍게도 저자의 요청으로 한국어 번역이 이루어진 것입니다.

그러므로 이를 요청한 벨커 교수에게 깊은 감사를 표현하면서, 동시에 너무 늦게야 이 책의 한글 번역본을 내게 된 것에 대해서 죄송하게 생각합니다. 본래 추천자가 번역하기로 했으나 저보다 더 나은 제자인 조호영 목사가 오랜 시간 동안 애써서 드디어 이 번역본이 나왔습니다. 그래서 역자인 조호영 목사에게도 감사를 표합니다.

또한, 조호영 목사는 귀한 역자이기 때문에 이 책을 추천합니다. 근자에는 좀 덜하지만 많은 번역서가 원서보다 읽기가 더 난해한 경우가 있었습니다. 그러나 독자들이 읽어 보면 알겠지만 이 어려운 내용의 책은 마치 한국 저자가 쓴 것처럼 잘 읽힙니다(출판계에서는 이를 가독성[可讀性]이 높다고 표현합니다). 이는 많은 책을 번역한 오랜 경험에서 나온 조호영 목사의 능력에서 나온 것입니다.

신학을 공부하는 중에 저에게서 신학과 번역을 같이 배운, 그러나 이제는 좋은 책을 더 많이 번역한 조호영 목사의 번역서를 보게 되어 큰 기쁨이 있습니다. 늘 열심히 공부하는 목사가 바쁜 목회 상황 속에서 시간을 내어 이 귀한 책을 번역해 준 것에 감사드리면서 이렇게 많은 시간을 들여 번역한 책이 많은 사람에게 읽히는 것이 필요하다고 생각되어 이 책을 여러분에게 추천합니다.

우리 모두 살아 계신 하나님에 대한 생동적 신앙을 더 강하게 가질 수 있었으면 합니다. 성령님에 의지해서 이 책을 찬찬히 읽으면 그렇게 될 수 있을 것입니다.

추천사 2

정요석 박사
개신대학원대학교 조직신학 겸임교수, 세움교회 담임목사

이 책은 학문의 배경과 교단이 다른 존 폴킹혼과 미하엘 벨커가 각각 삼위 하나님에 대한 신앙을 어떻게 이해하는지를 다룹니다. 영국 성공회 교인인 폴킹혼은 이론 물리학을 공부하여 교수로 지내다가 신학을 공부하여 사제가 되었습니다. 루터교적 유산과 개혁파적 유산이 결합된 교회들 속에서 성장한 미하엘 벨커는 하이델베르크대학교에서 철학 박사 학위를 받았고, 튀빙겐에서 신학 박사 학위를 받았습니다.

이들은 이 책에서 각자 창조주 하나님, 그리스도, 성령에 대한 신앙을 기술하고, 그 쓴 것에 대하여 상대방이 논평을 했습니다. 그리고 그 논평에 대하여 다시 답변을 했습니다. 이 두 사람은 다른 배경과 접근의 차이점을 가졌지만 공통점도 많은데 대표적인 것은 이해를 추구한다는 점입니다.

그렇다고 하여 이들이 인간의 지성에 무한한 신뢰를 보내는 것은 아닙니다. 이들은 진리에 대하여 면밀히 탐구하지만 동시에 하나님은 무한하신 실재이시기 때문에 인간 지성으로 다 파악할 수 없다는 겸손함을 유지하고 있습니다. 그래서 이들의 글에는 이성적 과신의 오만이나 지나친 단순화의 오류를 피하려는 흔적이 강하게 드러납니다. 이들은 "신앙은 헌신을 위한 토대이며, 우리의 헌신들에 대해 물음을 던지는 것이다. 신앙은 신뢰할 만한 지식을 포함하며, 동시에 신앙은 지식의 한계들을 아는 것이다"라는 미하엘 벨커의 진술에 전적으로 일치하고 있습니다.

이들은 독자들이 살아 계신 하나님에 대해 진지하게 신학적으로 사유할 수 있기를 바랍니다. 기독교 신앙을 갖는다는 것은 절대로 지적 자살이 아닙니다.

그렇다고 모든 질문과 호기심에 대하여 답을 아는 것도 아닙니다. 기독교 신앙을 갖는다는 것은 무엇을 알 수 있고, 무엇을 알 수 없는지에 대하여 안다는 것이고, 어떻게 사유해야 이것에 대해 알 수 있는지 안다는 것입니다.

독자들이 이 책을 통해 그간 알고 싶었던 것들에 대하여 어떻게 그 앎에 접근해야 하는지 통찰을 얻기 바라며 이 책을 추천합니다. 아울러 이 책을 읽은 이후에는 이들의 접근에 대하여 이미 정돈된 답을 깊이 있게 내린 웨스트민스터 신앙고백과 개혁파 인식론을 읽어 보기를 추천합니다.

개인적으로 이 책을 읽을 때 제2부의 제3장 "진리와 이해에 대한 추구"를 먼저 읽고 나머지 부분을 읽으면 이 책을 이해하는 데 도움이 될 듯하니 참고하기 바랍니다. 마지막으로 어려운 철학적, 신학적 용어로 가득한 이 책을 가독성 있게 번역한 역자에게 고마움을 전합니다.

살아 계신 하나님에 대한 신앙

Faith in the Living God (2nd Edition): A Dialogue
Written by John Polkinghorne & Michael Welker
Translated by Ho Young Jo

Copyright © 2019 John Polkinghorne and Michael Welker, of the English original version by John Polkinghorne and Michael Welker.
This edition licensed by special permission of Wipf and Stock Publishers.
www.wipfandstock.com

License arranged through rMaeng2, Seoul, Korea.
This Korean Edition Copyright © 2024 by Christian Literature Center, Seoul, Korea.

살아 계신 하나님에 대한 신앙

2024년 1월 15일 초판 발행

지 은 이 | 존 폴킹혼, 미하엘 벨커
옮 긴 이 | 조호영

편　　 집 | 진애란
디 자 인 | 이승희
펴 낸 곳 | (사)기독교문서선교회
등　　 록 | 제16-25호(1980.1.18.)
주　　 소 | 서울특별시 동대문구 천호대로 71길 39
전　　 화 | 02-586-8761~3(본사) 031-942-8761(영업부)
팩　　 스 | 02-523-0131(본사) 031-942-8763(영업부)
이 메 일 | clckor@gmail.com
홈페이지 | www.clcbook.com
송금계좌 | 기업은행 073-000308-04-020 (사)기독교문서선교회
일련번호 | 2024-1

ISBN 978-89-341-2638-6 (93230)

이 한국어판 저작권은 알맹2 에이전시를 통해 Wipf and Stock Publishers와 독점 계약한 (사)기독교문서선교회가 소유합니다. 신저작권법에 의하여 한국 내에서 보호를 받는 저작물이므로 무단 전재와 무단 복제를 금합니다.

Faith in the Living God
2nd Edition: a Dialogue

살아 계신 하나님에 대한 신앙

존 폴킹혼 / 미하엘 벨커 지음
조호영 옮김

CLC

| 목 차 |

추천사 1   이승구 박사 합동신학대학원대학교 조직신학 교수   1
추천사 2   정요석 박사 개신대학원대학교 조직신학 겸임교수, 세움교회 담임목사   3

저자 서문   9
역자 서문   20

제1부 | 살아 계신 하나님에 대한 신앙   22

제1장   창조주 하나님에 대한 신앙 / 존 폴킹혼   23
제2장   창조주 하나님에 대한 신앙 / 미하엘 벨커   57
제3장   그리스도에 대한 신앙 / 존 폴킹혼   79
제4장   그리스도에 대한 신앙 / 미하엘 벨커   115
제5장   성령에 대한 신앙 / 존 폴킹혼   135
제6장   성령에 대한 신앙 / 미하엘 벨커   156

제2부 | 진리를 추구하는 공동체들 안에서와 개인들 가운데에서 '이해를 추구하는 신앙'   184

제1장   실재에 대한 창을 열기 / 존 폴킹혼   185
제2장   문화적 덫을 뛰어넘기 / 미하엘 벨커   204
제3장   진리와 이해에 대한 추구 / 존 폴킹혼 · 미하엘 벨커   240

저자 서문

존 폴킹혼 박사_ 케임브리지대학교 수리 물리학 교수
미하엘 벨커 박사_ 하이델베르크대학교 조직신학 교수

    이 책에 대한 생각은 1999년 여름 하이델베르크에서 함께 한 학기를 보내게 되는 경험에서 온 것이었다. 우리는 기독교 교리에서의 중심 주제들과 관련된 공농 과정을 가르쳤으며, 생기 있는 학생 그룹과의 지적 토론을 즐겼다.

    이 대화에서 우리는 믿음의 방식과 신학적 관심에 있어서 서로 만나야 할 근거를 발견할 수 있을 만큼 공통점이 있으며, 배경과 접근에서의 차이로 인해 상호 간의 만남이 우리에게 도전적이고 깨우침을 주리라는 것을 알게 되었다.

    우리는 이제 이 탐구 활동을 다른 이들과 나누고자 하는데, 우리의 쌍둥이적 관점이 제공할 수 있는 양안시(binocular vision)를 통해서 우리가 논하고사 하는 중요한 이슈들에 대해 유익한 통찰을 얻게 되기를 바란다. 여기에 어떤 열매가 있다면 그것은 바로 우리가 상호 작용하는 가운데 함께 가지고 있는 차이와 공통점의 결합에서 생겨난 것이다.

1. 차이

1) 나이와 가족

(1) 존 폴킹혼

우리가 이 글을 쓰고 있는 지금 나는 칠십 대이며, 은퇴했고, 아홉 명의 손주를 두고 있다. 제2차 세계대전 전에 태어난 나는 제2차 세계대전 동안에 학생이었고, 영국 공군(RAF) 파일럿이었던 내 형제는 전투 중 사망했다. 오늘날 살아 있는 사람들 중에 있는 가장 큰 구분은 전쟁이 가져오는 용기·동정·야만성·슬픔과 함께 직접적으로 전쟁을 경험한 사람들과 그렇지 않은 사람들 사이의 구분이다.

우리 둘은 모두 전쟁을 직접 경험하지는 않았다. 하지만 간접적이고 순진한 젊은 시절이긴 했지만, 세계적 갈등이 강렬한 시대를 살게 됨으로써, 나와 같이 늙은 사람들의 성격에 있는 갈등의 흔적은 의심할 바 없이 그들의 삶의 일부가 되어 왔다.

(2) 미하엘 벨커

나는 오십 대에 들어서고 있다. 내 아내와 나에게는 열두 살 된 쌍둥이 딸이 있다. 나의 삼형제와 나는 서베를린의 매우 가정적인 집안에서 어린 시절을 보냈지만, 전쟁과 나치 정권(the Third Reich)으로 인해 집 주변은 폐허 상태였고 주변의 많은 사람은 육체적으로 그리고 심리적으로 상처를 입었다. 8살이었을 때 나는 서베를린에 있는 주와대성당합창단(the State and Cathedral choir)에서 노래하기 위해 일주일에 서너 번 동서 베를린 국경을 넘었다.

11살 때, 나는 프랑스 김나지움에 입학했고 범세계적 정신(a cosmopolitan spirit)의 기쁨을 경험했다. 내 삶을 형성한 또 하나의 국면은 60년대 후반이었는데, 그때 나는 하이델베르크와 튀빙겐에서 학생으로서 저항과 비판 정신 그리고 제2차 세계대전 이후의 문화를 새롭게 하고자 하는 갈망을 지니고 있었다.

2) 교회와 문화

(1) 존 폴킹혼

나는 영국 성공회 교인으로서 기독교 가정에서 성장했다. 인생의 중반에 나는 영국 성공회 사역을 위한 훈련을 받았으며, 1982년에 사제가 되었다. 성공회 교도들은 자기들의 신학적 사고가 성경·전통·이성이라는 '삼각대'에 기초하고 있다는 생각을 좋아한다. 그들은 언제나 일반적인 인간 문화에 대해서 감사하지만 무비판적이지 않은 관계를 맺으려 해 왔다.

그리고 영국에서 그들은 국가 생활과의 특별한 관계를 누려 왔는데 이런 관계는 성공회 정치 체제에서 오는 것이었다. 지난 20년 이상에 걸쳐서 나의 주요한 지적 관심이었던 과학적 세계관과 신학적 세계관 사이의 상호 작용은 성공회 지성에 매우 잘 맞는 활동이다. 이 활동이 수행된 방식 역시 내가 잉글랜드인이라는 사실에 의해서 영향을 받았다.

왜냐하면, 잉글랜드는 실용적 전통을 가지고 있으며, 그것의 일반적인 지성적 삶에서, 독일과는 완전히 대조적으로, 철학에 상대적으로 보다 온건한 역할을 부여하는 경향이 있기 때문이다. 그 결과, 잉글랜드의 신학적 사고는 방법론적 이슈들이나 거대한 종합의 구성을 크게 강조하기를 피하는 경향이 있다. 오히려 개별적이고 특정한 주제들에 초점을 맞추는 경향이 있다.

(2) 미하엘 벨커

나는 루터교적 유산과 개혁파적 유산이 결합된 베를린과 팔츠의 교회들 속에서 성장했다. 나의 가족은 별 볼일 없는 부르주아 개신교 신앙에 속했지만, 나는 일찍이 네 살 때부터 목사가 되기를 원했다. 대부분의 친구처럼 나 역시도 교회에 대해서 매우 비판적인 국면들을 겪었지만, 목사가 되고자 하는 바람은 대학에 들어갈 때까지 결코 변하지 않았다.

나는 독일 전통들과의 강한 관계보다는 프랑스 및 미국 문학과 더불어 성장했다. 그러나 나는 내 학창 시절에, 18세기 말과 19세기 초의 독일 관념론 철학과 1920년대와 1930년대 독일의 신학 운동인 변증법적 신학에 깊은 관심을 가졌다. 나의 사유는 '주관주의적 전환', 다시 말해서 인간의 주관성과 그것의 인식론적 잠재성 그리고 그런 주관성과 관련된 종교의 자기 세속화에 집중하는 과정을 겪었다.

3) 교육과 직업

(1) 존 폴킹혼

나는 케임브리지대학교에서 교육을 받았는데, 이곳에서 본래 나는 수학을 공부했으며, 나의 학문적 작업의 대부분이 이곳에서 이루어졌다. 이론 물리학으로 박사 과정을 한 후에, 1955년부터 1979년까지 이론 소립자 물리학자(a theoretical elementary particle physicist)로 일했는데, 1968년에 케임브리지 수리 물리학 교수가 되었고, 1974년에는 영국왕립학회 회원이 되었다. 기초 물리학에서의 이 오랜 경력은 의심할바 없이 나의 지성적 입장을 형성했으며 이어지는 신학과의 관계에 영향을 미쳤다.

후자의 접근을 나는 종종 '아래로부터의 사유자'(a bottom-up thinker)의 접근으로 특징지었는데, 이 표현은 경험에서 이해로, 구체적인 것에서 일반적인 것으로 나아가고자 하며, 개별성 안에 그것의 뿌리를 두고 있는 것이 명백하지 않은 폭넓은 원리들을 주장하지 않도록 주의하는 사람을 가리킨다.

내가 전문 물리학자였다는 것과 똑같은 의미에서 내가 전문 신학자는 아니라는 것을 인정하지만, 그럼에도 나는 항상 신약 연구에 관심을 가져 왔으며, 기독교 신학이 궁극적으로 파생되는 토대가 되는 기록에 접근하게 된 것은 바로 이 신약 연구를 통해서였다.

(2) 미하엘 벨커

철학 박사 학위를 받은 하이델베르크대학교에서 나는 특별히 구약, 약간의 교회사, 그리고 철학을 공부했다. 튀빙겐에서 나는 조직신학과 신약에 집중했다.

여기에서 나는 신학 박사 학위를 받았으며, 케임브리지 수학자이자 자연과학자요 철학자인 알프레드 노스 화이트헤드(Alfred North Whitehead)에 관한 '교수 자격취득 논문'(*Habilitationschrift*, 아카데미 경력에 입문하기 위해 독일에서 필요로 하는 박사 후 학위)을 쓰기로 결정했을 때, 나의 사유는 상당한 변화를 경험했다.

1977년에 나는 당시에 독일에서 거의 알려져 있지 않았던 화이트헤드의 작업과 화이트헤드의 사상을 형성하는 소위 과정신학을 연구하고자 미국으로 갔다. 그렇지만 나는 화이트헤드주의자나 과정신학자가 되지는 않았다.

오히려 내가 보게 된 것은 화이트헤드가, 특히 하버드 출신의 일부 위대한 다른 이론가들이 그와 함께 그리고 그의 이후에 했던 것처럼, 새로운 유형의 사고를 개발했다는 것이다. 즉, 우리가 상식, 종교적 사고, 수리 과학들에 의해 형성된 역사적·윤리적 이론들, 그리고 다른 사고 양식들을 가지고 세상에 접근한다는 것을 인정하는 다체계 이론을 개발했다는 것이다.

화이트헤드에 따르면 일반 이론은 이런 사고 양식들 사이에 있는 상대적 공통점들을 찾아야 할 뿐만 아니라, 그것들의 차이들을 설명해야 한다.

4) 대화에서의 청중과 주요 파트너

(1) 존 폴킹혼

나는 다양한 수준에서 글을 쓰며, 지적 관심과 진지함을 갖고 그렇게 하고자 한다. 나는 특히, 기독교 신앙의 합리성에 대한 물음을 탐구하고 있는 열린 탐구자가 접근할 수 있고 그에게 유익이 되는 방식으로 글을 쓰고 싶다. 특히, 이 탐구자가 그에게 있어서 과학적 통찰이 중요한 사람이거나, 과학과 신학 사이에 내재적인 어떤 대립이 있을지 모른다고 의심하는 사람이라면 더욱 그렇다.

다른 많은 과학자겸 신학자처럼 나 역시도 종종 내가 과학과 신학 사이에 밀접한 관계가 있음을 인식하는 것을 강조하는데, 과학과 신학이 이런 밀접한 관계를 갖는 것은 둘 다 추구해야 할 진리가 있으며, 그것의 성취는 동기를 부여하게 된 믿음을 면밀히 추구하는 데서 오게 될 것이기 때문이다.

(2) **미하엘 벨커**

세 권의 첫 학술서와 그 외의 책들을 쓰면서 나는 칸트·피히테·헤겔·슐라이어마허·니체·화이트헤드·루만의 이론 언어에 적어도 일이 년 동안 각각 몰두했다. 이것이 오랫동안 나의 글들을 형성했는데, 이 글들은 주로 학문적인 독자를 위한 것이었다. 반어적이게도 내가 10년 전에 참여했던 과학자들과의 진지한 담화는 철학적인 이론 언어를 변형해야 할 필요가 있다는 것을 보여 주었다.

또한, 내가 확신하게 된 것은 자기 세속화 및 자기 진부화의 과정들을 겪고 있는 서구에서의 기독교의 위기가 과거로부터 이론 언어들을 배우고 그것들을 옮기려(translate) 하지 않는 신학자들에 의해서는 적절히 다루어질 수 없다는 것이다.

2. 공통점

그 자체에 목적이 있는 것이 아니라, 세속 문화뿐만 아니라 교회와 신앙 전통들의 일치에 이바지하는 데 목적이 있는 학제 간 아카데미적 담화에 대한 관심에 있어서 우리는 방금 기술한 차이들 가운데에서 많은 공통점을 발견했다.

우리 둘 모두에게 매우 중요한 것은 살아 계신 하나님에 대한 믿음을 '비유적 사상'(a figure of thought)이나 어떤 위대한 관념에 대한 매혹, 그리고 이런 매혹에 수반되는 상관된 확실성 및 지적·미적 만족과 혼동하지 않는 것이다.

우리 두 사람 모두 몇 가지 이론 언어로 훈련을 받았지만, 우리는 이런 언어들의 주제적 적합성을 추구하며, 이 언어들을, 먼저는 서로를 위해서 그리고 그 다음으로는 철학이나 과학에 있어서 훈련되지 않은 독자를 위해서, 번역하고픈 열망이 있다.

우리가 이런 이론 언어들이 갖고 있는 종합하고 식별하는 능력을 귀하게 여기긴 하지만, 그럼에도 불구하고 우리는 이런 이론 언어들이 지닌 비유적 사상을 귀납적 양식의 사고를 통해서 시험해 보지 않는 다양한 형식의 환원주의와 다양한 유형의 형이상학에 대해서는 회의적이다.

우리 두 사람은 종교와 신학이 합리성을 존중하지 않으며, 평가를 받을 필요가 있는 일관성을 소유하고 있지 않은 그저 문화적으로 조작된 담화들에 불과하다고 하는 의견을 강력하게 거부한다. 우리는 신앙이 항상 이해를 추구해야 하며 종교적 확신과 확실성은 진리 주장들을 보증할 준비가 되어 있어야 한다고 확신한다.

우리 두 사람 모두 기독교 신앙이 존중을 받고 수용되고자 한다면, 기독교 신앙은 그것의 내용과 표현에 있어서 부요하고 상술될 필요가 있다고 믿는다. 우리 둘 모두에게, 삼위일체신학은 이런 필수적인 '두께'(thickness)를 지니고 있으며, 우리는 이어지는 논의들 속에서 이런 관점을 설명하고 변호하고자 한다.

독자들이 앞으로 보게 되겠지만, 우리는 둘 다 성경을 매우 존중한다. 물론 성경이 항상 해석(동시대적 이해의 통찰들이 중요하긴 하지만 결코 결정적인 것은 아닌 역할을 하는 활동)을 필요로 한다는 것을 인정하지만 말이다. 각 세대가 교회의 전통을 자기의 방식으로 그리고 자기 자신의 특정한 상황과 경험에 비추어서 자기 자신의 것으로 만들어야 한다는 것을 인정하지만, 동시에 우리는 교회의 전통과의 일치 속에 있기를 원한다.

3. 이 기획의 구조

제1부에서 각각의 저자가 기독교 교리의 삼중적 기둥인 창조주 하나님에 대한 신앙, 그리스도에 대한 신앙, 성령에 대한 신앙과 관련된 자기의 이해를 논하는 것이다. 그 다음에 각자가 상대방의 글에 대해서 논평을 하고, 마지막으로 각자가 자기의 에세이에 관한 논평에 대해 간략하게 답변하는 것이다.

이런 식으로 차이와 공통점이 대화를 통해서 그리고 많은 특정한 주제와 관련해서 탐구된다. 우리는 이렇게 두 사람이 다루는 것을 통해서 혼자였다면 쓸 수 없었을 것을 제공해 준다고 느낀다.

제2부에서 우리는 각각 특정한 에세이를 쓰게 되는데, 이 에세이에서 각자의 접근에 대해 더 깊은 논의와 분석이 이루어진다.

우리 두 사람 모두에게, 진리의 문제는 신학에 있어서 가장 중요하며, 따라서 우리는 진리를 추구하는 공동체들이 그들에게 가능한 가장 폭넓은 환경 속에서 이루어지는 그들의 이해 추구를 어떻게 촉진

할 수 있는지에 대한 공동의 설명으로 마무리한다.

4. 감사

지난 몇 년 동안 우리의 협력을 가능하게 해 준 많은 사람과 기관이 있다. 우리는 프린스턴에 있는 신학탐구센터(Center of Theological Inquiry)에 감사하고자 하는데, 특히 센터의 소장들인 다니엘 하디(Daniel Hardy) 박사와 월리스 알스톤(Wallace Alston) 박사에게 감사한다. 이들은 우리를 초대해서 하나가 되게 했으며, 결국 과학자들과 신학자들 사이의 대담에서 의장을 맡도록 했다.

우리는 존 폴킹혼에게 연구기금을 제공한 훔볼트 재단의 알렉산더(the Alexander von Humboldt-Stiftung)와 그의 친절에 대해서 하이델베르크대학교의 총장에게 감사한다. 우리는 1999년에 '신학의 주요 주제들'(Crucial Topics in Theology)이란 과목이 금요일 오후에 영어로만 진행되었음에도 불구하고 이 과목에 참여했던 스무 명 이상의 학생에게 감사한다.

우리는 또한, '국제지식포럼 하이델베르크'(Internationales Wissenschaftforum Heidelberg)와 '아카데미 호프가이스마르'(Akademie Hofgeismar)에서 과학과 신학의 관계에 관한 토론들을 자극해 준 데 대해 유럽의 많은 학생과 동료에게도 감사한다. 우리는 몇몇 컨퍼런스를 지원해 준 '슈티프퉁 폴크바겐-베르크'(Stiftung Volkwagen-Werk), '한스-릴리에-슈티프퉁'(Hanns-Lilje-Stiftung), 그리고 '독일연구단체'(Deutsche Forschungsgemeinschaft)에 감사를 전하는데, 이 컨퍼런스들은 후에

책으로 출판되었다.

  마지막으로, 우리가 이 책의 출판을 위해서 원고를 준비했을 때, 우리에게 전문적인 도움을 준 베아트 뮐러(Beate Müller)와 볼프람 케르너(Wolfram Kerner)에게 감사한다.

  이 책은 칠 년이 넘는 대화와 개인적·신학적 우정의 산물인데, 이런 대화와 우정의 열매들을 이제 교회와 아카데미 그리고 신학적으로 열려 있고 관심이 있는 더욱 폭넓은 문화 대중 속에서 진리를 추구하는 공동체들에게 제공한다.

역자 서문

조호영 목사
동작중앙교회 담임

    중세의 대표적 신학자이자 철학자인 안셀무스는 "이해하기 위해 믿는다"라고 말했습니다. 얼핏 들으면, "이해하기 원하면 무조건 믿고 보라"는 말처럼 들릴 수도 있습니다. 그러나 그런 뜻이 아닙니다. 믿음을 토대로 해서 다른 모든 이성적 지식을 그 위에 세워 가야 한다는 뜻입니다.

    토대가 부실하면 건물이 무너지기 쉽습니다. 믿음이 우리의 모든 이성적 지식의 토대여야 한다면, 이 믿음은 결코 맹목적일 수 없고, 구체적인 신앙의 내용에 대한 지식과 이해를 동반할 것입니다. 그래서 우선 이 책의 제목은 두 가지를 분명히 합니다. 믿음의 대상은 하나님이요, 그 하나님은 "살아 계시다"는 겁니다.

    그리고 이 책의 내용에서 분명히 드러나게 되겠지만, 이 살아 계시는 하나님은 삼위일체 하나님이시라는 겁니다. 과학과 신학은 이 삼위일체 하나님이라고 하는 실재를 보여 주는 두 개의 각기 다른 창이 아니라, 하나의 창입니다. 그래서 신학자는 과학 앞에서 두려워할 필요가 없고, 과학자는 신학 앞에서 겸손해야 합니다.

　소크라테스는 "검증되지 않은 삶은 살 만한 가치가 없다"고 말했습니다. 과학자와 신학자 사이의 대화를 통해서 우리 자신의 신앙을 검증할 수 있다면, 우리의 신앙은 그만큼 더 가치가 있고, 든든한 토대를 형성할 것입니다. 저자들의 생각에 모두 동의할 필요는 없습니다.

　중요한 것은 우리가 믿는바 구체적인 신앙의 내용이 무엇인지를 확인하고 검증하는 것입니다. 이 책이 독자에게 그 기회를 주리라 확신합니다. 주께서 이 책을 모든 독자의 손에서 선하게 사용해 주시기를 기도합니다.

　이 책을 번역할 수 있도록 추천해 주신 합동신학대학원대학교의 이승구 교수님께 감사를 드립니다. 그리고 어려운 출판 상황 속에서도 기꺼이 출판을 맡아 주신 기독교문서선교회(CLC)의 대표 박영호 목사님과 직원 여러분께 깊은 감사의 마음을 전합니다.

제1부

살아 계신 하나님에 대한 신앙

제1장 | 창조주 하나님에 대한 신앙 _존 폴킹혼
제2장 | 창조주 하나님에 대한 신앙 _미하엘 벨커
제3장 | 그리스도에 대한 신앙 _존 폴킹혼
제4장 | 그리스도에 대한 신앙 _미하엘 벨커
제5장 | 성령에 대한 신앙 _존 폴킹혼
제6장 | 성령에 대한 신앙 _미하엘 벨커

제1장

창조주 하나님에 대한 신앙

존 폴킹혼

제목에 있는 세 개의 중요한 단어는 모두 과학자에게 걸림돌이 될 수 있다. 우리는 이 세 개의 걸림돌을 차례로 숙고할 것이다.

1. 신앙

'신앙'은 의심할 수 없는 권위라고 하는 유일한 토대를 근거로 아무런 의심 없이 받아들이도록 제시되는, 사실상 다소 믿을 수 없는 명제들에 대한 맹신이라는 이미지를 쉽사리 떠올리게 한다. 이런 잘못된 개념이야말로 아마도 종교적인 문제를 숙고하고자 하는 과학자가 극복해야 할 가장 큰 장애물이다.

당연히 이런 사람은 지성적 자살을 범하고 싶어하지 않지만, 오히려 너무도 쉽사리 이들은 지성적 자살이야말로 자기들에게 요구되고 있는 것이라고 생각할 수 있다. (중세에 안셀무스가 말했듯이) 신앙이 이해를 추구하는 것과 관련되어 있다는 생각은 과학자들에게는 종종 새로운 개념이다. 신앙의 본성에 대한 이런 잘못된 개념은 여러 이유 때문에 생겨났다.

그중 하나는 신자들이 자기의 믿음에 대한 동기가 있음을 알아차리지 못한다는 것이다. 변증학이란 분과는 탐구자에게 도움이 되는 방식으로 이런 동기들을 다루고자 하는 것과 관련되어 있다. 이 활동은 단순히 한 번에 삼켜야 하는 쓰디쓴 신앙주의의 알약에 설탕을 바르는 것이 아니다.

오히려 이 활동은 종교적 신앙의 합리적 기원들을 표현하고자 하는 참된 시도다. 나는 양자 이론과 핵물질의 구성 요소들로서의 쿼크(quarks)와 글루온(gluons)의 역할에 대한 과학적 믿음들을 설명하고 변호하는 책들을 썼으며,[1] 또한 나의 기독교 신앙을 설명하고 변호하는 책들을 썼다.[2]

이 두 종류의 글은 그 소재는 매우 다르지만 기본 전략은 같다. 각각의 경우에서, 서로 맞물려 있는 경험에 대한 복잡한 이야기와 진리를 추구하는 공동체 내에서 발전하게 된 해석이 언급되어야만 하는데, 이 공동체 내에는 인간의 지적 노력에 공통적인 갈등·당황·좌절이 없지 않다.

동시에 일상의 상식에 속한 개념들과는 완전히 다른 개념들이 전달되어야만 한다. 교정적 사고의 필요성을 기꺼이 수용하지 않는 사람은 양자 이론을 이해할 수 없다. 신에 대한 탐구에는 과학적 탐구에 필적하는 지적 놀라움이 없으리라고 기대하는 것은 비합리적일 것이다.

---

1   Polkinghorne, *Quantum World*; Polkinghorne, *Rochester Roundabout*.
2   Polkinghorne, *Way the World Is*; Polkinghorne, *Science and Christian Belief*.

그러나 탐구적인 과학자는 사실상 이 두 경험에서 그 소재가 다르기 때문에 하나는 합리적인 탐구라고 볼 수 있는 반면, 다른 하나는 결국 비합리적인 주장에 불과한 것이 아니냐고 말할지도 모른다. 따라서 종교인들이 '계시'를 그들이 믿음을 갖게 되는 동기의 기초로 사용할 때 그들이 무엇에 호소하고 있는지에 대한 물음을 제기함으로써 계시의 성격에 대한 이슈가 논의 목록에 올라오게 된다.

우리가 도전할 수 없는 권위에 대한 호소로 되돌아간 것처럼 보일지 모르겠다. 왜냐하면, 계시라는 단어가 "하나님의 보좌에서"(*ex cathedra Dei*, 엑스 카테드라 데이)에서 언급된 무오한 명제들을 가리킨다고 믿음으로써 많은 사람이 이 단어에 걸려 넘어지기 때문이다. 틀림없이 니케아신경과 같은 간결한 진술은 계시에 대해 단호히 주장하는 것 같은 분위기를 풍긴다.

그러나 고에너지 물리학자들이 그들의 주머니에 넣고 다니는 입자 데이터 목록들 역시 마찬가지다. 둘 다 경험과 해석 사이에 있는 복잡한 상호 작용들의 본질을 증류한 것이다. 과학적 지식의 경우, 경험들이란 실험들, 다시 말해서 주의 깊게 고안된 경우들이라 할 수 있는 데, 이런 것들에 근거해서 우리는 자연적 과정의 어떤 특정한 면을 가장 뚜렷하게 식별해 볼 수 있다.

실험들이란 인간적 조작의 결과들이므로, 실험들은 반복될 수 있는 경험을 나타내며, 그 경험에 적어도 원리적으로는 보편적인 접근 가능성을 부여한다. 기독교 신자에게 있어서, 그의 개인적인 경험 외에, 신앙에 대한 주요한 동기들은, 이스라엘의 역사를 통해 그리고 예수 그리스도의 인격 안에서, 하나님의 뜻과 본성을 가장 분명하게 식별했다고 믿게 되는 전통의 토대가 되는 사건들이다.

이런 사건들은 하나님에 의해서 은혜로 주어지며, 따라서 이런 사건들은 독특하고, 그것들의 피할 수 없는 독특함 속에서 수용되거나 거부되어야 한다. 역사적 차원을 지닌 과학들은 독특함에 전적으로 익숙하지 않다. 진화 생물학은 그것의 통찰의 기초가 되는 지상의 삶에 대해 하나의 역사만을 갖고 있으며, 우주론은 연구될 수 있는 하나의 우주만을 갖고 있을 뿐이다.

분명 이 지점에서 상당한 차이가 과학적 믿음과 종교적 믿음 사이에 생겨난다. 하지만 독특성에 대한 호소가 절대 비합리적 움직임으로 이해되어서는 안 된다. 독특성에 대한 주장을 정당화하기 위해서는 합리적 사고의 성격에 대한 약간의 설명이 요구된다. 내가 믿기로는, 합리적 사고의 본질은 우리의 생각을 우리의 사고 대상의 성격에 일치시키려고 하는 것에 놓여 있다.

독특성에 대한 주장의 배후에는 분명히 인간의 인식론적·존재론적 능력과 관련된 실재론적 입장이 놓여 있다. 다시 말해서, 우리가 아는 것이야말로 실재에게로 이끄는 믿을 만한 안내자라는 신뢰가 놓여 있다. 나는 우리가 칸트주의적인 안개(이 안개 속에서 접근할 수 없는 물자체[noumena]의 현상적 그림자들이 모습을 드러내며, 우리가 아는 것은 현상들일 뿐 있는 그대로의 물자체가 아니다) 속에서 길을 잃었다고 믿지 않는다.

적어도 이 점에서 과학자들은 별다른 어려움이 없을 것 같다. 그들은 모두가 의식적으로든 무의식적으로든 자기들이 물리적 세계와 갖는 만남에 대한 실재론자들이기 때문이다. 나는 다른 곳에서 과학과 신학 양쪽 모두에서 비판적 실재론을 변호하고자 했으며,[3] 이번에는 이것에 대한 일반적인 요지를 더 깊이 다루지 않을 것이다.

그러나 실재론은 우리가 종사하는 활동에 근본적이다. 과학의 주요한 관심을 단지 기술적 성공을 이루는 것으로 보는, 과학에 대한 실용주의적 설명을 수용하지 않듯이, 나는 종교적 신앙을 일차적으로 삶에 대한 기술을 제공하는 것으로 간주하는 설명을 수용하지도 않는다.

나는 과학에 대한 사회 구성주의적 설명을 수용하지 않듯이(과학 활동에서 공동체가 행하는 역할을 인정하지 않는 것은 아니다), 종교적 신앙을 일차적으로 사회 속에서의 문화적 결속력으로 간주하는 설명을 수용하지 않는다. 내가 믿기로는, 과학과 종교는 둘 다 사물의 실제 존재 방식을 알고 그것에 반응하는 것과 관련이 있다.

비록 과학과 신학 중 어느 것도 그것들이 말하고자 하는 보이지 않는 실재들에 대한 단순하고 직접적이며 문제가 되지 않는 지식이나, 또는 그것들이 도달하는 통찰들의 타당성에 대한 절대적 확실성에 접근할 수는 없지만 말이다.

비판적 실재론은 확실한 진리를 얻고자 하는 실패한 모던주의적 추구가 지닌 영웅주의적 낙관론과 포스트모더니즘을 너무나 자주 상대주의적 절망 속에 빠뜨리고야 마는 지성적 비관주의 사이에서 중도의 길을 발견하려는 시도다. 과학 자체 내에서조차 우리는 우리가 논의해 온 의미에서의 합리성이 단일한 보편적 형태를 지니고 있지

---

[3] Polkinghorne, *Rochester Roundabout*, chap. 21; Polkinghorne, *Reason and Reality*, chaps. 1 and 2; Polkinghorne, *Beyond Science*, chap. 2; Polkinghorne, *Belief in God in an Age of Science*, chaps. 2 and 5.

않다는 것을 볼 수 있다. 실재의 다양성으로 인해 그런 형태를 지닐 수가 없다.

양자 세계는 뉴턴 물리학의 일상 세계가 지닌 성격과는 완전히 다른 성격을 지니고 있다. 양자 세계는 너무도 흐릿해서 하이젠베르크(Heisenberg)의 불확정성 원리에 따르면 우리가 그것의 과정을 철저하고 분명하게 알지 못할 뿐 아니라, 그것의 관계들은 특수한 양자 논리가 그 관계들에 적용되는 그런 것으로서,[4] 아리스토텔레스의 고전 논리학 및 일상생활과는 다르다.

양자들은 그 자체의 방식대로 그리고 그것들에 맞는 특유한 합리성에 따라서 알려져야 한다. 비슷한 고찰이 신에 대한 지식에 적용된다고 해도 별로 놀랄 일이 아닐 것이다.

이 점을 인정하지 않음으로써, (이미 해석된 사실들이 아닌 흥미로운 사실들이란 전혀 없다는 게 분명함에도 불구하고)[5] 과학이 명백한 '사실'을 다룬다고 하는 지나치게 단순한 개념과 함께, 과학자들은 종종 합리성을 과학적 논쟁의 제한된 프로토콜 내에서 생각해 볼 수 있는 것과 동일시하게 되었는 데, 이런 식의 동일시는 옹졸하고 불만족스러운 것이다.

과학에 관한 대중적인 많은 책은 과학의 태양이 떠오르게 됨으로써 신앙 시대의 비이성적 안개들이 걷히게 된 것으로 묘사하는 지성사에 대한 폭넓은 각색으로 꾸며져 있다. 어거스틴이나 아퀴나스 같

---

4 중첩(中疊)의 원리는 아리스토텔레스가 꿈꾸지 못한 매개어를 낳기 위해 A와 not-A를 더하는 것을 허용한다. 다음을 보라. Polkinghorne, *Quantum World*, chap. 3.

5 각주 1을 보라.

은 사상가들이 이성에 있어서(또는 이 문제에 있어서 그들 시대의 과학에 대한 관심에 있어서) 결핍이 있었다는 생각은 매우 희귀한 믿음이다. 물론 로저 베이컨(Roger Bacon)과 니콜라스 오레스메(Nicholas Oresme) 같은 현대 과학의 선구자들이 일반적으로 보다 더 동정적인 대우를 받았듯이, 그들은 함축된 기회들과 제한들을 가진 자기 시대의 사람들이었다.

과학적 이성이 실험이라고 하는 비인격적인 반복 가능성으로부터 얻게 되는 유익 중 하나는 그것에 대한 이해가 성격상 축적적이라는 것이다. 21세기가 시작될 때, 일반 과학자는 1900년에 천재들에게조차 숨겨졌던 많은 것을 알고 이해하게 된다. 그 결과 과학자들은 지성적인 현재 안에서 산다.

개인적 수준에서 직동하는 인간의 합리적 탐구가 지닌 다른 모든 형태와 함께, 신학은 언제나 수세기에 걸친 대화에 참여해 왔다. 순전히 동시대적 관점이 실재와 신학의 깊고 다면적인 만남에 부과하게 될 왜곡과 제한을 피하기 위해서 말이다. 신학자들은 역사적 전통 내에서 살아야만 한다.

2. 하나님

과학자가 걸려 넘어지는 두 번째 단어는 '하나님'이다. 두 가지 대비되는 함정이 길에 놓여 있다.

하나는 우주의 자연적 과정을 자기 맘대로 만지작거리는 비가시적인 마법사라는 개념이다. 말할 것도 없이, 이런 개념은 신학적으로 믿을 만한 게 못된다. 예배를 받기에 합당하신 하나님은 일관되고 신실하지 않으시면 안 된다.

> 세상을 심판하시는 이가 정의를 행하실 것이 아니니이까(창 18:25).

자연법칙의 제정자는 인위적으로 그런 법칙들에 간섭하지 않으실 것이다. 그런데 놀라울 정도의 많은 과학자가 자기들이 믿도록 초대를 받는 자연법칙의 제정자는 바로 그런 마법적 신이라고 추정하는 것 같다. 최근의 논쟁에서 노벨상 수상자이자 확고한 무신론자인 스티븐 와인버그(Steven Weinberg)는 하나님에 대한 증거가 있을 수도 있다고 말했다.

한 가지 예로서, 와인버그는 불신자인 자기를 참수하는 불타는 검의 갑작스러운 출현을 들었다. 나는 그런 일이 일어날 경우 그것은 매우 기괴하고 불행한 사건이어서, 그것의 변덕스럽고 비합리적인 성격 때문에 신학적으로 가장 큰 어려움에 빠지게 되리라고 답했다. 하지만 구약성경이 때로 하나님을 바로 그런 식으로 행동하는 것으로 묘사하는 것처럼 보인다(예를 들어, 출 4:24-26)는 것과 인간 삶의 일부 비극적인 사건 역시 이런 사기꾼과 같은 성격의 하나님을 시사하는 것처럼 보인다는 것을 인정하지 않는다면 솔직하지 못한 일이 될 것이다. 주해와 신정론을 통해서 이런 당황스러운 문제들과 씨름하고 그것들을 해결하고자 시도하는 것이야말로 신학의 과제다.

여기에서 이 이슈들을 자세히 다루는 것은 가능하지 않으며, 그렇게 다룬다면 겉으로 드러나는 문제들이 쉽사리 해결되리라고 주장하는 것 역시 가능하지 않다. 성경은 그것의 모든 말씀에서 획일적으로 영감을 받고 권위가 있는 것으로 다루어져서는 안 된다.

성경에 있는 인간의 글들에는 영원한 진리와 함께 역사적·문화적 특수성과 한계의 퇴적물인 많은 내용이 들어 있다는 것을 인정하는 해석의 원리들이 세워져야 한다. 인간의 비참함과 고통에 대한 긴 이야기 역시 가장 깊고 진지하게 다루어져야만 한다. 신학이 바로 이런 이슈들을 붙들고 씨름할 때, 신학은 진리를 추구하는 합리적인 형태의 인간 탐구가 될 것이다.

다른 하나는 '하나님'이라는 단어를 단순히 우주의 합리적 질서를 나타내는 암호로 사용하는 것이다. 아인슈타인이 이렇게 했던 것으로 보인다. 아인슈타인의 일반적인 글들은 신에 대해서 종종 인용되는 수많은 경구를 담고 있다.

하지만 아인슈타인(Albert Einstein)은 한 번 이상 자기는 인격적인 하나님을 믿지 않는다고 말했으며, 자기 자신을 스피노자의 추종자로 생각했는 데, 스피노자를 특징짓는 어구는 신이 곧 자연(*deus sive natura*)이라는 것으로서 하나님과 자연을 동일시했다. 이런 종류의 용례는 과학에 대한 오늘날의 대중서들에서 매우 흔하게 나타난다.

스티븐 호킹(Stephen Hawking)의 『시간의 역사』(*A Brief History of Time*)가 반복적이고 다소 일관성이 없이 하나님의 정신(the Mind of God)에 호소함으로써 거두게 된 놀라운 성공을 따라서, 이런 전략이 책 판매에 유익하다고 저술가들이 믿게 되었노라고 냉소적인 이들은 말할 것이다.

다른 이들은 여기에서 과학이 그 자체로 접근할 수 있는 것보다 더욱 깊은 수준의 의미에 도달할 가능성을 동경하면서도 신중을 기하는 관심을 볼 수 있을지 모른다. 하나님에 대한 질문이 많은 정신을, 심지어 무신론자라고 공언한 자들의 정신까지도 끊임없이 움직이는 것을 볼 때, 이것이야말로 하나님에 대한 감각(sensus dei)이 억압되긴 하지만 지속되고 있다는 증거로 해석될 수 있다.

의심할바 없이 이 두 해석 안에는 모두 약간의 진리가 있다. 그러나 신학적으로 이 하나님의 개념은 너무 빈약해서 만족하기 어렵다. 이런 하나님 개념은 별 효과가 없으며, 따라서 많은 사람이 자기들이 우주의 질서를 그 자체로 적나라한 사실로 받아들이는 게 더 나을 수도 있다고 생각하고픈 유혹을 받을지도 모른다.

신에 대한 더 부요한 개념을 지지해 줄 수 있는, 창조주 하나님에 대한 믿음을 위한 합리적 근거들이 있는지를 탐구하는 것이 앞으로의 목적이다.

3. 창조주

마지막 걸림돌은 '창조주'라는 단어 자체다. 창조주의 역할은 단지 사물을 존재하게 하는 것이라고 주장하는 것만큼 과학계에 널리 퍼진 신학적 오해도 없다. 또는 이런 주장보다 과학과 신학 간의 유익한 대화에 방해가 되는 신학적 오해도 없다.

이런 오류의 한 가지 고전적 표현은 호킹의 유명하면서도 순진한 말인데, (그의 사변적 우주 이론이 추정하듯이) 만약 우주에 데이터화 할 수 있는 시초가 전혀 없다면, 그때 창조주가 할 수 있는 일이란 아무 것도 남지 않으리라는 것이다.[6] 물론 창조 교리는 시간적 시초가 아니라 존재론적 기원과 관련이 있다.

왜 무가 아니라 무언가가 존재하는지에 대한 물음을 사람들이 어떻게 간주하는지에 따라서 그들은 두 부류로 나뉘는 것 같다. 어떤 이들에게 이 물음은 깊고 중요한 이슈를 제기한다. 다른 이들에게 이 물음은 지성으로 이해할 수 없는 질문이거나 무관심한 질문이다. 창조주의 존재에 대한 물음에 사로잡힌 이들은 전자의 사람들이다.

지금까지 말한 것이 함의하는 바는 신앙의 본질은 그것이 실재(the real)에 대한 헌신이자 반응이라는 것이다. (신학적 과제에 대한 안셀무스의 유명한 정의를 다시 한번 사용하자면) 신앙이 이해를 추구할 때, 신앙은 실재의 본성에 대한 탐구와 관련된다. 이런 탐구가 창조주 하나님에 대한 탐구로서 적절하게 보일 수 있는지는 실재를 구성하는 것으로 여겨지는 것의 범위와 성격에 절대적으로 달려 있다.

납빛의 환원주의적 물리주의는 지나치게 땅에 묶여 있어서 하늘을 들여다 볼 수 있는 가능성을 허용할 수 없다. 자기의 영역에서 과학이 성공을 이루었다고 해서 우리는 합리적 물음이라 할 수 있는 모든 것이 오로지 그곳에서만 발견될 수 있다고 가정해서는 안 된다. 그들의 공식적인 믿음이 무엇이든, 누구도 절대로 그런 가정 속에 살지 않는다.

---

6 Hawking, *Brief History of Time*, 141.

인간의 인격성은 그렇게 건조한 설명이 아우를 수 있는 것보다 더욱 부요하기 때문이다. 신앙이 반응하고자 하는 그 실재는 관대하게 그리고 적절하게 해석되어야 하며, 따라서 그것은 우리가 우리의 연구를 요약할 때 쓸 수 있는 것뿐만 아니라, 사물의 존재 방식에 우리가 적극적으로 참여하는 심오한 복잡성 속에서 우리 삶의 방편이 되는 것까지도 수용한다.

인간과 가치의 만남을 어떻게 이해해야 하는지가 가장 중요할 것이다.

우리의 윤리적 직관들의 성격은 무엇인가?
아이들을 학대하는 것은 잘못이라는 진술은 진화적 효과를 위한 일종의 숨겨진 전략인가?(그렇다면 노예로 일하게 하는 것이 더 유익할지도 모른다)
아니면 사회적으로 구성된 태도(우리 사회의 관습)인가?
아니면 사물의 존재 방식에 대한 사실인가?(따라서 참된 도덕적 지식이 있으며, 이 지식은 과학적 지식이 실재에 대한 그것의 특정한 면에 대한 것이듯이 그 자체로 실재에 대한 것이다)

우리의 미적 경험들에 대해서도 비슷한 질문을 할 수 있다.

미적 경험들은 생존에 호의적인 상황에 대한 숨겨진 인식에서 오는가?
아니면 단지 뇌에 있는 어떤 신경 전달 물질들이 방출된 생화학적 결과들인가?

아니면 내재적인 미를 지니고 있는 세계의 본성에 대한 없어서는 안 되는 환원 불가능한 통찰들인가?

솔직히 말해서, 우리는 추함과 공포에 대한 경험이 지닌 지위가 무엇인지도 추가해야 한다.

그것들은 적대적이거나 무관심한 실재의 징조들인가?
아니면 처참한 조상들의 행위로 인해 망가진 타락한 세상의 결과들인가?
아니면 악의적이거나 모호한 신의 현존에 대한 신호들인가?
아니면 다른 무엇인가?

이 질문들에 대해 다음과 같은 세 가지를 말할 수 있다.

첫째, 이 질문들은 그것들의 성격에 있어서 문화적으로 영향을 받은 경험의 영역들을 가리키는 게 확실하다. 어떤 사회들의 도덕적 부패(히틀러와 스탈린), 인류학자들이 다시 가져오는 이야기들, 어떤 세대가 그 자신의 선구자들의 예술적 발달을 처음에 거부하는 반복적인 미적 위기, 이 모든 것은 이것을 아주 분명히 해 준다. 공동체 활동으로서의 과학 자체는 이런 종류의 결과에 낯설지 않다.
토마스 쿤(Thomas Kuhn)이 과학에서의 혁명적 기간들에 대해 말해야 했던 모든 것을 수용하지 않더라도,[7] 우리는 종종 새로운 패러다

---

7 Kuhn, *Structure of Scientific Revolutions*.

임이 그보다 앞선 반대자들의 죽음으로 인해서 부분적으로 승리한다는 데 동의할 수 있다. (푸앵카레[Poincaré]와 로렌츠[Lorentz]는 위대한 사람들이긴 했지만, 그들이 바르게 공식화했으면서도 그것의 진정한 함의를 제대로 이해하지 못했던 방정식에 대해 젊은 아인슈타인이 가했던 해석을 결코 온전히 수용하지 못했다.)

그렇지만 윤리학에서든, 예술에서든, 아니면 과학에서든, 관점에 문화적 속임수들이 존재한다고 해서 그런 관점으로부터 실재에 대해 아무 것도 분별할 수 없다는 것을 함의하는 것은 아니다. 이것은 단지 우리에게 관점을 평가하는 데 있어서 어느 정도의 주의가 필요하다는 것을 알려 줄 뿐이다.

둘째, 과학이 종종 공식적으로는 '가치판단에서 자유로운'(value free) 것으로 간주되더라도(그래서 「물리학 리뷰」[*Physical Review*]의 편집자들은 이것이 사물이 존재해야 하는 방식이라고 단언하는 주장을 통과시키지 않을 것이다), 활동 중인 과학자들의 공동체 내에서 가치에 대한 인정은 중요한 역할을 한다.[8]

이것은 단순히 진리를 추구하는 공동체 안에서 요구되는 정직과 관대함 때문만이 아니라, 그들의 비공식적이고 체험적인(heuristic) 논의들 속에서 과학자들이 종종 경제와 우아함 그리고 아름다운 방정식에 대한 추구 같은 가치의 원리들을 따름으로써 얻게 되는 발견들로 인도되기 때문이기도 하다. 이것이 바로 우리가 돌아가야 할 점이다.

---

8 Polkinghorne, *Beyond Science*, chap. 8.

셋째, 가장 중요한 점은 가치의 지위를 어떻게 간주해야 하는지가 창조주 하나님에 대한 신앙의 탐구 같은 형이상학적 작업에 근본적이라는 것이다. 많은 과학자(자크 모노[Jacques Monod][9]와 스티븐 와인버그[Steven Weinberg][10]가 특히 탁월한 예일 것이다)가 우리가 논의해 오고 있는 인격적으로 지각된 가치들을 인간적으로 존중하지만, 이들은 또한 이 가치들이 단순히 개인적으로 또는 공동체적으로 구성된 태도에 대한 표현에 불과하다고 믿는다.

이런 사람들에게, 우리의 윤리적 입장과 미적 경험은 인간의 문화 세계에 내재적인데, 이 문화 세계는 우리가 우리를 둘러싸고 있는 우주적 적대감과 무의미함이라는 대양을 영웅적으로 거부하게 되는 자기 생성적 의미의 작은 섬을 이룬다. 우리는 그저 우리가 우리 자신에 대해서 선택히는 것일 뿐이다.

> 고대 언약은 박살났다. 드디어 인간은 자기가 우연히 태어나게 된 우주의 무정한 광대함 속에 자기 홀로 있다는 것을 알고 있다.[11]

이런 태도에는 스토아주의적인 어떤 고상함이 있지만, 나는 이런 태도가 근본적으로 잘못이라고 믿는다. 대신에 나는 우리의 윤리적 직관들과 미적 기쁨들은 창조주가 우리를 그 안에 두셨으며 인간이 낳은 사유와 태도의 세계를 훨씬 넘어서는 창조된 실재의 부요한 영역을 우리가 진실로 들여다보게 해 주는 창들이라고 믿는다.

---

9 Monod, *Chance and Necessity*.
10 Weinberg, *Dreams of a Final Theory*, chap. 11.
11 Monod, *Chance and Necessity*, 167.

4. 실재에 대한 관점

물론 우리가 이 창들에 접근할 때, 우리는 종종 이 창 중 일부가 더럽고 그것들의 유리로 인해서 사물이 일그러져 보이게 된다는 것을 발견할 것이다. 내가 그렇다고 믿듯이, 진정한 도덕적 지식이 있다면, 우리는 그것을 완벽하게 소유하고 있지는 않다. 개인의 삶과 사회의 다양한 역사 속에 있는 도덕적 판단의 부패는 이것을 명확히 해 줄 뿐이다.

어느 정도의 교정을 공동체의 도덕적 전통 내에서 발견할 수 있겠지만, 공동체들은 그 자체로 심각한 윤리적 왜곡에서 자유롭지 못하다. 다음과 같이 두 가지를 말할 수 있겠다.

하나는 끔찍한 행위들이 표면상 '선한' 이유들(예를 들어, 강제로 종교적 회심을 시도하는 잘못)로 인해서 종종 행해진다는 슬픈 사실이다.
우리가 이런 식으로 이루어진 끔찍한 잘못들을 회고해 볼 수 있겠지만, 그런 잘못들에는 도덕성에 대한 어떤 식의 호소가 있었다. 흉측하게 부패한 종류의 도덕성임에도 불구하고 말이다.

다른 하나는 일종의 윤리적인 면역억제체계의 존재에 대한 것인데, 이 체계를 통해서 도덕적 전염에 대한 공동체 내의 역반응(십자군 전쟁 당시의 프란시스코 회원들; 나치 독일에서의 고백 교회)이 존재한다. 이와 비슷하게, 우리는 예술의 힘이 인간의 번영과 인간의 타락 둘 다를 위해 사용될 수 있다는 것을 인정하지 않으면 안 된다.

실재가 가치 판단적이라는 주장을 탐구하고 변호하는 것은 창조주 하나님에 대한 신앙을 탐구하고 변호하는 데 근본적이다. 이런 탐구로 인해서 생겨나는 믿음은 우주에서 편안히 지내고 있다는 막연한 느낌 그 이상이다. 이 탐구는 그것의 상세한 내용과 설명적 범위의 부요함과 포괄성을 통해서 신빙성을 획득할 것이다.

우리가 시작한 탐구는 그 성격에 있어서 형이상학적이다. 과학자가 걸려 넘어질 수 있는 또 다른 단어가 있다. 형이상학은 세계관에 도달하는 것과 관련이 있지만, 이 세계관이 '형이상학적'이라는 고상한 별칭을 제대로 받고자 한다면, 그것은 인간 지식의 많은 영역을 통합하고자 애써야 할 것이다. 이런 영역들에 대한 적절한 통찰과, 심지어 이런 영역들이 지닌 표면상의 차이와 충돌을 존중하는 동시에 그 진정한 참된 종합을 추구하면서 말이다.

과학 공동체의 어휘에서, '형이상학적'이란 단어는 종종 '신학적'이라는 단어처럼 경멸적인 음조를 지니고 있다. 그럼에도 과학에 대한 대중 서적의 저자들이 (묻거나 답해야 할 유일한 질문은 과학적인 척하면서 과학에서 과학주의로 넘어갈 때처럼) 형이상학적 예술을 행하기를 기뻐하는 방식에 비추어 볼 때, 지루한 과학 이야기를 말하는 것이 자연스러운 것처럼 형이상학을 갖는 것 역시 자연스러운 것이 분명하다.

우리는 프로크루스테스적 절단을 통해 얻은 사소한 종합을 피하면서 실재의 복잡성을 적절히 설명하고자 애써야 하다, 이 일에서 과학이 메타과학(meta-science)을 제약하지만 그것을 결정하지 않는다는 것을 인식하는 것이 중요하다. 요지는 물리학 내부로부터 쉽게 예증된다. 인과성은 형이상학적 이슈다.

양자 이론은 비결정적인가?

닐스 보어(Niels Bohr)는 그렇다고 말한다. 데이비드 봄(David Bohm)은 아니라고 말한다.[12]

이들의 상충하는 해석은 동일한 경험적 결과를 갖지만, 실재의 성격에 대해 완전히 다른 설명을 갖고 있다. 도움을 받지 않는 과학은 이것들 사이에서 판단을 내릴 수 없다. 형이상학적 선택을 위한 기준에는 경제, 우아함, 그리고 넓은 범위가 포함된다.

보어/봄의 논쟁의 경우에서, 이 문제에 대해 진지하게 생각하는 거의 모든 물리학자가 보어 편에 선 주된 이유 중 하나는 봄의 영리한 아이디어들 속에 매력적이지 않은 고안된 분위기가 있다는 느낌 때문이다.

실재에 대한 창들의 은유에 있어서, 범위에 대한 중요한 형이상학적 이슈는 우리가 그것을 통해서 바라보는 서로 다른 창들의 수와 우리가 조우하게 되는 다차원적 풍경에 대한 이해를 형성하는 데 있어서 우리가 그것의 관점들을 결합하고자 하는 서로 다른 창들의 수로 표현될 수 있다.

환원주의적 과학주의는 하나의 창을 통해 보는 견해(a one-window view)로서, 이것의 평평한 묘사는 우리의 인격적 삶에서 가치 있고 중요한 모든 것을 무시한다. 반대편의 형이상학적 입장은 그것의 창들이 내적인 인간적 자아를 향해서만 열려 있는 창들이다. 믿을 만한 지식을 세울 수 있는 기초로서 사유하는 자아의 확실성에 대한 르네 데카르트의 호소는 이런 성격을 갖고 있다.

---

12 예를 들어, 다음을 보라. Polkinghorne, *Quantum World*, chaps. 6 and 8.

명료하고 확실한 관념들에 대한 이런 영웅적 명령은 실패로 판명되었다. 우리는 더 이상 줄일 수 없을 정도의 불확실성이 형이상학적 작업에 관련되어 있다는 것을 인식해야 한다. 우리가 완전한 중립성을 가지고 실재를 개관할 수 있는 '아르키메데스 점'이란 전혀 없다. 그 자신의 관점을 강제하지 않는 창이란 전혀 없다. 아무도 강력한 지식에 접근하지 못한다.

　나는 유일신론적 형이상학을 주장할 것이지만, 나는 잠시도 나의 무신론 친구들이 어리석어서 내 방식대로 그것을 보지 못한다고 생각하지 않는다. 하지만 나는 기독교적 유일신론이 무신론보다 더 많은 것을 설명하며 우리가 접근하는 가장 폭넓은 창들로부터 바라보는 광경을 가장 만족스럽게 화해시킨다고 믿는다.

　우리는 실재를 조사하기 위해서 우리가 이용할 수 있는 모든 자료를 사용해야 한다. 왜냐하면, 관점적 오류의 기회를 줄이는 유일한 방법은 가능한 한 다방면적인 시각을 사용하는 것이기 때문이다. 임마누엘 칸트의 초월론적 방법은 창들의 사용을 삼가고자 하는 또 하나의 위대한 형이상학적 시도였다.

　우리가 지금 유클리드 기하학이 선험적 범주가 아니라 쓸 만한 경험적 근사치라는 것을 알고 있다는 사실을 통해 우리는 물리적 세계를 내다보는 그리고 칸트가 사용하고자 하지 않았던 과학적 창들을 온전히 사용해서 보게 된다.

　우리는 또한 때로 천재적인 사람들이 새로운 창을 열어 주거나, 또는 흐릿하게 된 창을 깨끗이 닦아 줌으로써 우리의 시야를 확대해 주며, 따라서 우리가 형이상학적 풍경에 더욱 잘 접근하게 된다는 것을 인식해야 한다.

프로이트와 융, 그리고 다른 심층 심리학자들의 통찰들은 논쟁과 언쟁의 주제일 수 있지만, 그들을 통해서 우리는 개인 자아 내에 무의식적 심층과 동기가 있다는 것을 알게 되었는데, 이것들은 개인의 성격에 대한 적절한 그림을 형성하는 데 고려되지 않으면 안 된다. 왜냐하면, 이 그림은 우리가 직접적으로 인식하는 생각들과 감정들을 넘어서야 하기 때문이다.

5. 실재에 대한 창: 빛과 어둠

1) 우주적 질서

기초 물리학의 창은 우주를 열어주는 데, 이 우주의 합리적 투명성은 과학을 가능하게 하며, 이 우주의 합리적 아름다움은 과학적 탐구자에게 심오한 경이감으로 보답해 준다.[13] 간단히 말해서, 우주(the cosmos)는 정신(mind)의 징조들로 가득 차 있으며, 이 정신이 바로 부분적으로 이런 식으로 드러나는 창조주의 정신이라는 것은, 필연적인 것은 아니더라도 매력적인 생각이다.

우리가 우주적 질서를 위한 암호로서만 기능하는 하나님 개념을 이미 거부했지만, 그럼에도 이 질서가 있다는 사실은 유신론적 믿음을 지지해 주는 축적된 사례의 일부를 적절히 형성할 수 있다.

---

[13] 각주 8을 보라.

2) 우주적 결실의 풍성함

인류학 원리(Anthropic Principle)와 관련하여 많이 논의된 통찰들에 비추어 보면,[14] 초기 우주는 그것이 실제로 출현하기 수십억 년 전에 이미 탄소에 기반한 생명의 가능성을 잉태하고 있었던 게 분명하다.

우리가 자연의 힘들을 경험하듯이, 이 힘들은 바로 그런 성격을 갖도록 하며 지상에 생명을 초래하게 되는 오래도록 섬세하게 균형 잡혀진 연쇄적인 환경(지상적 환경과 천체 물리학적 환경 모두)의 가능성을 가능하게 할 내재적인 힘들을 갖도록 '잘 조율되어' 있다는 점에서 말이다.

우주적 결실의 풍성함에 대한 더 깊은 통찰은 복잡성 이론이라는 초기 단계의 과학(the infant science of complexity theory)에 대한 발견들에서 나타날 수 있다. 현재 컴퓨터 모델 연구에 깊이 의존해 있는 이 새로운 분야는 복잡한 체계들이 그것들의 전반적인 행동에 있어서 놀라운 정도의 전체적인 질서를 자발적으로 낳을 수 있다는 것을 보여준다.

스튜어트 카우프만(Stuart Kauffman)은 이런 종류의 현상이, 자연 선택의 결과 외에도, 생명 진화에 있어서 의미 있는 역할을 했을지도 모른다고 제안했다.[15] 이것이 사실이라면, 비교 해부학자들이 생물의 형태들에서 주목하는 기본 구조 중 다수는, 전통적인 신다윈주의가 추정하듯이, 역사적 우연성이 쌓인 것이라기보다는 비역사적인 필연

---

[14] 예를 들어, 다음을 보라. Leslie, *Universes*.
[15] Kauffman, *At Home in the Universe*.

성들(ahistorical necessities)이다.

이 과학적 통찰들은 창조주의 목적이 우주 역사의 개시 배후에 놓여 있다고 하는 유신론적 이해와 잘 맞는다. 물론 이것이 그렇다고 하는 결정적인 증거는 없지만 말이다. 특히, 과학이 자연 선택의 교란적 탐험들을 통해서 실현되든, 혹은 복잡한 체계들의 자기 생산적 자질들을 통해서 실현되든, 자연법칙들의 구조 생성 능력에 대해 더 많은 불안을 드러내므로, 신학은 아무런 불안을 느낄 필요가 없다.

창조주의 뜻은 신적 행위의 어떤 다른 형태를 통해서 드러나는 만큼이나 자연법칙들을 통해서도 표현된다. 이런 이해는 주석가들이 "하나님이 이르시되 땅은 생물을 그 종류대로 내되 …"(창 1:24)와 "하나님이 땅의 짐승을 … 만드시니"(창 1:25) 사이에서 느꼈을지 모르는 어떤 긴장을 줄여 줄 수 있다.

3) 의식의 밝아 옴

우리가 알고 있는 우주 역사의 가장 놀랍고 중요한 사건인 빅뱅은 여기 지상에 자기의식의 존재가 생겨났다는 것이다. 우리 자신들 안에서 우주는 자기 자신에 대해 알게 되었다. 파스칼이 말했듯이, 인간 존재는 생각하는 갈대지만(이것은 우리 주변의 거대한 우주와 관련해서 우리가 연약하고 보잘 것 없는 규모라는 것을 인정하는 것이다), 우리는 생각하는 갈대이며, 따라서 모든 행성보다 더 위대하다.

우리는 그것들과 우리 자신을 알며, 그것들은 아무 것도 알지 못하기 때문이다. 아브라함의 신앙 계열에 속한 유일신론(이 점에서 유대교, 기독교, 그리고 이슬람교는 하나다)은 이 주목할 만한 사건(자의식적 존재의 출현-역자 주)을 우연적인 것(우발적으로 일어난 행복한 일)으로 다루지 않고, 이것을 우주적 과정의 의미를 나타내는 매우 중요한 실마리, 즉 인격적인 것의 깊은 의미를 나타내는 주목할 만한 징조로 본다.

4) 종교적 경험

항상 그리고 어디서든 우리가 성스러운 것이라고 부르는 초월적 실재와의 조우를 증언하는 이들이 있었다. 종종 이런 사람들이 다수를 차지했다.

이런 증언이 그 무게에 있어서 인상적이라 하더라도, 그리고 각기 다른 신앙 전통이 자기의 경험에 대해 그리고 각 전통의 증언이 전하는 통찰에 대해 내세우는 설명들 사이에 있는 것으로 보이는 인식적 충돌들에 있어서 당혹스럽다 하더라도, 우리가 이 증언을 어떻게 평가해야 하는지를 상세히 고찰하는 것은 이 장의 범위를 넘어서는 것이다.[16] 유신론은 이 변화무쌍한 다양성의 배후에서 신적 임재의 실재(the Reality of the divine presence)와의 만남을 볼 것이다.

다음과 같이 두 가지를 간략하게 말할 수 있다.

첫째, 위대한 종교 지도자들과 선지자들의 경험들, 그리고 신비주의자들의 경험 외에도 일반 신자들, 즉 기독교 전통이 하나님의 거룩한 일반 백성이라고 부르는 사람들의 증언이 있다. 이들의 신앙을 떠받치는 것은 놀랍고 평범하지 않은 성격의 경험들이 아니라, 예배의

---

[16] 다음을 보라. Polkinghorne, *Science and Christian Belief*, chap. 10.

자리에서, 가정에서 그리고 일상의 공적 삶에서 이루어지는 그들의 부지런한 종교적 실천이다.

창조주 하나님 이야기는 종교적 경험의 총체성을 포괄하고, 윌리엄 제임스(William James)로 하여금 『종교적 경험의 다양성』(*Varieties of Religious Experience*)[17]에서 종교적 "유형을 결정하는 것들"을 지나치게 강조하도록 했던 영적 엘리트주의를 피하지 않으면 안 된다.

둘째, 성스러운 것과의 이런 조우가 지닌 자증적 성격에 대한 폭넓은 증언이 있다는 것에 주목하는 것이다. 물론 사람들은 속임을 당할 수 있다. 하지만 "여기에 제가 있습니다, 저는 아무것도 할 수 없습니다"라고 하는 영적 필요성에 대한 느낌은 종교적 삶에 근본적인 것이다.

5) 도덕적 악

인간 역사와 개별적 성찰은 둘 다 인류에게 뭔가가 잘못되어 있다는 것을 보여 준다. 바울이 "내가 행하는 것을 내가 알지 못하노니 곧 내가 원하는 것은 행하지 아니하고 도리어 미워하는 것을 행함이라"(롬 7:15)라고 말했을 때, 바울은 우리 모두에 대해 말한 것이었다.

도덕적 악의 존재, 좋아서 저지른 잔악 행위들, 그리고 인류의 초라한 타협 행위들을 진지하게 고려하지 않는 형이상학적 설명은 어떤 것도 적절하지 않을 것이다. 기독교 유신론은 이런 도덕적 성향을 "죄"라고 부르며, 이것은 하나님이 주신 자유 의지라는 선물을 행사

---

17 James, *Varieties of Religious Experience*.

하여 스스로의 선택에 의해 창조주의 생명으로부터 자기 자신을 멀어지게 했기 때문이라고 진단한다.

인간 성취에 대한 기독교적 이해는 인간 성취가 '그것을 내 방식으로 하는 것'에 있는 것이 아니라, 하나님과의 교제 속에서 살게 된 생명의 수용에 있다는 것이다. 우리는 신적 생명으로부터 소원하게 되었으며, 돌아갈 방법을 찾을 필요가 있다.

그렇다면 창조주 하나님 개념은 구속자 하나님 개념을 포함할 정도로 확장되어야 하는 데, 이 구속자 하나님은 우리를 화목하게 하시며 우리가 새로운 종류의 생명으로 들어갈 수 있게 하신다. 이 영적 경험이 나의 다음 장의 관심사 중 하나일 것이지만, 기독교 유신론이 삼위일체적 충만함 속에서 고찰될 때, 기독교 유신론은 그것을 온전히 설득력 있는 것으로 만들기에 충분한 통찰의 '두께'(thickness)에 이르게 된다.

6) 물리적 악

우리는 질병과 재난이라고 하는 폭넓은 사건에 의해 대표되는, 유신론적 믿음에 대한 심각한 도전에 이미 주목했는 데, 이런 사건은 때로 인상적인 영적 견고함의 반응들을 이끌어 내기도 하지만, 종종 사람들이 짊어질 수 없는 무게로 그들을 짓누르는 것처럼 보이기도 한다.

이것은 매우 많은 문제점 중의 하나이며, 유신론이 줄 수 있는 간단한 '한 줄'의 해결책은 존재하지 않는다. 하지만 과학을 창조 교리와 결합시킴으로써 제공할 수 있고 다소의 도움이 되기도 하는 한 가지 작은 통찰이 있다. 과학이 행성의 역사를 자세히 말하든, 아니면 지상의 생명의 역사를 자세히 말하든, 과학은 진화하는 우주를 기술한다. 신학적으로, 진화 세계는 그것의 창조주가 "스스로 작동하라"로 허용한 창조로 이해될 수 있다.

하나님은 신적 손가락을 까딱 움직여서 다 완성된 세상을 만드실 수도 있었지만, 사랑의 하나님은 그렇게 약식으로 행하지 않으신다. 오히려 창조주께서는 피조된 세계에 내재적인 결실의 풍성함을 주셨기 때문에, 그 다음에 피조된 세상은 자기 자신의 방식으로 탐험하고 실현해 나갈 수 있다. 우리는 이렇게 피조계가 스스로 작동해 나가는 것을 매우 좋은 것이라고 볼 수도 있겠지만, 여기에는 필연적인 대가가 따른다.

일부 세포가 돌연변이를 일으켜서 새로운 형태의 생명을 낳도록 함으로써 진화를 주도했던 동일한 생화학적 과정들은 비마법적인 우주에서 필연적으로 다른 세포들이 돌연변이를 일으켜서 악성이 되도록 할 수밖에 없다. 우리는 후자가 없이 전자만 취할 수 없다. 다시 말해서, 우리 세계에 암의 존재는 신적 무감각이나 무능의 징조가 아니다. 그것은 스스로 작동하도록 허용된 세상의 필연적 대가다.

과학이 우주의 과정을 더 많이 이해할수록, 그것은 '좋은 것'과 '나쁜 것'이 뗄 수 없을 정도로 서로 엮여 있음으로 인해서 함께 맞물려 있는 '일괄 거래'처럼 보인다. 이런 의미에서, 물리적 악의 존재는 불필요한 것이 아니며 하나님이 약간의 수고를 통해 고칠 수 있었던 것도 아니다. 물론 많은 당황스러운 점이 남아 있지만 여기에서 유신론은 약간의 도움이 된다.

7) 쓸모없음

과학자들은 가장 확실하게 우리가 수십 년이 지나면 죽게 되듯이 우주도 붕괴를 통해서든 부패를 통해서든, 수백억 년이 지난 후에 죽게 되리라고 말한다. 이 두 가지 죽음의 실현은 모두가 그런 변화와 세계를 창조한 창조주의 궁극 목적이 무엇일 수 있는지에 대한 물음을 제기한다.

다 아는 사실이지만, 와인버그가 우주적 쓸모없음의 확실성에 대해 생각했을 때, 그는 자기가 우주를 이해할수록 우주는 자기에게 의미가 없는 것으로 보인다고 말했다.[18] 이것이 유신론에 제기하는 도전은 심각하다. 이 도전은 단순한 진화론적 낙관주의(현재의 과정이 궁극적 성취에 이르리라는 느낌)가 망상이라는 것을 분명히 해 준다. 우리 자신을 위한 것이든, 창조 전체를 위한 것이든, 참된 성취에 대한 소망이 있다면, 그것은 죽음의 건너편에 있다.

물론 기독교는 개개의 인간뿐만 아니라, 어떤 신비로운 방식으로든 창조된 전체 질서를 위한 사후의 삶이 있다고 믿는다(골 1:15-20). 다시 한번 우리는 전적 무의미에 대한 형이상학적 탐구가 기독교 유신론의 방향에서 추구된다면, 어떻게 만족스러운 답변을 가져오게 되는지 보게 된다. 그것의 신학적 기초가 적절하게 부요하고 삼위일체적일 경우에만 말이다.

이 창들은 다양한 풍경을 내다 보았는 데, 일부는 햇빛이 뜬 것이요, 일부는 흐린 것이었다. 우주적 질서의 아름다움은 물리적 악의

---

18 Weinberg, *First Three Minutes*, 149.

존재가 제시하는 뒤엉키고 고통스러운 장면과 대비된다. 현재까지의 우주적 역사의 결실은 종국적인 우주적 쓸모없음의 확실성과 대비된다. 인간 의식의 놀라운 출현과 동시에 도덕적 악을 위한 인간의 능력이 생겨났다.

이런 대비들에서 표현된 당혹감에도 불구하고, 창조주에 대한 신앙은 우주가 전적으로 의미가 있다는 믿음을 고수한다. 창조주에 대한 신앙은 우주적 역사가 의미로 가득 차 있으며, 우주적 운명이 궁극적 소망으로 가득 차 있다고 하는 확신에 근거를 두고 있다.

진실로 모든 것을 포괄하는 이런 믿음이 절대적으로 확실한 것일 수는 없지만(이런 믿음의 부정 역시 절대적으로 확실한 것일 수 없다) 그런 믿음은 실재의 부요함에 대해 우리가 알고 있는 것을 이해하고자 하는 동기 부여가 된다. 그런 믿음은 현재의 저자들을 포함해서 셀 수 없는 기독교 신자들이 수용하고 그들의 삶의 기초로 삼을 준비가 되어 있는 믿음이다.

우리의 현재의 논의는 실재에 대한 창들이란 은유의 측면에서 그들이 형성되었다. 모든 은유가 그렇듯이, 우리의 은유 역시 그것의 한계가 있다. 왜냐하면, 그것은 수동적 실재를 향해 있는 평온한 인식적 시선의 이미지를 떠올리게 하기 때문이다. 그러나 하나님은 단지 우리의 지적 호기심에 대한 답변이 되기 위해서 거기에 계시는 것이 아니다.

하나님에 대한 신앙은 과학적 이해에 있어서 아무 것도 견줄 수 없는 방식으로 우리의 삶에 영향을 미친다. 나는 양자와 글루온이 물질의 구성 요소라고 매우 확고히 믿지만, 이 믿음은 나의 더 많은 부분에 영향을 미치지 못한 채로 있다. 창조주 하나님에 대한 믿음은 단순히 우주를 이해하는 것이 아니라, 이 믿음은 나에게 피조물로서의 나의 유한한 지위를 받아들이고, 천지 창조주의 신적 위엄과 신적 뜻에 대해 경배로 가득한 순종으로 반응할 것을 요구한다.

6. 논평: 하나님에 대한 자연적 인식이 있는가?(미하엘 벨커)

하나님에 대한 이해를 추구할 때 우리는 실재를 다룬다는 것에 나는 전적으로 동의한다. 즉, "… 신앙이 이해를 추구할 때, 신앙은 실재의 본성에 대한 탐구와 관련이 있다." 그러나 당신이 지적했듯이, 실재에 대한 우리의 이해는, 그것이 오직 물질주의적 성격이나 과학적으로 규정된 실재만을 의미한다면 왜곡될 것이다. 오히려 우리가 신앙과 하나님에 대해 말할 때, 문화적·종교적 실재가 탐구될 필요가 있다.

내가 받은 인상은 당신이 '창조주 하나님에 대한'(in God the Creator)이라는 어구보다는 '신앙'(faith)이라는 단어에 훨씬 더 무게를 둔다는 것이다. 당신은 창조가 무엇과 혼동되어서는 안 되는지를 매우 강력하게 진술한다. 적극적인 설명을 위해서, 당신은 창조주와 우리의 관계에로, 그리고 무엇보다 피조된 실재, 즉 창조 질서에 대한 우리의 관계에로 돌아선다.

내가 보기에 이것은 전통적 신앙의 언어 및 이미지들과 상관이 없는 사람들에게 특별히 도움이 될 뿐만 아니라, 믿음이 견고한 신자들에게도 도움이 된다. 이 두 그룹은 다 지적 정직성을 가지고 창조주 하나님에 대한 신앙에 접근하려는 당신의 시도에 감사할 것이다.

학문적 작품이 모두 그렇듯이, 정직은 신학적 수고에서도 매우 중요하다.

그러나 여전히 세상에서 그리고 기독교적 신앙의 언어 속에서 사는 이들은 당신의 생각을 통해 다음과 같이 묻고 싶은 도전을 받을지도 모른다.

'실재에 대한 창들이' 우리를 어떻게 창조주에게 향하게 하는가?

다시 말해서, '하나님에 대한 자연적 인식'과 같은 것이 있는가?

이 질문은 기독교 신학의 역사에서 아주 많은 논쟁이 되어 왔다. 어떤 신학자들은 '자연적 인식'이 하나님과 자연의 혼동을, 또는 심지어 하나님과 인간 존재의 혼동을 초래한다고 생각했다. 이런 문제와 관련해서, 나는 언제나 칼빈의 유명한 교리 신학서인 『기독교 강요』(The Institutes)의 초반에 나오는 진술을 좋아한다.

이 책은 당연히 우리에게 신에 대한 자연적 인식, 즉 '지각'(presentiment)이 있다고 말한다. 우리가 우주적·사회적·미적 영역과 질서 속에서 모든 조화의 경이로움을 보게 될 때, 우리는 압도되는 느낌을 받는다. 그러나 이 지식은 "흐릿하고 순간적인"(vague and fleeting) 지식이다. 이 지식은 하나님에 대한 명백한 인식에 이르지 못한다.[19]

---

19 *Institutes*, 1.3.1.

1) 우리는 "신앙 전통의 토대가 되는 사건들"에 어떻게 이르게 되는가?

나의 두 번째 질문은 당신이 "신앙 전통의 토대가 되는 사건들"이라고 부르는 것과 관련이 있다. 우리는 우리가 자연적 사건들을 가리킬 수 있는 것과 동일한 방식으로 이런 사건들에 접근하지 못한다. 우리는 이 사건들을 신앙에 의해서 증언된 것들로서만, 대개는 성경의 정경적 전통들 속에서 가지고 있다.

성경의 정경적 전통들은 천 년 이상 되었다. 이 전통들은 실재와 그것의 합리성에 대해 말하는 자기들 나름의 방식을 갖고 있다. 이 전통 중 일부는 현재의 지배적인 합리성 및 실재에 대한 우리의 접근과 동떨어져 있다. 그러나 이 전통들 모두는 매우 미묘한 네트워크를 형성하고 있다. 그리고 증언들과 이야기들로 이루어진 이 네트워크들 안에서만 토대가 되는 사건들은 진정으로 토대가 되는 사건이 될 수 있다.

여기에서 자연 과학과의 또 다른 유비를 본다면, 내가 제대로 본 것일까?

수학이란 도구가 없다면 당신은 과학에서 멀리 나가지 못한다. 그리고 성경에 깊이 관여하지 않고 정경적 합리성에 대한 어떤 인식이 없다면 신앙 전통의 토대가 되는 사건들을 이해하기 어렵다.

이것은 우리가 이 토대가 되는 사건들을 되돌아볼 때 하나님이 누구이시고, 창작품이 무엇에 따라서 살기를 하나님이 원하시는지에 대한 예비적 지식이 언제나 있다는 것을 의미하는가?

이것은 하나님에 대한 '자연적 인식'이 계시된 하나님에 대한 선이해에 의해서 어느 정도 미리 형성된다는 것을 의미하는가?

2) 창조의 어두운 면이 우리의 가치와 도덕에 영향을 미치는가?

나는 당신이 창조된 질서의 영광스럽고 아름다운 면들 뿐만 아니라 도덕적 악, 물리적 악과 우주적 쓸모없음까지 언급한 것을 보고 감사했다. 내 생각에 가치와 우리의 도덕적 지식에 대한 우리의 감각은 이런 요소들에 의해서도 형성된다.

내가 전적으로 부패한 공적 도덕을 보았던 나라의 출신이라 하더라도, 우리가 가치와 맺는 관계에 대한 나의 일반 개념과 도덕에 대한 나의 일반 개념이 약간 더 중립적인 것으로 보인다. 제 생각에 우리는 개인적으로 그리고 공적으로 가치와 덕의 위계질서 속에서 살아간다. 이로 인해서 우리는 우리의 공동체와 사회 속에서 다양한 것을 선호하며 살아간다.

예를 들어, 어떤 이들과 삶의 세계들에게 있어서, 신중함(prudence)이 위계를 지배한다. 비록 신앙, 사랑, 용기, 그리고 다른 덕들과 가치들이 부재하지 않더라도 말이다. 어떤 이들에게는 용기가 지배적일 수 있다. 또 다른 이들에게는 사랑이 지배적일 수 있다. 최고의 가치가 지나치게 지배적이고 다른 가치들과 덕들을 약화시킨다면, 우리는 왜곡된 가치 체계들을 갖게 된다.

내가 알기로는, 도덕적 소통은 존경과 주목과 감명을 주고받는 것이다. 이것들에 의해서 우리는 상호 간에 우리의 행동을 통제하고 자극한다. 문제는 왜곡된 가치 체계들이 우리의 도덕을 지배하는 상황들이 생길 수 있다는 것이다. 그때에 좋은 것이 나쁜 것으로 불리고, 나쁜 것이 좋은 것으로 불린다.

신앙은 죄에 대한 이해를 가지고 이런 절박한 상황들을 다룬다. 주기도문은 하나님께 "우리를 시험에 들게 하지 마시옵고 악에서 구하옵소서"라고 요구함으로써 이 문제들을 다룬다. 현대성 속에서 우리는 이런 차원에 대한 관점들을 상실했다. 내가 보기에, 당신은 이 신드롬을 훨씬 더 부각시킬 수 있다.

7. 답변: 하나님에 대한 지식 (존 폴킹혼)

신앙의 대상인 하나님보다 신앙(과 신앙의 가능한 근거들)에 더 무게가 주어지는가?

여기에서 아래로부터의 접근이 지니는 한계들이 노출되기 시작한다. 즉, 스스로 추구되는 자연신학의 연약성이 드러나게 된다. 물론 하나님에 대한 이런 종류의 지식은, 이것이 말해질 수 있는 전부라면, "흐릿하고 순간적인" 것으로 판명되기 쉽다.

그렇지만 적어도 말해야 할 게 별로 없다면, 하나님에 대한 지식은 추상적이고 단정적인 것으로 보이지 않을까?

실상은 신에 대한 지식을 위한 이 위대한 탐구에서 우리에게는 모든 자원이 필요하다는 것이다. 창조된 자연이라고 불리는 것 속에서 신성에 대한 아무런 암시도 볼 수 없다면 정말 이상할 것이고, 이것이 이야기의 전부라면 더욱 이상할 것이다.

성숙한 과학(a mature science)이 조명적 상호 작용 속에서 서로 맞물려 있는 원리들과 현상들의 미묘하고 복잡한 네트워크 밖에서 작용할 수 없듯이, 아래로부터의 사유는, 경험에 대한 그것의 호소와 함께, 저 아래로부터의 경험을 이해할 수 있는 위로부터의 해석적 틀로부터 완전히 독립적일 수는 없다.

과학과 신학 모두에 관하여, "증언들과 이야기들로 이루어진 이 네트워크들 안에서만 토대가 되는 사건들은 진정으로 토대가 되는 사건이 될 수 있다"는 데 나는 동의한다. 그러므로 전통 내에서의 사유가 두 분야 모두에서, 즉 우리 자신의 분야와 우리에게 믿을만한 것으로 보고된 분야 모두에서 행하는 필수 불가결한 역할이 생기게 된다. 즉, 경험의 자극 아래에서 행해지는 사유만큼이나 필수 불가결한 역할이 생기게 된다.

우리는 어떤 관점으로부터 실재를 지각하지 않을 수 없다. 그것에 함축된 모든 위험 및 기회와 함께 말이다. 나는 도덕적 왜곡이 지니는 특별한 위험들에 대해 동의한다. 그리고 나는 우리의 동시대인들뿐만 아니라 다른 이들과의 가장 폭넓은 대화 속에 필수적인 도전과 교정을 발견할 수 있는 최고의 희망이 놓여 있다고 믿는다.

제2장

창조주 하나님에 대한 신앙

미하엘 벨커

창조주 하나님에 대한 신앙은 세상의 어떤 토대가 있다거나, 우주에 어떤 시작이 있다거나, 우주가 생긴 지 1초 후에 또는 우주 너머에서 작용한 어떤 힘이 있다는 것과 같은 다소 모호한 개념이 아니다.

창조주 하나님에 대한 신앙은 형성하시고 심판하시고 구원하시는 능력에 대한 살아 있는 신뢰의 관계이고, 자연·문화·역사를 함께 유지시키며 이 모든 것 속에서 우리의 삶을 함께 유지시키는 인격적인 의지에 대한 살아 있는 신뢰의 관계이며, 피조된 존재와 삶을 지도하고 그것에 의미·방향·목적을 부여하는 인격적 사례에 대한 살아 있는 신뢰의 관계다.

1. 나를 창조하신 하나님: 실존주의적 환원의 장점과 위험

신앙은 이런 하나님과 친밀해지는 것, 이런 하나님을 알게 되는 것, 또는 성경적인 용어로 하나님을 찾고 하나님을 사랑하는 것을 의미한다. 하나님을 찾는 것이란 어떤 종교적인 숨바꼭질 놀이를 의미하는 것이 아니라, 하나님을 훨씬 더 분명하게 인식하고 알기 위해 지속적으로 노력하는 것, 즉 하나님의 보다 더 깊은 계시와 우리 가운데 있는 신적인 뜻을 찾아서 지속적으로 노력하는 것을 의미한다.

하나님을 사랑하는 것이란 또 다른 사람과 사랑에 빠지는 낭만가가 된다거나, 알 수 없는 어떤 실재의 심연 속에 신비적으로 몰입하는 것을 의미하는 것이 아니다. 하나님을 사랑하는 것이란 하나님의 계명들을 지키고, 하나님의 계시를 받아들이고, 피조물을 향하신 하나님의 의도들을 발견하여 마음에 새기는 것이고, 이런 일들을 위해 준비가 되어서 기꺼이 종사하며 이 지상과 그 역사 속에서 이런 일들을 위해 일하는 것을 의미한다.[1]

창조주 하나님에 대한 신앙은 인간의 전 존재를 사로잡는다. 그 신앙은 인간의 삶에 방향과 무게와 존엄성을 부여하는데, '고정된 궁극점'(a fixed ultimate point), '최고의 이념'(a highest idea) 또는 '주요한 자연법'(a principal natural law)은 이런 것들을 제공해 줄 수 없다.

종교개혁자 마틴 루터는 사도신경을 설명할 때에 "나는 창조주 하나님을 믿는다"라고 말하는 것이 의미하는 바는 하나님이 나를 창조하셨음을 믿는 것임을 강조함으로써 신앙을 "관계적인 것"으로 이해하고자 했다.[2] 그러나 루터가 잘 인식한 것처럼, '나 자신'과 '나' 사이의 중요한 관계를 창조의 나머지와 떼어 놓고 보아서는 안 된다.

루터는 다음과 같이 말한다.

---

1   Cf. Welker, "Whoever Does not Love."
2   Martin Luther, *The Small Catechism*, p. 115.

> 나는 전능하사 천지를 창조하신 하나님 아버지를 믿는다.
> 이것은 무엇을 의미하는가?
> 그 답은 이것이다. 나는 하나님이 모든 피조물과 더불어 나를 창조하셨다는 것을 믿는다.

한편으로, 단 한 사람과 나 자신에게 집중하는 것은 좋은 일이며 중요하다.

왜냐하면, 이것은 신앙을 하나님과의 살아 있는 인격적인 관계로 파악하기 때문이다. 이것은 하나님의 돌보아 주시는 선하심, 즉 피조물을 향하신 하나님의 사랑을 표현하는 것을 목표로 삼기 때문에 의미가 있다. 반면에 이것은 인간에 매우 강하게 집중하며(인간 중심적) 한 사람으로서의 나만을 아주 강력하게 향하고 있기(자아 중심적이기) 때문에 문제가 된다.

루터를 따르고자 의도한 것이었음에도 불구하고, 많은 신학자가 신앙을 추상적인 '나' 또는 '내적 자아'가 하나님이나 그들이 하나님으로 받아들인 것과 맺는 내적 관계로 환원해 버렸다. 따라서 그들은 종종 창조와 신앙에 대한 매우 추상적이고 공허한 개념, 즉 '기원과 나의 존재의 관계' 또는 이와 유사할 정도로 건조한 형이상학적인 사유의 표상들을 전파했다.

루터 자신은 이런 공허한 추상의 위험에 빠져 있지 않다. (무엇보다 교육을 받지 못한 사람들과 어린이들을 위해 쓰인) 그의 『소교리 문답』에서 그는 하나님이 "모든 피조물과 함께" 나를 창조하셨다고 진술하는 데 그치지 않는다. 그는 이것을 상세히 설명한다.

> 나는 하나님이 나에게 나의 몸과 영혼, 눈과 귀와 나의 모든 수족, 나의 이성과 모든 감각, 또한 입는 것과 신는 것, 먹는 것과 마시는 것, 집과 가정, 아내와 자녀, 들판, 가축 그리고 모든 소유를 주셨으며 이 것들을 여전히 유지시키신다고 믿는다. 즉, 하나님이 나에게 모든 생필품과 몸과 생명에 필요한 자양분을 매일 풍족하게 공급해 주시며, 모든 위험에서 나를 보호하시고 모든 악으로부터 나를 지키신다고 믿는다.[3]

이것을 통해서 신적 창조성의 매우 구체적인 스펙트럼과 하나님의 창조 활동의 매우 폭넓은 스펙트럼을 보게 된다. 루터는 『대교리 문답』에서 다음과 같이 말한다.

> 하나님이 우리에게 '하늘에 있는 해·달·별과 낮과 밤, 공기·불·물·땅과 그것이 생산해 내는 모든 것·새·물고기·동물·곡물 그리고 각종 식물을 주신다고 강조함으로써 이런 관점을 한층 더 확장시킨다. 또한, 하나님은 우리가 땅에서 가지고 있는 다른 모든 좋은 것, 즉 좋은 정부·평화·안전 등을 주신다.[4]

따라서 우리는 창조주 하나님은 '나의 하나님'이실 뿐만 아니라, 자연·문화·역사의 주님이시며 하늘과 땅에 있는 모든 권세의 주님이심을 깨닫게 된다. 또한, 하나님은 단지 '모든 것을 종합하시는 주체'

3　Luther, *Small Catechism*, p. 115 이 자유 번역은 독일어 원본(M.W.)과 대조하여 수정되었다.
4　Luther, *Luther's Large Catechism*, 111.

가 아니라, 사랑하시며, 의롭게 하시며, 심판하시며, 구원하시는 능력이시자, 의지이시며, 인격적 사례이시다. 바로 이런 구별 속에서만 우리는 성경적 증언의 단계에 이르게 된다.

"나는 창조주 하나님을 믿는다."

이 고백은 자연·문화·역사와, 이것들 안에서, 우리의 삶을 지도하고 지배하는 창조적 의지, 창조적 능력, 창조적 인격적 사례에 대한 매우 포괄적인 신뢰 관계를 표현하고 있다. 그러므로 어떤 신학자들은 신앙을 가리켜 "존재의 토대가 되는 신뢰"라고 불렀다. 그러나 이것은 인간의 신뢰 자체가 존재의 토대를 세우는 것으로 간주될 수 있다는 개념과 혼동되어서는 안 된다.

오히려 정반대로, 창조주에 대한 신앙은 나의 존재의 토대가 될 뿐만 아니라 모든 피조된 존재의 살아 있는 관계를 구성하고, 명령하고, 지배하고, 형성하는 힘(power)에 대한 신뢰이며 그런 힘과 친밀해지는 것이다. 동시에, 신앙은 이 힘이 인간과 명백하게 관계할 수 있으며 정말로 관계한다는 신뢰, 이 힘이 의지(a will)를 표현한다는 신뢰, 이 힘이 우리가 그것과의 살아 있는 관계 속으로 들어갈 수 있도록 인격적인 형태를 가지고 있다는 신뢰다.

이 인격적인 힘의 거대한 범위를 깨닫자마자, 우리는 이 힘과의 관계가 필연적으로 모든 지식을 초월함으로 인해서 이 힘에 대한 '신앙'에 대해 말하는 것이 적절하다는 것을 보게 된다. 그럼에도 불구하고, 우리는 신앙과 지식을 대립시켜서는 안 되는 데, 하나님을 믿고 신뢰하는 관계는 지식을, 다시 말해서 성장하며 심화된 지식을 얻고자 끊임없이 분투하며 따라서 분명 지식으로 가득한 까닭이다.

하나님과의 관계를 내적 사례(an inner instance)에 대한 나의 관계로 환원시키는 문화와 경건은 이런 사실을 인식하는 데 실패했다. 이런 파괴적인 환원들에 맞서서 우리는 소위 창조 기사들에서 뿐만 아니라, 그것의 모든 범위에 있어서 하나님의 창조적 활동에 주목하는 성경적 실재론을 재발견하지 않으면 안 된다. 하나님은 우주적 힘들과 생물학적 힘들, 자연과 문화의 힘들을 연결하신다.

마지막으로, 하나님은 동물의 영역(창 1장)과 식물(창 2장)을 지배하라는 명령과 함께 인간을 포함시키신다.[5] 성경적 전통들에서 하나님의 창조 활동은 단순히 각각의 모든 것을 자동적으로 생산하는 것이 아니라, 질서 있는 생산으로서 즉, 피조물들이 등급별로 참여하게 되는 분리와 통치로서 묘사된다는 것에 주목하는 것이 중요하다.

만약 우리가 피상적이며 모든 종류의 편견을 가지고 성경의 창조 기사들에 접근하지 않는다면, 우리는 풍부한 심상으로 가득 찬 창조 기사들의 단순한 언어 속에서 이 창조 기사들이 세상의 기원과 발달에 대한 많은 진리를 드러낸다는 것을 발견할 수 있다. 틀림없이 창조 기사들에는 오늘날의 우주론적 지식이 들어 있지 않다.

무엇보다 창조 기사들은 거대한 수를 다룰 수가 없다. 역사가들은 우리에게 말하기를 옛 문화들은 분명 '만'을 넘어서는 수를 생각할 수 없었다고 한다. 그러나 창조 기사들은 강력한 이미지들과 상징들을 사용했는 데 이런 것들의 미묘함과 깊이는 종종 과소평가되고 있다.

---

5   이 풍성한 기사들에 대한 상술을 위해서는 다음의 책들을 보라. M. Welker, *Creation and Reality*; Löning and Zenger, *Als Anfang schuf Gott*.

2. 단 6일 만의 창조? 성경의 창조 기사들의 미묘함

성경에 따르면 성경 본문들에 대한 악명 높은 과소평가와 신앙에 대한 그들의 지식을 드러내는 전형적인 실례는, 하나님이 스물네 시간씩 여섯 번에 걸쳐 세상을 창조하셨다('6일간의 사역')라고 하는 것이 널리 퍼져 있는 견해다.

더욱이 창조 기사는 일관성이 없으며 자기 모순적인 것으로 간주되는 데, 왜냐하면, 그것이 밤과 낮의 분리를 두 번에 걸쳐서, 한 번은 첫째 날에(창 1:3), 그리고 그다음에는 다시 넷째 날에 해와 달과 별을 창조하신 후에(창 1:14-15) 이루어진 것으로 말하고 있기 때문이다. 그러나 표면상의 이런 천진난만함은 성경이 두 개의 서로 다른 시간 체계에 대해 말하고 있다는 것을 깨닫지 못하는 관찰자들의 모습을 보여 준다.

한편으로, 창조 기사는 '하나님의 날들'(days of God)에 대해서 단순히 자연적 빛과 자연적 어둠의 구별이 아닌 빛과 어두움의 분리에 대해서 말한다. 하나님의 날들은 하늘 아래의 날들(days under the sky)과 유사하지만 다른 시간 단위들이다.[6] 이미 강조된 것처럼 성경 본문의 저자들은 이런 시간 단위들의 연장에 대해 과학적으로 정확한 개념을 가지고 있지 않다.

그러나 그들은 하나님께는 "천 년이 지나간 어제 같으며 밤의 한 경점 같을 뿐"(시 90:4)이라는 것을 알고 있다. 따라서 창조의 날들은 매우 광대한 시간인 것이다. 이런 '날들' 속에서 우주적·생물학적·문

---

[6] Steck, *Schopfungsbericht der Priesterschrift,* 112-13, 161ff.; and Welker, "Creation."

화적·종교적 배열과 과정이 나타난다. 이 모든 배열은 독립적인 관계들이 아니다.

예를 들어, 우주적 배열은 축제들에 맞추어서 이 지상에서의 인간의 삶을 규정하는 데, 이 축제들은 차례대로 하나님과의 만남을 위한 기회들이 된다(창 1:14). 따라서 우주적 배열은 그것들의 깊은 의미에 있어서 문화와 제의를 확립하는 것으로 인식된다. 하나님의 날들 내에서, 즉 이 거대한 시간 단위들 내에서, 땅이 낳는 동물과 식물 종들의 진화가 일어나며, 동물과 식물 종들은 번식하고 함께 살아간다 (창 1:11 이하).

마지막으로, 이 날들 속에서 인간의 창조가 일어나는 데, 그들은 한편으로 동물과 식물의 세계를 '다스려야'만 한다. '노예 소유주'라는 말은 다른 피조물에 대한 인간의 명백한 지배를 표현해 준다.

다른 한편, 남성과 여성으로서의 인간은 다른 피조물들에게 하나님의 형상을 나타내야만 한다. 따라서 그들은 (구약과 고대 오리엔트의 인식에 있어서) 의와 자비 속에서 왕권을 행사하도록, 즉 공의를 행하며 연약한 자들을 보호하도록 운명 지어졌다.[7]

따라서 창조는 결코 단지 우주의 어두운 첫 1초에 불과한 것이 아니라, 우주의 시작에서부터 인간의 창조에 이르기까지의 거대한 전 과정이다. 더 나아가, 창조는 (다스림으로의 소명 및 천체들에 대한 통치와 함께) 자연뿐만 아니라 문화까지도 낳는 것이다. 창조는 태초에의 창조일 뿐만 아니라, 창조를 유지하고 통치하는 것이다(*creatio continua*,

---

[7] Welker, *Creation and Reality*, chap. 5: "Creation, the Image of God, and the Mandate of Dominion".

크레아티오 콘티누아, 지속적인 창조).

마지막으로, 창조의 절정이 안식일에 있음으로 인해서 또한 하나님과의 제의적 만남을 위한 공간을 창조의 일부로서 설정하는 것도 있다. 창조가 제의(the cult), 즉 인간과 하나님의 만남을 목적으로 하며 예배를 목적으로 한다는 사실은 성전을 위한 계획에서 절정에 이르는 두 번째 6일간의 이야기에 의해서 강조된다(출 24:16).

> 여호와의 영광이 시내산 위에 머무르고 구름이 육일 동안 산을 가리더니 제 칠일에 여호와께서 구름 가운데서 모세를 부르시니라(출 24:16).

1905년에 이미 벤노 제이콥(Benno Jacob)은 『모세오경』(*The Pentateuch*)이라는 그의 책에서 창세기 1장과 출애굽기 24장 이하 사이의 구조적 평행들에 주목했다.

> 안식일을 지닌 육 일 간의 노동일 외에, 이어지는 일곱 번째 날을 지닌 육 일 간의 기간에 대해서는 어떤 유비도 없다. 육 일 간은 구름의 어둠 속에 숨기우신 하나님이 일곱 번째 날에 모세를 부르셔서 그에게 완성된 사역을 보이시며 설명하기 위해 성소의 원형을 창조하신 때이다. 이것이 세상의 육일 창조와 성소 사이에 있는 평행 중의 하나다.[8]

---

8 Jacob, *Der Pentateuch*, 157-8.

최근에 많은 유대교 학자와 기독교 학자는 세상의 창조와 성소의 건설 사이에 있는 상호 관련성을 탐구해 왔다. 이 미묘한 본문들과 관찰들의 배후에는 자연적·문화적·제의적(전례적) 질서들 사이에 유비들이 존재한다는 강한 느낌(sense)이 있으며, 이런 느낌은 보다 깊은 설명과 우리의 이해에서의 성장을 요구한다.

창조를 다루는 다른 성경 본문들은 창조의 맥락에서의 역사적인 과정들을 보다 강조한다. 이로 인해서 어떤 신학자들은 창조가 주로 역사와 관련이 있다고 주장하게 되었다.[9] 그러나 이런 식으로 자연과 역사를 서로 대립시키는 것은 창조에 대한 성경적 이해에 맞지 않다.

하나님은 창조주(자연·문화·역사를 창조적으로 연결하시고, 명령하시고, 형성하시는 의지이시며, 힘이시고, 인격적 사례)시다. 바로 이런 복합적인 명령·다스림·통치 속에서 하나님은 우리의 삶에 (따라서 또한 나의 삶에) 장소와 공간을 주실 뿐만 아니라, 무엇보다 인간 삶의 의미와 방향과 양도할 수 없는 존엄성이 되신다.

3. 신앙, 증언 그리고 자연주의적 사고의 한계들

창조의 복합성, 폭 그리고 부요함에 대한 인식과 관련해서 신앙은 언제나 지식을 능가한다. 신앙은 헌신을 위한 토대이며, 우리의 헌신에 대해 물음을 던지는 것이다. 신앙은 신뢰할 만한 지식을 포함하며, 동시에 그것은 지식의 한계를 아는 것이다. 창조주에 대한 신앙

---

[9] 예를 들어, 바르트의 『교의학』 제3권 1을 보라.

으로서 신앙은 끊임없이 창조주와 창조에 대한 보다 폭넓은 지식을 추구한다.

그러나 또한 창조 안에서의 개인적 존재와 창조의 맥락 속에서 개인적 존재가 갖는 의미와 관련하여, 신앙은 필연적으로 지식을 능가한다. 신앙은 추론적(discursive) 지식이 성취할 수 없는 충만함과 전체성을 목표로 하기 때문이다. 나의 삶과 우리의 삶이 하나님과 그리고 나머지 창조와 맺는 관계는 역동적이며 유동적이다.

우리는 단편들 속에서만 우리가 어디로 향하는지를 본다. 신앙을 통해 우리는 이 단편적인 지각에 구체적인 틀, 흔적, 살아 있는 방향을 부여할 수 있다. 신앙은 하나님의 창조의 맥락 안에서 나의 인격적인 존재, 구체적인 인간의 삶, 삶의 세계 또는 하나의 전체적이며 역사적인 배열을 본다.

복합적이고 폭넓은 신앙관이 '전체'의 형이상학(a metaphysic of 'the whole')으로 잘못 오인될 때 그리고 창조가 모든 종류의 총체성 개념과 동등하게 놓일 때, 신앙의 이런 구체적인 방향성, 진정성 그리고 구체적인 통찰력은 상실된다.

하나님의 창조가 추상적 총체성과 혼동되자마자, 하나님의 이름들은 하나님을 영예롭게 하는 것처럼 보이지만 사실상 살아 계신 하나님을 보지 못하는 용어들로 대체된다. 그때 하나님은, 예를 들어, '모든 것을 결정하는 실재'나 '모든 것을 종합하는 주체' 또는 훨씬 더 일반적으로는 '절대자'나 '궁극적 준거점'으로 불리게 된다.

그러나 신앙은 이런 추상적인 용어들 속에서 가려진다. 왜냐하면, 피조물이 하나님과 갖게 되는 살아 있는, 형성된 관계와 창조에 대해 하나님이 갖는 사랑하시고 심판하시며 구원하시는 관계가 시야에서 사라지기 때문이다. 어떤 신학자들은 추상적 전체(the abstract whole)라고 하는 개념에다 '개인'이나 '나 자신'이 하나님에 대하여 갖는 추상적 관계라고 하는 사고를 추가함으로써 이런 위험에 맞선다.

그러나 다시금 이것은 신앙을 어둡게 하고 공허하게 한다. 추상적 보편화(the abstract universalization)의 문제는 추상적인 원자적 개인주의(the abstract atomic individualism)의 문제를 더한다고 해서 제거되는 것이 아니라 오히려 고조된다. 신앙은 단조롭고 기쁨이 없으며 형태가 없게 된다.

이런 위험에 맞서기 위해서는, 성경의 몇몇 전통이 말하듯이, 신앙이 하나님에 대한 개인적인 관계일 뿐만 아니라 공동의 관계이며, 또한 '하나님 앞에서'의 인간들 사이의 관계라는 것을 분명하게 아는 것이 도움이 된다.

신앙은 언제나 하나님을 찾고 사랑하는 사람들 가운데에서의 경험, 이야기 그리고 사고의 공동체로부터 나오는 데, 그들은 하나님과 창조를 향하신 하나님의 의도들을 보다 더 분명하게 아는 데 이르기 위해 함께 노력한다. 또한, 이런 면에서 신앙은 언제나 지식을 초월하며 인내를 갖고 드러날 필요가 있는 지식을 위한 틀을 제공한다.

신앙은 발전에 대한 신뢰, 보다 더 큰 진리를 위해 기꺼이 자기 자신의 확실성을 바꿀 수 있는 자세 그리고 다른 사람들을 위해 자기의 확실성을 기꺼이 증거하며 중재하고자 하는 자세 등과 공존해야만 한다. 그러므로 신앙의 특징은 언제나 증언의 특징, 즉 신앙은 그것이 말하는 실재와 진리의 일부만을 파악하고 있는 것을 동시에 알

고 있는 확신의 특징이다.[10]

창조주 하나님을 믿는 것에 대한 우리의 묘사(형성하시고 심판하시며 구원하시는 힘에 대한, 자연·문화·역사를 그리고 이 모든 것 안에서 우리의 삶을 유지하시는 인격적인 의지에 대한, 그리고 피조된 존재와 삶을 지도하시며 그것에 의미와 방향과 목적지를 부여하시는 인격적 사례에 대한 살아 있는 신뢰의 관계로서의 묘사)는 어떤 불안정성을 보여준다. 어떤 사람들은 '힘, 인격적 의지, 인격적 사례'가 틀림없이 보다 더 분명하게 이해될 필요가 있다고 불평할 것이다.

그러나 기독교 신앙은 유일하신 창조주 하나님에 대한 초월적 신앙이 없이는 보다 더 분명하고 명확하게 이런 사례를 파악할 수 없다. 이것이 의미하는 것은 다음과 같다.

한편으로, 신앙은 창조주 하나님이 하나님 자신의 정체성을 예수 그리스도 안에서 알리셨다는 사실에서 우리에 대한 하나님의 인격적 관계가 분명하게 드러난다는 것을 강조한다.

다른 한편으로, 신앙은 하나님이 성령의 능력으로 우리에게 그리고 우리 가운데에서 역사하신다는 사실 속에서 하나님의 능력이 알려지게 된다는 것을 강조한다. 성령의 능력 안에서 하나님은 피조물들을 창조적 활동 속에 포함시키시며 심지어 그들을 지상에서의 하나님의 임재의 담지자들로 만드신다.

---

10 가다머(Gadamer)는 처음으로 '증언'의 이런 성격(texture)에 나의 주목을 끌었다.

그러나 많은 사람에게 삼위 하나님에 대한 이런 신앙은 받아들이기가 여전히 어렵다.

하늘과 땅을 창조하신 하나님이 어떻게 인간 안에서, 나사렛 예수 안에서 계시되고 알려질 수 있단 말인가?

그리고 성령의 권세와 능력이 어떻게 하나님과 인간의 인격적 만남과 연결될 수 있단 말인가?

두 경우 모두에 있어서 사고와 상상력의 자연주의적 한계들로 인해 신앙에 대한 우리의 지식이 더욱 발달하지 못하는 것 같다. 창조주 하나님은 자연 안에서 그리고 기껏해야 중재적인 방식으로 문화와 역사 안에서 활동하시는 능력과 의지로서 여전히 간주된다. 이와 달리, 성경 본문들은 자연적 우주만을 '창조'로 언급하지 않는다.

예를 들어, 성경 본문들이 '하늘들'(the heavens)에 대해 말할 때, 그것들은 거기로부터 빛과 따스함과 물이 땅에 오게 되는 자연적 공중(the natural sky)만을 의미하는 것이 아니다. 그리고 성경 본문들이 '땅'에 대해 말할 때 그것들은 땅을 문화적·역사적 과정의 장소로 본다.

땅은 자연적 실체(a natural entity)일 뿐만 아니라, 정치적·사회적 권세와 힘의 장소이고, 그리고 하늘은 또한 구체적이며 특정한 과거와 미래의 영역, 즉 우리의 경험으로부터 떨어져 있지만 그럼에도 거기로부터 오는 권세와 힘이 우리의 삶에 작용하는 영역이기도 하다. 실재들은 눈에 보이지 않지만, 이해를 추구하는 신앙을 통해서 언급되어야만 한다.[11]

11　Polkinghorne and Welker, "Introduction," in Polkinghorne and Welker, eds., *End of the World*, 1-13.

성령은 하나님이 하늘로부터 그리고 지상에서 운명들을 지도하시고 통치하시는 하나님의 창조적 능력이시다. 성령은 의와 자비와 하나님에 대한 지식을 가져오는 능력, 즉 믿음과 사랑과 소망을 일깨우는 능력이시다. 성령은 우리 가운데에서와 창조 안에서 행하시는 하나님의 선하심과 하나님의 신실하심이 인식될 수 있는 능력이시다.

예수 그리스도께서 성령 안에서 자기 자신을 알리시기는 하지만, 그럼에도 성령의 이런 능력은 예수 그리스도 안에서 인격적 형태를 취하며, 그분은 부활절 이전의 역사적 예수로서만 이해되어서는 안 된다. 다가올 하나님의 통치의 선포자로서 부활절 이전의 예수님은 창조적 하나님을 가리킨다. 부활하시고 높아지신 그리스도로서 그는 다가올 신적 통치의 임재를 중재하신다.

그는 하나님의 창조적 활동을 피조물들 가운데서와 창조 안에서 새 창조를 낳는 것으로서 계시하신다. 이로 인해서 우리는 많은 사람에게 심각한 문제를 제기하는 신앙의 깊은 비밀 앞에 서 있다.

왜 하나님은 그냥 우리가 보는 대로의 창조 안에서 신적 정체성을 드러낼 수 없는가?
다시 말해서, 창조주 하나님은 왜 이 정체성을 초월하셔야만 하는가?
왜 하나님은 피조물이 하나님과 맺는 신뢰의 관계를 드러내기 위해서 그렇게 복잡한 방식을 취하셔야만 하는가?

그 답변은 이것이다. 즉, 자연으로서의, 문화로서의, 역사로서의 창조 자체는 하나님의 돌보시는 선하심, 하나님의 사랑, 그리고 인간의 목적에 대한 분명한 지식을 중재하지 않는다는 것이다. 인간은 하나님의 형상을 반영해야 하는 그들의 목적에서 실패한다. 그들은 다스리라는 명령에 대해 적절한 주의를 기울이지 않는다.

그들은 하나님을 찾는 것과 하나님을 사랑하는 데에서 실패한다. 그들은 하나님의 계명들을 성취하는 데 실패하며, 그들은 창조를 향하신 하나님의 뜻이 실현되는 것을 방해한다. 그들이 지닌 하나님의 형상은 그에 맞게 어두워진다. 그들은 잘못된 종류의 도움을 찾는다. 그들은 잘못된 친구를 사귀며, 불필요한 적들로 인해 고통을 겪는다.

그들에게 하나님의 선한 창조는 위협적이며 상반되는 감정이 존재하는 환경이 된다. 삶에 해로운 권세들이 그들로 하여금 자기들을 섬기도록 만들어서 그들을 노예로 삼는다. 그들은 거짓된 도움과 거짓된 조력자를 찾는다. 그들은 다시 천체들에게 기도하고 자기들을 위해 많은 종류의 금송아지를 만든다.

그들은 아무런 도움도 줄 수 없는 수많은 신·관념·우상을 가지고 실험한다. 그러나 이것에 대한 창조주의 반응은 단번에 그리고 영원히(once and for all) 인간을 파괴하는 게 아니다. 하나님은 사랑스러운 자비로 반응하신다.

그러나 하나님의 사랑의 자비는 단순히 하나님이 피조계를 반복해서 수리하신다는 사실로 표현되지 않는다. 하나님의 사랑의 자비는 그가(심지어 심판과 겉으로 보기엔 파괴인 것처럼 보이는 것 가운데에서조차) 인간을 높이신다는 사실에서 표현된다. 하나님의 사랑의 자비는 새 창조를 향한 그의 뜻 안에서 표현된다.

하나님의 사랑의 자비는 하나님이 죄와 죽음의 권세들로부터 피조계를 구하시며 그것을 신적 생명에 참예케 하시는 데에서 표현된다.

하나님의 은혜와 자비를 통해 우리는 고상함에 이르게 된다. 이것은 예수 그리스도와 성령의 활동을 통하여 인간에게 계시된다. 역설적으로 들릴지 모르겠지만, 창조주 하나님에 대한 신앙은 하나님의 창조적 능력과 영광을 충만하게 지각하기 위해 신앙 그 자체를 넘어서 자라나야만 한다.

4. 논평: 지성과 마음(존 폴킹혼)

글을 쓰는 사람이라면 누구나 잠재적 청중이라고 하는 개념을 염두에 둔다. 글로 쓰여지는 것이 이런 청중에게만 타당한 것은 아니겠지만, 발표의 형태는 적어도 어느 정도는 발표의 대상이 누군지에 대한 저자의 개념에 의해서 결정된다. 각 장에 나타난 우리의 차이 중 일부는 두 개의 서로 다른 독자층의 흥미와 관심을 그것들이 지향하는 데에서 생겨난다(서문을 보라).

여기에서 내가 쓰고 있는 글의 대부분에 있어서 내가 염두에 두고 있는 대상은 과학 공동체에 속한 탐구심이 많은 일원이거나, 또는 종교에 대한 그의 접근이 과학이 이룩한 지성적 업적을 의식함으로써, 그리고 과학자에게는 너무도 자연스러운 일인 증거에 기반한 사유 양식을 존중함으로써 영향을 받는 사람이다.

다시 말해서, 종종 내가 말해야만 하는 것에는 특정한 종류의 변증적 차원이 있다는 것이다. 이 점을 인정한다고 해서 내가 말하는 것 속에서 긍정적인 점들을 과장하고 어려운 점들을 은폐시키는 논쟁 형태의 논박을 내가 채택하고자 한다는 것을 의미하는 건 결코 아니다.

미하엘 벨커에게서 만큼이나 나에게 있어서도 진리의 문제는 가장 중요하다.

기독교 변증은, 가능한 한 모든 정직함으로 표현되는 기독교적 경험과 이해를 주의 깊게 설명함으로써 내적으로도 성공할 경우에만, 신앙에 대해 탐구하는 자들을 돕는 데 있어서 외적으로 성공할 수 있을 뿐이다.

"형성하시고 심판하시고 구원하시는 능력에 대한 살아 있는 신뢰의 관계이고, 자연·문화·역사를 함께 유지시키며 이 모든 것 속에서 우리의 삶을 함께 유지시키는 인격적인 의지에 대한 살아 있는 신뢰의 관계이며, 피조된 존재와 삶을 지도하고 그것에 의미·방향·목적을 부여하는 인격적 사례에 대한 살아 있는 신뢰의 관계"에 대한 미하엘 벨커의 보다 열정적인 글과 비교할 때, 나의 글이 다소 차가운 지성주의적 음조를 띠게 되는 것은, 내가 생각하기에, 바로 이런 종류의 변증적 관심 때문이다.

내가 보기에, 그가 염두에 두고 있는 독자는 깊고 다층적인 신학적 진리에 대한 관심을 잃어버리고, 하나님에 대한 진리를 추구하라는 종교적 요구보다는 단순히 흥미롭고 오락적인 것에 보다 더 초점을 맞춘 채 훨씬 더 심오하지 못한 어떤 것으로 그것(깊고 다층적인 신학적 진리-역자 주)을 대체할 위험에 처해 있는 교회 공동체다. 나는 미하엘이 나의 글에 대해서 제공해 주는 교정을 기꺼이 받아들인다.

왜냐하면, 나는 신적 실재의 신비에 대한 전인의 반응을 수반하고 요구하는 그의 신앙 개념을 전적으로 공유하기 때문이다. 그것의 지위에 있어서 실증적이기보다는 통찰적이며 우주는 피조물이라고 하는 믿음에 대한 근거들로서 합리적 미와 잘 조율된 풍성한 결실에 호소하는 일종의 자연신학에 내가 기꺼이 호소할지라도, 나는 하나님이 단순히 우리의 지적 호기심에 대한 궁극적인 답변에 불과하다고는 분명 생각하지 않는다.

비록 내가 가능한 한 많은 창을 통해서 실재를 들여다보고 싶어 할지라도, 나는 우리의 인간적 반응이 단순히 이 실재를 수동적으로 응시하는 것을 통해서 적절하게 표현된다고는 믿지 않는다. 이런 이유 때문에, 나는 우리가 창조 기사들과 그것들에 관련된 교리를 해석하고 이해하는 데 있어서 제의(cult)가 감당해야 하는 역할에 대한 미하엘 벨커의 강조를 매우 높이 평가한다.

단 하나의 울창한 담화 속에 물리적 경험과 영적 경험이 뒤엉켜 있다(어떤 이는 시대착오적으로 과학과 종교에 대해 말할지도 모르겠다). 과학자와 신사 모두가 이 점에 있어서 인정하게 될 교량적 언어는 '경이'(wonder)다.

나는 우리가 지금까지 논한 두 장이 창조주 하나님에 대한 신앙이라고 하는 단 하나의 거대한 이슈에 대해 쌍안경적 시야와 같은 것을 제공해 준다고 생각한다. 내가 보다 기꺼이 이렇게 생각하는 이유는, 우리가 발표한 것들 속에 있는 차이들의 저변에서, 제1부 제2장에서 돌아가게 될 주제인 신학적 문제들에 대한 공통된 접근이 존재한다는 것을 내가 느끼고 있다고 믿기 때문이다.

5. 답변: "진리의 문제가 가장 중요하다" (미하엘 벨커)

나는 우리 둘 모두에게 "진리의 문제가 가장 중요하다"는 데 전심으로 동의한다. 나는 정말 폴킹혼이 말하듯이 "깊고 다층적인 신학적 진리에 대한 관심을 잃어버릴 위험에 처해있는" 교회 공동체에게 글을 쓴다.

나는 내가 맞서서 작업하고자 하는 두 가지 위협을 본다.

첫째, 신학적 상징들과 내용들이, 그것들의 내적 일관성과 합리성에 대한 아무런 고려도 없이, 문화적 조작(cultural manipulation)을 위한 자료로 간주된다는 것이다. 이 이미지를 뽑아서 그것을 저 이야기와 섞어 당신이 원하는 것을 하라.

그렇게 하는 것이 즐거움을 주거나 자극적이라면 말이다!

우리의 고전적인 주류 교회들에서 점점 늘어나고 있는 이런 정신은 파괴적이다. 이것은 신앙을 파괴하고 내부로부터 교회를 파괴한다. 나는 우리 둘 다 경건한 사람들과 교양 있는 평신도들 모두에게, 심지어 기독교 신앙을 경멸하는 사람들에게 신앙의 언어와 주제들을 진지하게 취하도록 격려하며, 심지어 도전을 주고 싶어 한다고 생각한다.

보다 감성적이거나 도덕적인 관심을 지닌 사람들이 따뜻하고 즐거움을 주는, 동정적이며 치료 지향적인 이런 '멋진' 신학과 신학자들을 원하는 것은 이해할 만한 일이다. 내가 생각하기에, 진리에 대한 관심을 이런 선물들과 맞바꾸어서는 안 된다. 이런 선물들이 성령의 선물들로 보인다 하더라도 말이다.

둘째, 또 다른 위협은 종종 지적 최소주의(an intellectual minimalism)와 연결되는 신학적 환원주의인데, 이것은 신앙의 기본 내용들을 매우 세속화되고, 심지어는 왜곡된 사고와 관념들로 환원시킨다. 이런 환원주의는 철학적으로 그리고 문화적으로 훈련되고 관심을 지닌 사람들 가운데에서, 심지어 학계에서까지도 발견될 수 있다.

너무나도 자주 신학적 환원주의는 종교와 세속성 사이의 대화에서 또는 서로 다른 종교 간 대화에서 자기를 해결책으로 제시한다. 그 공식은 다음과 같다. 즉, 적어도 하나님이 "모든 것을 종합하시는 주체"라는 데, 또는 "누구나가 자기의 내적 자아 안에서 초월적 타자와 내적 관계를 갖고 있다"는 사실에 대해서는 동의하자.

이것들이 환원주의적 관념들이며, 진리에 대한 진지한 탐구를 파괴할 수 있다. 몇몇 위대한 철학자에 대해 철저한 연구를 하고 나서, 나는 이런 패러다임적 최소주의(paradigmatic minimalism)에 대해 상당한 의구심을 갖고 있다. '단순' 관념들('simple' ideas)이 너무도 종종 오도된 추상들이 되거나, 또는 심지어 피하기 어려운 지적이며 종교적인 덫들이 된다.

틀림없이 우리는 환원들과 추상들을 피할 수 없다. 그러나 또한 신학의 영역에서 우리는 화이트헤드의 충고를 따라야 한다.

> 단순성을 찾으라. 그런 다음 그것을 불신하라!(Seek simplicity and distrust it!)

나는 우리 둘 다 우리의 동시대인들에게 성경적 전통들의 역사적·문화적·정경적·신학적 무게와 신앙의 내용들을 진지하게 받아들이는 비판적이며 자아 비판적인 실재론에 참여하도록 도전을 주고 있는 것을 보게 된다. 이 책의 제2부에서 우리는 이런 문제들을 보다 폭넓게 다룰 것이다.

제3장

그리스도에 대한 신앙

존 폴킹혼

제1부 제1장에서 나는 우주의 합리적이며 아름답게 정돈된 구조를 볼 때 신적 정신이 그것의 존재의 배후에 놓여 있다는 생각을 지지한다는 것과 세상에 이미 주어진 인간적 잠재력을 실현하는 우주적 진화의 풍성한 과정을 볼 때 이와 비슷하게 하나님의 목적들이 우주의 개시 역사의 배후에 놓여 있다는 생각을 지지한다고 제안했다.

이런 논증들이 최고의 힘을 갖게 된다 할지라도, 이것들은 단지 하나님이 위대한 수학자이거나 또는 우주의 건축가라고 하는 관념에 이를 뿐이다. 그 자체로 이런 개념은 이신론의 하나님에 불과할 수밖에 없는데, 그 이유는 할 일이 거의 없어서 무(nothingness) 속으로 사라져 가는 것이야말로 너무도 왜소한 이 신성이 지닌 영구적 위험이기 때문이다.

이런 개념들에 나는 가치의 근거로서의 하나님 개념을 추가했는데, 이렇게 함으로써 신에 대하여 인격적 언어를 사용하는 것(물론 '확장된' 또는 '유비적' 의미에서 사용된 것이지만)이 적절하도록 논의의 방향을 바꾸게 되었다.

마지막으로, 궁극적인 우주적·인간적 쓸모없음에 대한 숙고를 통해 하나님은 또한, 죽음을 넘어선 운명 속에서 소망의 근거이신 하나님으로 발견되리라고 단언하는 데로 담대히 나아갔다. 즉각적으로 잘 이해하지 못하겠다는 듯한 표정을 한 호기심 많은 친구는 마지막의 이런 주장을 하는 근거가 무엇인지 물을지 모른다.

사실상 그것은 어둠 속에서 무서움을 떨치고자 휘파람을 불려는 게 아닌가?

우리는 젊은 루터를 너무도 괴롭혔던 근본적인 질문에 직면해 있다.

> 하나님은 인간에게 은혜로우신가?
> 하나님은 개별적인 인간 존재를 돌보시는가?
> 하나님은 신뢰할 만한 분이신가?

우리가 지금까지 들여다본 창 중에 어느 것도 이런 질문에 대한 답에 이르는 길을 제시해 주지 않을 것이다. 이것은 심지어 우리가 '종교적 경험'이라는 이름을 붙인 창에 있어서도 마찬가지이다. 왜냐하면, 이 경우에 우리가 종교적 경험을 통해서 보게 된 것은 성스러운 것과의 조우라고 하는 일반적이며 다소 혼란된 그림에 불과하기 때문이다.

우리가 지금 고찰하고 있는 것과 같은 구체적인 문제는 그에 걸맞는 구체적인 용어를 통해서만 언급될 수 있다. 앞으로 나아갈 기회를 얻기 위해 우리는 일반적인 논증들로부터 보다 더 구체적인 종류의 계시에 대한 주장들을 고찰하는 데로 나아가야만 하는데, 이런 계시는 우리가 앞에서 토론한 것처럼 신과의 만남에 이르는 특별히 명백한 길을 제공해 준다고 여겨지는 특별한 사건들이나 특별한 사람들을 포함하는 것으로 이해된다.

1. 개인적 관여

인식론적인 문제가 있다는 것을 즉시 알아차릴 필요가 있다. 전적으로 독립된 관찰자는 이 사건들과 이 사람들의 의미를 편견 없이 평가할 수 없다. 개개의 인물을 평가해야 하는 친숙한 경우처럼, 다소간의 개인적 관여가 필수 불가결하다. 독립된 관찰자는 조안에게 준 잭의 값비싼 선물을 관대함의 행위나 과시적 사치의 행위로 해석할지 모르며, 오직 보다 가까운 조우를 통해서만 이 이슈가 해결될 것이다.

이스라엘이 애굽에서 탈출하는 데 관여하지 않은 구경꾼은 운이 좋게도 때맞춰서 강한 바람이 홍해의 물을 뒤로 밀쳐 도망하는 노예들이 건넌 다음 바람이 다시 불어와서 물이 추격하는 애굽인들을 다시 덮치는 것과 같은 우연만을 보았을 것이다.

이것이 이스라엘을 속박에서 구원하시는 하나님의 크신 행위, 즉 구성적이고 지속적인 중요성을 지니게 된 구속 행위였다는 것은, 이것이 조금이라도 알려질 수 있다면, 오직 신앙 공동체의 내부로부터만 알려질 수 있을 뿐이다. 종교적 연구의 분야는 종교적 전통들의 현상을 기록하고자 하는 가치 있는 관심을 가지고 있으나, 이런 전통들의 참된 신학적 성격은 오직 각 전통의 내부로부터만 알려질 수 있을 뿐이다.

어떤 관점에 이렇게 필수적으로 몰두한다고 해서, 이것으로부터 도출되는 통찰들이 그렇게 수용된 관점에서 생겨난 속임수들에 불과하다는 것을 의미하는 것은 아니다. 우리가 어떤 선택된 해석적 관점으로부터 물리적 세계를 관찰하기 시작할 때, 과학 자체가 시작이 되며, 단순한 자연의 역사는 끝나게 된다.

따라서 러셀 한슨(Russell Hanson)이 예전에 말한 것처럼, 과학자들이 '안경을 눈 뒤에' 씀으로 인해, 과학에서 이론과 실험은 어쩔 수 없이 서로 얽히게 되었다. 과학과 신학 모두에서, 해석과 경험이 서로 얽혀서 해석학적 순환을 형성한다. 즉, 이해에 이르기 위해서는 최초의 믿음에 대한 헌신을 교정하는 일이 필요하다. 믿음은 그것이 제공하는 이해에 의해서 유지된다.

과학에서보다 인격적인 것(the personal)과 초인격적인 것(the transpersonal)의 영역에서, 관련된 헌신의 정도가 훨씬 크다. 왜냐하면, 그것은 선별된 인식적 관점에 대한 고수를 훨씬 넘어서서 사실상 전체적인 삶의 방식까지도 포함하기 때문이다. 우정이 함축하는 신뢰와 상호성의 책무들을 내가 기꺼이 받아들이지 않는다면, 나는 당신이 나의 친구라는 것을 알 수가 없다.

인간의 어느 모임에든 그 안에 내재된 모호성과 불확실성 때문에, 그와 관련된 피할 수 없는 위험 요소가 있다. 이보다 훨씬 더, 우리는 하나님을 단지 우리의 지적 호기심을 만족시키시는 '만능 이론'의 토대로 여겨서는 안 된다. 경외와 경배와 복종은 신과의 참된 만남에서 필수 불가결한 요소들이다.

따라서 종교적 신앙이 분명 동기에 의해 유발된 믿음에 대한 호소를 수반한다 할지라도, 그것은 냉정하고 합리적인 분별을 넘어서 정신의 동의뿐만 아니라 마음과 의지의 반응까지도 요구한다. 과학이 이전의 관점을 수용하는 것을 수반하긴 하지만, 우리는 또한 이전의 관점을 교정하는 것(눈의 뒤편에 있는 안경에 대한 규정을 바꾸는 것)이 종교적 전통들 내에서보다는 과학에서 훨씬 더 쉽게 일어난다는 것을 인정해야 한다.

자연의 자극들(the nudges of nature), 즉 현재 정설로 되어 있는 것에 도전하는 예기치 않은 실험적 발견들이 종종 당대의 과학 지도자들에 의해 저항을 받게 되지만, 결국 경험적 적절성이 과학적 이해에 성공적으로 이르는 데 있어서 없어서는 안 될 요소다. 마침내 소란은 진정되고 매우 인상적인 방식으로 누구나 만족할 수 있을 정도로 질문들에 대한 답이 얻어진다.

이와 달리, 종교적 전통들은 그것들 사이에 당황스러울 정도의 불협화음을 드러낼 뿐만 아니라, 각각의 전통 내에서 그것들은 또한 대단한 교리적 견고성을 드러내는 것처럼 보인다. 물론 신학 사상의 역사에 익숙한 사람은 이런 견고성이 변할 수 없는 엄격성과 동일한 것이 아니라는 것을 알게 될 것이지만 말이다.

교리의 발달이 있기는 하다. 그런 발달이 전통의 토대가 되는 경험들 및 통찰들과 정통적으로 어느 정도 일치하는 한계 내에서 발생하기는 하지만 말이다. 이런 일치의 궤적은 매우 중요하다. 왜냐하면, 종교 공동체들은 그것들을 규정해 주는 기원에 주어져야 할 마땅한 존경을 보존하지 않고서는 참된 정체성을 유지할 수 없기 때문이다.

신학이 요구하는 경험적인(empirical[실험이나 관찰에 의한 경험-역자 주], 더 좋게는 체험적인[experiential-보고, 듣고, 느끼는 등의 실천에 의한 경험-역자 주]) 적절성은 단 한 세대 내에 담겨 있을 수 없고 시간을 넘어서 확장된다. 과학의 행위를 아는 사람이라면 누구나 과학자들의 공동체가 발견이라고 하는 위대한 일에 있어서 감당하고 있는 중요한 역할을 알 수 있을 것이다.

이 공동체에 무오한 지위를 부여하지 않은 채, 이 공동체가 새로운 제안들을 면밀히 검토하여 종국적으로 그것들을 받아들이게 되는 것은 과학적 진보의 중요한 특징이 되어 왔다. 적절한 때가 되었을 때 사람들이 보편적으로 받아들이게 되는 결론들을 이끌어 내는 이 공동체의 능력은 매우 탁월하다.

종교적 전통에 있어서, 신실한 자들의 공동체 역시 감당해야 할 중요한 역할이 있는데, 특히, 개인적 경험과 기이한 해석에 내재해 있는 모호성들과 위험들을 해결하는 데 있어서 그러하다. 종교는 항상 특히나 왜곡과 속임수의 가능성에 개방되어 있다.

따라서 영적인 감독과 돌봄에 대한 필요가 인정되는데, 이것들을 통해서 영적 지도자들은 가짜로부터, 심지어 악마적인 것으로부터 진짜를 체질하여 골라내고자 한다. 개인의 종교적 반응을 강조하는 개신교는 새로운 신학적 통찰들을 수용하는 문제에 있어서 전통과 교회 전체의 판단을 존중하도록 강조하는 가톨릭과 정교회를 통해 균형을 맞출 필요가 있다.

다시 한번 말하지만, 신학에 있어서 타당한 진리를 추구하는 공동체는 어느 한 시대로 국한될 수 없다. 종교적 이해는 과학적 이해와 달리 축적되지 않는다. 따라서 현재의 통찰이 과거의 통찰보다 우월하다고 하는 가정 같은 것은 없다. 그들의 증언이 주목을 받아 마땅한 증인들의 무리는 여러 세대에 걸쳐 있다.

이런 고찰을 염두에 둘 때, 이 장의 서두에서 제기된 질문들에 대한 답변들은 선택된 전통 내에서 추구되어야만 하며, 이런 답변들이 독립적으로 새로이 발굴되는 방식으로 다루어질 수 없다는 것이 명백하다. 내가 하는 선택은 공인된 기독교적 이해의 선택이다. 왜냐하면, 이것은 내 자신의 영적 경험의 기반이 되고 실재에 대한 나의 이해와 상관된 것이기 때문이다.

이런 식으로 특수성을 수용하는 것은 우리가 지식을 추구하는 그 문제의 본성에 맞추어서 지식을 추구하고자 하는 합리적 전략과 일치한다. 우리가 이스라엘의 하나님이자 우리 주 예수 그리스도의 아버지를 평가할 수 있는 중립 지점이란 전혀 없다.

이 하나님은 구체적인 역사적 맥락들 속에서 신적 본성을 계시해 오셨으며, 이런 특정한 사건들에 관여함을 통해서만 우리는 이 하나님에 대한 신앙의 이슈를 추구할 수 있다고 주장된다(그리고 나는 그렇다고 믿는다). 따라서 이제 나는 그리스도에 대한 신앙을 구체적으로 고찰하는 데로 나아가고자 한다.[1]

2. 나사렛 예수

그리스도인에게 있어서 주목의 초점은 나사렛 예수다. 즉시 '창'에 대한 우리의 비유는 깨어지고, 한 인격과의 만남(encounter with a per-

---

[1] 나의 견해에 대해 보다 충분한 설명을 위해서는 다음의 책을 보라. Polkinghorne, *Science and Christian Belief*.

son)으로 대신한다. 왜냐하면, 기독교에 있어서 하나님의 말씀은 일차적으로 기록된 계시가 아니기 때문이다.

그것은 예수님의 삶 안에서 말해졌다. 성경은 그것의 권위를 (무슬림들이 꾸란이 그렇다고 믿는 것처럼) 신적으로 구술된 텍스트라는 데에서 도출해 내지 않고, 이스라엘을 다루시는 하나님에 대한 기록으로서 그 권위를 갖는데, 이 기록은 결국 그의 추종자들의 초기 역사와 함께 그의 삶·죽음·부활이 상술되는 이 1세기의 유대인에게서 절정에 이른다.

인격적인 것은 관계적인 것이며, 따라서 그리스도 안에 있는 계시 속에는 신성의 측면과 인성의 측면 양측으로부터의 교류적 교환이 있음에 틀림없다. 이것이 무엇을 의미할 수 있는지, 그리고 우리는 이것이 왜 그렇다고 믿을 수 있는지가 여전히 다루어져야 할 문제들이다.

그러나 이런 놀라운 '특수성의 스캔들'의 가능성을 기꺼이 숙고하지 않는다면, 이런 논의를 시작할 수조차 없다. 때때로 그들 다음 세대의 경험과 이해에 깊은 영향을 미치는 천재들과 심오한 통찰력을 지닌 사람들이 있다는 것을 쉽게 인정할 수 있다. 갈릴레오·뉴턴·다윈·아인슈타인 등과 같은 위인들의 과학적 역할은 이 점을 아주 명백히 보여 준다.

다시 말해서, 미적인 것과 관련된 보다 개인적인 영역에서, 우리는 이런 위대한 인물들이 독특하며 대체될 수 없다는 것을 볼 수 있다. 오직 베토벤만이 마지막 4중주를 작곡할 수 있었을 것이다. 위대한 신앙 전통들의 토대가 되는 인물들(모세·부처·모하메드)은 이런 도식에 잘 들어 맞을 수 있는데, 이런 도식은 그들이 어떻게 성스러운 것의 본성에 대한 새로운 통찰을 제공하도록 영감을 받게 되었는지와 관련이 있다.

만약 우리가 예수님을 단지 위대한 선생, 카리스마적인 지도자, 두려움을 모르는 선지자로서 여긴다면, 그때에 예수님 역시 이런 항목(위대한 신앙 전통의 인물들-역자 주)에 포함된다. 그러나 이것은 분명히 첫 제자들로부터 시작해서 교회의 연속된 세대들에 이르기까지 수 세기에 걸쳐 그를 따르는 자들이 그를 범주화한 방식이 정말 아니다.

대신에 그들은 훨씬 더 급진적이고 놀라운 범주들을 사용했다. 사도행전이 베드로를 묘사하는 바에 따르면, 베드로는 십자가 사건이 일어난 몇 주 후에 예루살렘에서 일어서서 예수는 하나님의 '주시며 기름 부음을 받은 분'이고, '그를 통해 사람들이 그들의 죄 사함을 받아야만 하는 분'이며, '하나님의 오른편에까지 높아지신 분'이라고 선포한다.

(아마도 우리가 가지고 있는 가장 초기의 서신인) 데살로니가전서에서 바울은 예수님에 대해 말하는데, 그는 신적인 명칭인 '주'(Lord)를 사용하고 있으며, 그를 통해서 우리 모두가 구원을 발견하게 되고(살전 5:9), 사후에 다시 생명으로 회복될 것(살전 4:14)임을 단언한다. 이스라엘의 한 분 하나님과 십자가에 못 박히시고 높아지신 예수 그리스도 사이에 뚜렷한 친밀성이 존재한다고 주장되고 있다.

우리가 정말 이런 명칭을 오래전 로마 제국의 변방에서 살았던 순회 설교자요 이적을 행하는 자에게 붙일 수 있을까?

기독교 사상의 주류는, 예수님의 보편적 의미에 대해 거대한 주장을 하는 반면, 그의 특수성의 스캔들을 피하고자 한 적이 없다는 것을 인식하는 것이 중요하다. 교회가 가장 신실할 때에, 예수님은 언제나 1세기 유대인이었지(무엇을 더 말할 수 있든지 간에), 무시간적인 보편적 인간(a timeless Universal Man)이거나, 단지 인간의 형태를 취한 것처럼 보일 뿐인 가현설적인 천상의 인물이 아니었다.

사람으로 태어나는 것이 우주 역사 속에서 매우 중요한 사건이라고 생각하는 것이 옳다면, 그때에 인격적인 것의 범주는 우리가 실재를 이해하는 데 있어서 그에 상응하는 중요성을 지닌다고 예상할 수 있는 범주다. 이 실재가 그 기원을 초인격적인 하나님(a transpersonal God)의 의지 안에 두고 있다면, 그때에 우리는 인격적인 것이, 그것의 모든 필연적 특수성 속에서, 피조물에 대한 창조주의 계시적 상호작용을 위한 주요 도구일 것임을 예상할 수 있다.

적어도, 신적 본성을 계시하고 신적 의지를 성취하는 데 있어서 단 한 사람에게 가장 정확히 초점이 맞추어졌으리라는 가능성은 분명히 조사해 볼 만한 가치가 있다. 인격적인 것의 특성은 그것이 유일무이한 것 안에서 표현된다는 것이다. 특수성의 스캔들을 거부하는 것은 인격적인 것의 의미를 거절하는 것이 될 것이다.

예수님에 대한 믿음의 기원을 위한 우리의 자료들과 이런 믿음의 토대가 되는 주된 증거는 신약성경이다. 어떠한 문학 작품도 그렇게 끝없는 연구의 대상이 되거나, 그렇게 많고 다양한 평가의 주제가 된 적이 없었다. 내가 믿기로는 이어지는 논증들은 그런 연구로부터 다소 신중하게 도출될 수 있지만, 저 주장(어떤 문학 작품도 신약성경만큼 다양한 평가의 주제가 된 적이 없었다는 주장-역자 주)은 여기에서 상세히 다룰 수 없다.[2]

---

2   다음을 보라. Polkinghorne, *Science and Christian Belief*, chaps. 5–7.

예수님의 이야기에 있어서 제일 먼저 우리의 주목을 끄는 것은 그 것이 다른 종교 전통들에 있는 위대한 설립자들에 관한 이야기와 얼마나 뚜렷이 다른가 하는 것이다. 모세·부처·모하메드는 모두 그 주인의 사역과 메시지를 계속 수행하겠다고 다짐하는 신실한 추종자들에 에워싸인 채 영예롭게 노년의 나이에 죽는다.

예수님은 그를 따르는 자들에 의해 버림을 받은 채, 고통스럽고 수치스러운 죽음을 당하시고 "나의 하나님, 나의 하나님, 어찌하여 나를 버리셨나이까?"(막 15:34; 마 27:46)라고 외치시며 인생의 중반에 죽는다. 표면상 이것은 완전한 패배처럼 보인다. 예수님의 이야기는 매우 모호한 이야기다.

만약 예수님의 이야기가 갈보리에서 끝난다면, 예수님의 이야기는 기껏해야 다른 많은 순교자보다도 조금 못한 용기를 가지고 죽음을 맞이한 그리고 분명 소크라테스가 지녔던 평온함도 없이 죽음을 맞이한 어떤 사람을 묘사하는 것에 불과하다. 최악의 경우에, 그것은 속임을 당한 한 남자가 마지막에 미몽에서 깨어나는 것으로 끝이 났다.

만약 이것이 당시의 실상이었고, 예수님의 이야기가 거기서 끝났다면, 우리는 그에 대해서 결코 들어 보지 못했을 것이다. 패배하거나 잘못된 판단을 한 다른 많은 사람이 그래야만 했던 것처럼, 그는 역사에서 사라졌을 것이다. 그러므로 우리가 그에 대해서 들었다는 것은 매우 의미심장하다. 처음부터 그를 따르던 자들은 하나님이 이런 모호성을 해소하셨으며, 예수님의 이야기는 죽음의 다른 측면인 그의 부활과 영광된 삶에서 계속되었다고 주장했다.

3. 부활

부활은 그리스도에 대한 믿음의 중심축이다. 이곳은 부활 사건의 초역사적 의미와 또한 그것에 대해 주장된 역사 내에서의 보고와 더불어, 그런 믿음에 대한 증거나 동기부여를 상세히 평가한다거나 그런 사건의 성격이 어떤 것일 수 있었는지에 대해 논하고자 하는 곳이 아니다. 이런 것들은 내가 다른 곳에서 시도했던 일들이다.[3] 이런 논의가 가능하다는 것, 즉 부활에 대한 믿음은 역사적 증거와 아무런 관련이 없는 근거 없는 주장이 아니라는 것이 중요하다.

또한, 이런 증거의 무게에 대한 평가는 예수님이 순회 선지자 이상이셨다고 하는 주장에 우리가 어느 정도의 의미를 부여하는지와도 무관하지 않다. 언제나 그렇듯이 여기에는 해석학적 순환으로부터의 어떤 도피도 없는데, 해석학적 순환에서 경험과 해석은, 과학에서 이론과 실험이 그렇듯이, 뗄 수 없을 정도로 맞물려 있다.

예수님의 부활은 그 자체가 지니고 있는 특수성의 스캔들을 가지고 있다. 왜냐하면, 오직 이 사람에 대해서만, 역사 내에서, 그가 역사 너머에 있는 새롭고 영광된 영원한 삶으로 부활했다고 주장되기 때문이다. 이것이 사실이라면, 예수님에 대해 유일한 어떤 것이, 유

---

3   다음을 보라. Polkinghorne, *Science and Christian Belief*, chap. 6. (부활 후 예수님의-역자 주) 다양한 출현 이야기 속에는 부활하신 그리스도를 알아보는 데 있어서의 어려움이라고 하는 예기치 않은 공통된 주제가 있으며, 빈 무덤에 대한 이야기들이 (고대 세계에서 타당한 증인들로서 간주되지 않았던) 여인들에 의한 발견에 초점을 맞추고 있다는 사실은 나로 하여금 참된 역사적 회상들이 이런 일련의 전통의 배후에 놓여 있다고 믿게 만드는 상술 중의 하나다. 또한, 다음을 보라. Welker, chap. 4 below.

일하게 의미 있는 어떤 것이 있음에 틀림없다.

나는 이것이 사실이며 그리스도에 대한 신앙의 적절한 설명은 이것의 진실성에 달려 있음에 틀림없다고 믿는다. 바로 이런 기초 위에서 나는 예수님의 유일성(the uniqueness of Jesus)이 무엇인지에 관한 논의를 계속한다. (예수 그리스도의 현상을 이해해야 할 합리적 필요로 말미암아 우리가, 양자 이론의 개척자들이 아원자적 물리 세계를 만났을 때 그들에게 강제되었던 결론들만큼이나, 처음에는 이상하고 반직관적인 결론들에 이를 수밖에 없으리라는 것이 나의 믿음이다.)

신약성경을 읽을 때, 우리는 저자들이 제시하는 모든 다양한 관점과 표현에도 불구하고 그들이 공통된 중요한 경험을 가지고 있다는 강한 인상을 받는다. 그들은 모두 그들의 부활하신 주님이신 그리스도와의 만남과 그들의 삶 속에서 그가 어떤 의미가 있는지를 적절하게 설명하고자 씨름한다.[4] 이런 씨름의 중심에는 부인될 수도 없고, 쉽게 이해될 수도 없는 두 가지 역설이 있다.

첫째, 십자가에 못 박히신 메시아라고 하는 역설이다.

그들은 예수님이 하나님의 선택을 입은 기름 부음 받은 자이지만, 예수님은 군사적 구원을 가져오는 다윗가의 왕이 아닌 것으로 드러났고, 예수님이 가져 온 구원(죄의 용서와 새로운 변화케 하는 삶)은 그의 고통스럽고 수치스러운 죽음과 밀접하게 연결되어 있다고 믿는다.

둘째, 이 역설은 그 초점이 보다 흐릿하지만, 훨씬 더 주목할 만하다.

---

4   Polkinghorne, *Science and Christian Belief*, chap. 7.

신약의 저자들은 예수님이 부활하신 후에 '하나님의 오른편'(권위와 권세의 자리)으로 올리우셨다고 믿는다. 그들은 '주'라는 호칭이 이스라엘의 한 분 하나님에게만 속한 것임을 앎에도 불구하고 예수님에게 그런 호칭을 부여한다.

그들은 심지어 원문에서는 분명히 이스라엘의 하나님에 대해 말하는 선지자들의 글들을 예수님에게 적용한다. 바울은 자기의 서신서의 대부분에서 '하나님 아버지와 주 예수 그리스도'라고 하는 의외의 병렬 구조를 사용해 인사를 하는데, 이것은 경건한 1세기의 유대인이 사용하기에는 일반적이지 않은 연결 관계다.

간단히 말해서, 신약성경의 저자들은, 자기들의 유대적 유일신론을 포기하지 않은 채, 예수님에 대해 인간적 언어뿐만 아니라 신적인 언어까지도 사용하지 않을 수 없는 것처럼 보인다. 신약성경 자체 내에서 이런 긴장들은 해소되지 않지만, 분명 그 상황은 지적으로 불안정했으며, 이것은 이어지는 교회 역사에서 그랬듯이, 훨씬 많은 신학적 논쟁과 미해결의 주제가 되어야만 했다.

과학자 특히, 기초 물리학에서 작업하는 사람은 이런 상황이 전적으로 낯설지만은 않을 것이다.[5] 과학의 역사 속에는 이상하고 당황스러운 경험으로 인해서 이전에 신봉되었던 믿음들이 완전히 바뀌게 되는 때들이 있는데, 양자 이론이 생겨난 1900-1926년의 기간이 그런 때 중 하나일 것이다. 잠시 동안 모든 게 혼란스럽고 위협적인 역설이 된다. 즉, 빛은 파장같이 행동한다. 빛은 분자같이 행동한다.

---

5   Polkinghorne, *Belief in God*, chap. 2.

처음에 할 수 있는 것이라곤 명백하게 상충되는 증거의 일부를 무시함으로써 단순한 삶으로 돌아가고자 하는 유혹에 저항하면서 지적인 면에서 가까스로 경험을 굳게 붙드는 것이다. 우리가 합리성을 적절하게 해석할 수 있을 경우에만, 사람들은 자연이 그 행위에 있어서 합리적인 것으로 발견되리라는 믿음을 고수해야 한다.

양자 이론의 경우, 이런 지적인 용기는 현상들을 매우 성공적으로 설명해 주는 이론을 결국 발견해 냄으로써 보상을 받았다. 비록 그 형식주의(formalism)가 직접적인 물리적 용어로 어떻게 해석되어야 하는지를 상세히 결정하는 데 있어서 의견의 일치를 보지 못하고 성공을 이끌어내지 못함으로 인해서, 보다 더 깊은 완전한 이해에는 여전히 이르지 못하고 있지만 말이다.

교회가 수 세기 동안 몰두해 온 문제인 그리스도에 대한 신앙이 함의하는 바들에 대한 적절한 이해를 어떻게 설명할지의 문제와 관련해서는 그 결과들이 보다 덜 광범위하다(신학은 물리학보다 어렵다). 그 유명한 칼케톤신조 451항은, 담화가 토대적이고 지속적인 기독교적 경험에 적절하고자 한다면, 어떤 담화의 영역들에서 이해가 추구되어야 하는지를 보여 주고 있다.

사실상 이 항은 교회의 통찰을 적절하게 표현하기 위해서는 인간적 언어와 신적 언어 모두가, 어느 한 언어를 다른 언어에 동화시키려는 어떠한 시도도 없이, 예수 그리스도에 대해 사용되어야 한다는 것을 확언한다. 칼케톤 공의회는 이 담화가 취해야 하는 상세한 형식을 해결하지 못했는데, 그 이후의 여러 세기에 걸친 더 많은 노력 역시 이 문제를 해결하지 못했다.

4. 기독교적 믿음

과학자들은 이전의 어렵고 어두운 영역들에 예기치 않은 빛을 비추어 주는 심오한 생각들에 본능적으로 반응한다. 과학자들은 또한 그런 생각들이 종종 매우 놀라운 것이며 처음에는 반직관적인 것처럼 보이는 게 당연하다는 것을 알고 있다. 그리스도에 대한 정통 기독교 신앙은 두 개의 심오하고 조명적인 생각에 토대를 두고 있는데, 그 각각의 생각은 성격에 있어서는 신비적이고 도전적인 반면, 함의들에 있어서는 흥미를 자아낸다.

1) 성육신

신약성경의 저자들은, 바로 예수님의 삶에 인간의 삶과 하나님의 삶이 모두 있기 때문에, 예수님에 대해 인간적 언어와 신적 언어 모두를 사용하지 않을 수 없었다.

> 하나님은 그리스도 안에 계셨다(고후 5:19).

> 이는 하나님의 영광의 광채시요 그 본체의 형상이시라 그의 능력의 말씀으로 만물을 붙드시며(히 1:3).

> 태초에 말씀이 계시니라 … 이 말씀은 곧 하나님이시니라 … 말씀이 육신이 되어 우리 가운데 거하시매(요 1:1, 14).

이것은 인간적인 면의 제거가 없이 일어났다. 무한하고 영원한 것이 유한하고 일시적인 것에 초점을 맞추게 되었다. 하나님은 한 인간의 생을 삶으로써 가능한 한 가장 명백하게 인간에게 알려지셨다. 하나님이 우리에게 은혜로우신지를 알고자 한다면, 우리는 예수님이 지상의 삶을 사는 동안 만나셨던 사람들을 어떻게 대하셨으며 그가 천상의 아버지에 대해 어떻게 말씀하셨는지를 보면 된다.

물론 (성육신이라고 하는-역자 주) 이런 놀라운 사상의 정합성과 이해 가능성에는 많은 어려움이 있다. 마치 예수님이 팔레스타인에서 인간의 삶을 사시는 동안에는 우주의 보좌가 비어 있었던 것인 양, 우주의 신적 통치가 방해를 받을 수는 없었다.

결국, 이것은 삼위일체 교리와 제2격의 성육신의 측면에서 이해될 수 있다. 지적 정직성(intellectual integrity)은 기독교 신학 공동체로 하여금 이런 심오한 이슈들과 계속해서 씨름할 것을 요구하는 반면, 그리스도에 대한 신앙은 이런 문제들이 완전히 성공적으로 해결되는 데 달려 있지 않다.

그것은 이 신앙의 토대가 경험, 즉 예수님 안에서 우리가 우리 자신의 인간성(그는 우리 중 한 분이시다)뿐만 아니라 하나님의 삶(우리에게 은혜로우신 것으로 드러난 분)을 만난다고 하는 지속적인 기독교적 경험에 놓여 있기 때문이다. 어떤 과학자도 무지나 이해의 결핍을 기뻐할 수 없지만, 모든 과학자는 상황이 어떻게 해서 이런 식으로 일어나는지를 이해하는 데 있어서 우선적으로 어떻게 해서 그런 상황이 우리의 어려움들 너머에서 발견되는지를 알고 있다.

2) 십자가에 못 박히신 하나님

성육신은 단순히 우리로 하여금 신적 생명과 본질을 더 잘 이해하도록 하기 위해서 인간의 삶을 하나님이 공유하신 것이 아니었다. 성육신은 또한 하나님이, 완전하면서도 극치에 이르도록, 피조된 인간의 삶에 참여하시는 것이었다. 심지어 십자가 위에서의 버림받음과 죽음에 이를 정도로 말이다.

위르겐 몰트만(Jürgen Moltmann)은 우리에게 기독교의 하나님은 십자가에 못 박히신 하나님이라고 가르쳐 주었다.[6] 여기에서 우리는 고통의 문제에 대한 독특하고 심오한 기독교적 답변을 만나게 된다. 하나님은 이상하고 종종 쓰라린 창조의 역사를 단지 열정적으로 관망만 하시는 분이 아니시다.

기독교의 하나님은 이 고통의 순례 속에 참여해 오신 분이셨으며, 따라서 그리스도 안에서 우리는 진정으로 (우리의 고통을-역자 주) '이해하시는, 고통당하시는 신적 동료'를 보게 된다. 이런 통찰은 신정론의 문제들이 요구하는 심오한 수준에서 그것들을 만나게 된다. 이런 통찰은 우리를 당황하게 하는 모든 문제를 몰아내는 것이 아니라, 그런 어려움들이 지닌 심오함에 비례하여 그것들을 마주하고 받아들인다.

악의 문제가 우리를 괴롭힌다 할지라도, 기독교 신자들에게 있어서 하나님에 대한 신앙이 가능한 것은 그리스도에 대한 신앙 때문이다. 즉, 심지어 죽음이 다가올 때에 거부하고 싶은 마음과 하나님에

---

6 Moltmann, *The Crucified God*.

게서 버림받았다는 느낌에서 오는 고독의 경험을 받아들이실 정도까지, 겟세마네와 십자가에서 인간의 운명을 공유하신 성육신하신 분에 대한 신앙 때문이다.

그럼에도 불구하고 이런 공유는 단순히 피조물이 희생당하는 것에 대한 신적 연대가 아니었다. 왜냐하면, 부활과 기독교 공동체의 삶 속에서 나타나는 그 부활의 결과는 갈보리에서 이루어진 그리스도의 희생적 죽음이 하나님과 인간의 화해의 기원이자 근거이며 하나님의 새 창조가 가져오는 영원한 삶에서 죽음 저편에 있는 운명에 대한 소망이라는 것을 드러냈기 때문이다.

이 두 가지 위대한 기독교적 개념은, 이 개념들이 실제로 일어난 사건들을 가리키며 단지 예수 그리스도의 영적 영감의 원천에 불과한 것이 아닌 그 이상으로서 그리스도 안에 진정으로 임재하시는 하나님을 가리킬 경우에만, 그것들에 부여된 힘을 지닐 수 있을 뿐이라는 것을 인식하는 것이 중요하다.

심지어 신이 고통과 죽음을 짊어졌다고 하는 역설에 이르기까지 피조된 삶에 하나님이 참여하신다는 생각은 매우 강력한 이야기지만, 만약 그것이 상징적인 이야기에 불과하다면, 결국 그것은 우리에게 '정말 그랬다면 좋을 텐데'라고 하는 소망의 파토스만을 남겨 놓을 것이다.

기독교 이야기가 그리스도에 대한 신앙을 낳는 이유는, 비유적 상징의 힘(하나님의 신비를 말하기 위한 우리의 가장 부적절한 인간적 자원)과 실제적인 역사적 사건의 힘(참된 이야기의 유일한 영향)을 결합함으로써, 그것이 '일어난 이야기'(an enacted story)였던 것으로 보이기 때문이다.

신화의 힘과 사실성의 힘이 성육신 속에서 융합된다.

하나님이 인간의 형상을 취하시고, 자기가 만드신 낯선 세계의 고통을 당하심으로써 인간의 말로 자신을 알리시며, 십자가 위에서 자기의 팔을 벌려 그것의 쓰라림을 받아들이셔야만 한다는 것보다 더 심오한 것이 무엇이겠는가?

이것이 가장 깊이 나를 감동시키는 이야기다. 그럼에도 불구하고 이것은 고대 전설의 환영 같은 인물에 투사된 이야기가 결코 아니다. 이것은 역사의 특정한 시점에서 로마 제국의 주변 지역에서 놀라운 설교자였던 예수 그리스도의 구체적인 인격 속에서 실제로 일어난 것과 관련이 있다. 기독교의 중심은 성육신의 실현된 신화 속에 놓여 있다.[7]

비록 기독교 신앙이 과거의 토대적 사건들에 호소해야만 한다 할지라도, 이런 호소는 기독교 신앙이 또한 현재의 경험과 일관되게 일치하지 않는다면 그 능력을 상실할 것이다. 나는 이미 전 시대에 걸쳐서 퍼져 있는 증인의 무리에 대해 이야기했다. 부활 후의 출현들과 빈 무덤의 발견은 1세기에 위치해 있으나, 모든 세기에 걸쳐 교회는 현재 속에서 예수 그리스도를 자신의 살아 있는 주로서 고백해 왔다.

교회는 단순히 존경받는 과거의 설립자를 뒤돌아보는 것이 아니다. 오히려 자기를 기념하여 성찬을 행하라 말씀하신 주의 명령에 복종하여, 특별히 함께 모인 성찬 공동체의 활동 속에 계신 그리스도의 임재하심을 경험하면서, 교회는 자신이 언제나 동시대인으로 계시는 분을 증거한다고 믿는다.

---

7 Polkinghorne, *Science and Creation*, 97.

물론 교회 밖에 있는 사람들은 이런 증거에 대해 유보적 입장을 취할지 모르겠지만, 이것은 그리스도에 대한 신앙을 갖도록 동기를 부여해 주는 증거에 속한다. 우리는 하나님에 대한 지식을 전통과 신앙 공동체의 경험 속에서 추구해야 할 필요성이 있다고 하는 지점으로 다시 돌아오게 된다.

이런 경험은 부활하신 주님에 대한 신앙을 통해 발견될 수 있는 새로운 생명이 있다고 하는, 신약성경이 분명하게 말하는 주장을 떠올리게 해 준다. 이제 내가 다루어야만 하는 것이 이 구원론, 즉 그리스도께서 그를 믿고 영접하는 자들에게 가져오시는 유익에 대한 문제다. 그리스도께 대한 믿음은 지식에 이르는 것뿐만 아니라, 삶 전체의 변화와 관련되어 있다.

그것은 지성뿐만 아니라 감정과 의지의 반응까지 포함하기 때문이다. 변화케 하는 이런 능력은 그리스도가 누구신지에 대한 질문에서 도출될 뿐만 아니라, 그리스도가 누구신지를 증거한다. 우리는 객관적 기독론(그리스도의 내재적 본성)과 주관적 기독론(나의 경험 속의 그리스도) 사이에서 선택할 필요가 없다.

이것들은 우리가 성육신이라고 하는 단 하나의 실재와 만나는 상보적 측면들이기 때문이다. 만약 내가 예수님을 진실로 알고자 한다면, 그것은 오직 나의 주님으로서만 가능할 수 있다. 만약 내가 예수님을 나의 주님으로 고백한다면, 그것은 그가 진실로 누구이신가 하는 것 때문이다.

예수 그리스도의 삶과 죽음과 부활은, 하나님의 영원한 목적 속에 있었으면서도 이전에는 창조된 역사 속에서 충만하게 실현되지 않았던, 인간 삶의 새로운 가능성들을 가져왔다는 것이야말로 신약성경 저자들의 분명한 확신이다. 이런 새로운 가능성들은 서로 상보적인 두 개의 주제에 중점을 두고 있다. 즉, 죄의 속박으로부터의 구원과 그리스도의 부활에 의해 시작된 새 창조의 삶 속으로 들어가는 것이다.

피조된 실재에 대한 앞의 고찰에서 우리는 기독교 신학이 '죄'라고 부르며 하나님으로부터의 인간의 소외 탓으로 돌리는 (경험적으로 입증 가능한) 도덕적 왜곡이 인간의 삶에 있다는 사실을 알게 되었다. 참된 하나님이시며 참된 인간이신 예수 그리스도는 신적인 삶과 피조물의 삶이 만나는 존재론적 지점이다.

그러므로 여기에 그 둘이 다시 결합하고 '그리스도 안에서' 소외가 제거될 수 있는 다리가 있다. 죄라 할 수 있는 저 도덕적 삶의 왜곡과 죄들이라고 할 수 있는 악과 반역의 선택된 행위들에서 기인하는 영적 기형의 퇴적물이 치유될 수 있다. 개인적으로 그리고 또한 공동체적으로 심지어 과거가 치유될 수 있으며 깨어진 관계가 회복될 수 있는 용서가 가능하게 되었다.

마치 이런 행위가 피조물의 죄성이 발휘하는 영향으로부터 근본적으로 면제되어 있거나 또는 미약한 피조물들의 부도덕한 행위들에 대해 근본적으로 무관심한 어떤 하나님(a God)이 아무런 노력도 없이 행하신 신적 능력이라도 되는 것인 양, 이런 구속적 행위는 값없는 것이 아니다.

우리는 가해진 상처를 진실로 인정하고, 그 다음에 그 상처를 진실로 용서하는 것이, 용서하는 사람과 용서받는 사람 모두에게 대가를 요구하는 큰 문제라는 것을 우리의 상호적 인간 경험을 통해 알고 있다. 이것은 "그건 별로 중요하지 않아. 그것을 잊어줘"라고 말하는 하찮은 공손함과는 매우 거리가 멀다.

그리스도에 대한 신앙은 예수님이 십자가에서 죽으신 것을 우리의 죄 용서의 대가로 여긴다.

성경대로 그리스도께서 우리의 죄를 위해 죽으셨다(고전 15:3).

경험과 이 경험에 대한 이해 사이의 차이는 구속(atonement)이라고 하는 이 사실에 대한 기독교적 사상에서 가장 분명하게 신학적으로 예시된다. 그리스도 안에서 우리가 과거의 속박과 죄의 속박으로부터 구원되었다고 하는 것은 처음부터 기독교의 증거가 되어 왔다. 신적 용서의 이런 능력이 고통스럽고 수치스러운 십자가형이라고 하는 희생적 사건에서 기인하며 이 사건에 의해 계시되었다는 것 역시 똑같이 분명하게 확언되어 왔다.

그럼에도 불구하고, 어떻게 이런 일이 일어나는가에 대한 연구가, 양자 이론가들이 측량 과정의 본질을 이해하려는 시도에서 그랬던 것처럼, 다양하게 이루어져 왔으나, 일치된 완전한 성공에는 거의 이르지 못했다. 분명히 양자 체계에 대한 측량들이 이루어졌다. 분명히 우리는 그리스도의 죽음을 통해 우리의 죄를 용서받는다(적어도 이것은 기독교 공동체 내에서는 분명하다).

어떻게 이런 일들이 일어나는지를 우리는 모른다. 우리가 갈보리를 성부·성자·성령의 값진 참여를 수반하는 삼위일체적 사건으로 이해하는 몰트만의 통찰에 주의를 기울인다면, 진노하신 하나님을 달래는 것에 대한 도덕적으로 불만족스러운 이야기들로부터 구조될 수 있겠지

만 이 자리는 소위 구속에 관한 이론들을 개관하는 자리가 아니다.[8]

그러나 구속의 사실(fact)은 그리스도에 대한 신앙에 있어서 중심적인 중요성을 지니고 있다.

> 누구든지 그리스도 안에 있으면 새로운 피조물이라 이전 것은 지나갔으니 보라 새 것이 되었도다(고후 5:17).

이 확신 역시 똑같이 중심적이다. 예수님의 부활은 하나님의 새 창조 역사가 자라나기 시작하는 씨와 같은 사건으로 여겨진다.

이 새 창조는 옛 창조를 폐지하는 것을 수반하는 것이 아니라, 오히려 그것의 구속적 변형을 수반한다. 새 창조는 옛 것으로부터의 '새 창조'지 '무로부터의' 두 번째 창조가 아니다.[9] 이것이 무덤이 비어 있었던 이유다. 주님의 부활하신 몸은 그의 죽은 몸의 변형된 영광스러운 형태다.

예수님의 시체가 지닌 질료의 이런 종말론적 변형은 그리스도 안에 단지 인류의 운명만 놓여 있는 것이 아니라, 질료를 지닌 모든 피조물의 운명이 놓여 있다는 것을 의미한다(골 1:20). 인간과 모든 피조된 질서(롬 8:19-21)는 우리의 죽음과 모든 우주의 죽음 너머에 있는 종말론적 미래 속에 있는 이 새 창조에 충만하게 참여할 것이다. 기독교 신앙과 소망의 신빙성은 삶의 의미에 대한 종국적인 말은 죽음이 아니라 하나님께 있다는 믿음에 달려 있다.

---

[8] 다음 책을 보라. The Church of England, Doctrine Commission, *Mystery of Salvation*, chap. 9.

[9] Polkinghorne, *Science and Christian Belief*, chap. 9.

그러나 종말론에 대한 기독교 사상에서 언제나 만나게 되는 '아직'과 '이미' 사이의 긴장에 일치하여서, 그리스도에 대한 신앙은 또한 죽을 수밖에 없는 운명을 지닌 이 세상의 덧없음 속에서 영원한 생명을 미리 맛보는 것(a foretaste) 역시 포함할 것이다. 이것은 그리스도 안에 있는 새 생명에 대한 적극적인 경험으로서, 이 경험은 죄를 용서받고 신적 은혜가 주어진다고 하는 의식을 수반한다.

지나치게 간결한 구원론적 요약은 지나치게 이분법적인 설명을 제시할 위험에 빠진다. 마치 십자가와 죄용서, 부활과 새 생명이 분리될 수 있는 것들인 양 말이다. 사실상 이것들은 그리스도에 대한 신앙이라고 하는 단 하나의 경험 속에 분리될 수 없을 정도로 함께 속해 있다. 예전에서, 따라서 미사의 모든 위대한 음악적 배경 안에서 '십자가'의 장엄함 다음에는 즉시 '부활'의 기쁨이 뒤따른다.

그러나 우리는 그리스도의 이 단일한 사역을 어떻게 이해해야만 하는가?
이 한 사람의 죽음이 어떻게 모든 인류에게 가치가 있는가?
죽음에 대한 그의 승리가 어떻게 죽을 수밖에 없는 다른 모든 인간에게 가치가 있는가?

물론 성육신은 하나님 역시 창조 내에서의 이런 사건들에 있어서 한 당사자라는 것을 의미하지만, 수세기 후에 사는 우리 인간 역시 어떻게 그런 사건들의 한 당사자일 수 있으며, 따라서 우리 역시 그것들의 구원적 열매에 참여할 수 있단 말인가?

분자화된 서양 문화 속에서 매우 기본적 가정인 자율적 개별성 개념을 새롭게 바라볼 준비가 되어 있지 않다면, 나는 우리가 이 중요한 문제에서 별다른 진전을 이루지 못하리라고 생각한다. 18세기에 물리학자들은 공간(space)을 개개의 분자들이 움직이며 때로 충돌하는 컨테이너(container)로 보았다. 상대성 이론과 카오스 이론을 포함한 여러 이유 때문에 우리는 이 물리적 그림을 개정하게 되었다.

아인슈타인의 일반 상대성 이론에 따르면, 공간-시간-물질은 분리될 수 없는 '일괄 거래'를 구성한다. 카오틱 시스템들은 그것들의 환경에 너무 민감한 나머지 그것들의 환경의 결과로부터 고립될 수 없으며, 복잡한 체계들은 우리가 그것들의 개별적인 구성 성분에 대해 생각하는 것을 통해서는 결코 추측하지 못할 총체적인 유형-형성 능력들을 보여 준다.

무엇보다, 소위 EPR 효과라고 하는 양자론의 발견은 아원자 세계조차 원자적으로 다루어질 수 없지만, 아원자 세계는 '분리된 가운데 함께 있음'이라고 하는 고유한 정도(intrinsic degree)를 소유하고 있다.[10] 일단 두 개의 양자가 서로 상호 작용을 하면, 그것들은 아무리 넓게 분리되어 있을지라도, 서로에게 순간적인 영향을 미칠 수 있는 반직관적인(counterintuitive) 힘을 지니고 있다. 그것들은 서로 상호 작용하는 것을 피할 수 없다.

상호 관계성의 이런 유형들이 물리 세계에 존재한다면, 인격적인 것의 영역에는 그것들에 상응하는 것들이 있으리라고 기대하는 것이 합리적이지 않겠는가?

---

10 예를 들어, 다음 책을 보라. Polkinghorne, *Quantum World*, chap. 7.

이런 영향에 대한 암시들이 비서구 사회들로부터 우리에게 온다. 아프리카와 다른 지역의 부족 문화들은 공동체에 대한 강한 의식과 경험을 간직하고 있다. 독자적인 인간 존재들이라고 하는 자아의 섬들에는 어느 정도의 해저 연결 고리가 있다.[11]

그리스도에 대한 신앙은, 개인의 믿음·결정·행동이 중요한 것으로 인정되어야만 할지라도, 단순히 이것들과만 관련된 것은 아니다. 그리스도의 몸이라고 하는 바울의 가르침(롬 12장; 고전 12장; 엡 4장) 안에서 아주 분명하게 표현된 공동체적 차원도 있다.

그리스도께서는 의심할 바 없이 나사렛 예수라고 하는 십자가에 못 박히시고 높아지신 개별적 인간으로 여겨질지라도, 신약성경의 저자들은 또한, '그리스도 안으로' 신자들이 들어가게 되는 그리스도와의 연합을 선포함으로써, 그리스도의 실재에 대해 내포적이고 공동체적인 용어로 말할 필요를 발견하게 되었다.[12]

이런 생각들이 오늘날의 우리에게는 신비적이고 어려울지라도, 나는 바로 이런 노선을 따를 때 우리가 '우리를 위한' 그리스도의 구원 효과를 보다 더 충만하게 이해할 수 있으리라고 생각한다. 그리스도에 대한 신앙은 신비적이고, 도전적이며, 흥분을 자아낸다. 그리고 최초의 기독교적 경험과 동시대적인 기독교적 경험 모두에 뿌리를 두고 있다.

그리스도에 대한 신앙은 우리가 어떤 뛰어난 개인이나 놀라운 이야기로부터 끌어낼 수 있는 영감을 훨씬 초월해 있다. 무엇보다 그리

---

11 논쟁이 있긴 하지만, 집단적 무의식에 대한 융(C. G. Jung)의 생각들이 여기에서 타당할지 모른다.
12 아래에 있는 다음 장을 보라. Michael Welker, chap. 4.

스도에 대한 신앙은 하나님이 우리에게 얼마나 은혜로우시며 우리가 우리의 창조주와 화목하게 되는 것이 어떻게 우리에게 새 생명을 제공하는지에 대한 복음과 관련되어 있는데, 이런 새 생명이 없이는 예수님의 희생적인 삶의 모범을 따르고자 하는 결단인 '그리스도를 본받음'은 우리를 좌절케 하는 불가능한 일에 불과할 것이다.

이 복음은 우리의 정보를 위해 우리에게 제시되는 것이 아니라, 우리로 하여금 그것에 반응하고 그것을 수용하여 헌신하도록 하기 위해 제시된다. 그리스도에 대한 신앙은 실행된 역사의 사건들에 근거하고 있으며, 이런 우연적 사실들은 결코 이성의 필수적 진리들의 근거일 수 없다고 하는 레싱(Lessing)의 유명한 항의에도 불구하고, 예수님의 이야기는 하나님에 대한 그리고 영원한 의미가 있는 하나님의 방법들에 대한 통찰들을 우리에게 제공한다.

그리스도에 대한 신앙에는 우리가 실재에 대한 깊은 이해에 대해서 기대할 수 있는 모든 놀람과 심오한 통찰이 있다. 그리스도에 대한 신앙에는 철저히 변혁케 하는 생명의 능력에 대한 모든 도전과 소망이 있다. 그리스도에 대한 신앙은 하나님이 우리에게 바라시는 인간상에 합당한 모든 것을 시작하는 토대다.

5. 논평: 비평적이며 자기 비평적인 실재론 (미하엘 벨커)

나는 '신앙을 추구하는 이해'와 '과학을 추구하는 이해' 사이의 유사점과 차이점에 대한 묘사가 매우 조명적임을 발견한다. 이것을 통해서 우리는 정경적이며 에큐메니컬한 전체적인 다양한 관점 속에서 중심적인 신학적 주제들을 다루는 것이 왜 그렇게 중요한지를 보게 된다.

이것을 통해서 우리는 한 가지 철학이나 한 가지 시대정신(Zeitgeist)의 한계 내에서 신앙의 내용들을 파악하고자 하는 단순한 시도가 왜 문제들과 불만족에 부딪히게 되는지를 보게 된다.

그러나 성경의 정경적 전통들에는 천 년이 넘는 영적 경험이 담겨 있다. 이 전통들은 하나님과 피조물에 대한 하나님의 의도들에 대해 서로 다른, 그리고 종종 상보적이며, 때로는 상충하는 관점들을 지닌 서로 다른 '삶의 자리들'(Sitze im Leben)을 제공하는 '다원적 도서관'을 우리에게 제시한다.

한 가지 간단한 예를 들어 보자. 전제 정치로 인해 고통을 받을 때와 혼란으로 인해 고통을 받을 때, 인간은 서로 다른 방식으로 구조를 요청할 것이다. 신학과 신앙이 이런 긴장들을 제거하려 하지 않는 것이 매우 중요하다. 이 긴장들은 우리의 '실재론'에 도전한다. 물론 우리는 우리의 상식, 우리의 도덕, 우리의 문화 환경을 피할 수 없다.

그러나 우리는 이런 것들의 변화에 개방적일 수 있다. 내가 보기에, 우리가 공유하는 비평적이며 자기 비평적인 실재론은 그와 같은 역동적 실재론이다. 폴킹혼은 우리에게 성육신을 우리의 유한한 삶과 연약한 경험에 맞추어서 하나님의 영광과 조우하게 하는 하나님의 초대로 간주하게 한다. 그리고 이 일은 인식적 수준에서 가능할 뿐만 아니라 틀림없이 인식적 수준이 없이는 안 된다.

폴킹혼은 그리스도 안에 나타난 하나님의 계시의 부요함을 강조하면서도, 예수님의 지상의 삶의 특수성에 대한 문제를 잊지 않고 있다. 이 계시를 통해서 하나님은 창조를 향한 신적 계획에 대한 통찰과 이해를 우리에게 매개하신다. 또한, 하나님은 속박에서 우리를 자유하게 하고, 하나님의 목적에 우리의 삶을 개방하며, 우리로 하여금 창조 가운데에서 신적 생명의 증인들이, 심지어 담지자들이 되게 하는 많은 방법을 우리에게 제공하신다.

폴킹혼의 기독론적인 글에 세 가지 관찰을 덧붙이도록 하겠다.

1) 십자가는 무엇을 계시하는가?

루터·헤겔·본회퍼·몰트만 그리고 다른 신학자들은 그리스도의 십자가가 고통당하시는 하나님, 심지어 '십자가에 못 박히신 하나님'을 계시한다고 강력하게 강조했다.

또 다른 맥락에서, 폴킹혼은 우리가 하나님을 '제국적 통치자의 이미지, 도덕적 에너지를 의인화한 이미지, 궁극적인 철학적 원리의 이미지'로 이해해서는 안 되고, '이해하시는 동료 수난자'로 이해해야 한다는 화이트헤드의 권고를 인용했다.[13]

그러나 나는 십자가가 또한 하나님의 임재에 대항하는 종교·정치·법(로마와 유대 모두), 대중적 의견, 그리고 도덕의식의 공모(共謀) 속에서 나타나는 '세상의 죄'를 계시한다고 생각한다. 따라서 십자가는 우리의 삶에 이런 영향을 미치는 권세들과 세력들이 변화되어 복원되리라는 기대를 일깨운다.

---

13 이것은 다음에서 인용된 것이다. Whitehead, *Process and Reality* (corrected ed.), 342-43; 그리고 ibid., 351.

'성령의 법', '그리스도의 법', '믿음의 법'이 죄의 지배 아래 있는 법을 대신한다. 이런 복원은 단순히 '통치하시는' 하나님을 '고통당하시는' 하나님으로 대체한다고 해서 일어나는 것 같지는 않다. 십자가는 이런 대립(통치하시는 하나님과 고통당하시는 하나님의 대립-역자 주)을 넘어선다.

대화 중에 내가 이것을 처음으로 민감하게 느끼도록 한 사람은 프린스톤의 구약 학자인 패트릭 밀러(Patrick Miller)였다. 이사야 42장 2절("그는 외치지 아니하며 목소리를 높이지 아니하며 그 소리를 거리에 들리게 하지 아니하며", 마태복음 12장 19절에서 예수님께 명백하게 적용된 본문)에 대한 논의에서, 밀러는 '거리에서의 외침'에 대해 이사야가 사용한 세 개의 표현 중 적어도 둘은 '희생자의 외침'을 가리킨다고 말했다.

따라서 우리는 단순히 고통당하는 희생자의 외침을 제국적 통치자의 외침과 대립시킬 수 없다. 우리는 양자택일을 초월해야 한다. 즉, '위로부터'의 충성을 획득할 것이냐, 아니면 '아래로부터'의 충성을 획득할 것이냐를 초월해야 한다. '메시아적 비밀', 부활의 증인들의 사역의 시작, '하나님의 통치'의 도래의 시작, 그리고 성령의 부어 주심은 통치냐 고통이냐, 또는 지배냐 저항이냐와 같은 이원론을 넘어서는 다음과 같은 대안을 가리킨다.

즉, 십자가를 통해서 그들의 부패와 무력함이 드러나게 되는 권세들과 세력들의 변화는 획일적인 방식으로 오지 않는다. 이 변화는 많은 원천과 많은 측면에서 온다.

2) 부활에 나타난 그리스도의 생명의 충만함

이런 다차원성은 폴킹혼이 그의 글에서 강조하는 그리스도의 '인격적' 임재와 양립 가능하다. 부활하신 그리스도의 인격적 임재는 그것이 지닌 많은 차원과 함께 그의 부활 이전의 생명의 충만함을 포함한다. 이 생명은 제자도와 증언을 위한 많은 여지를 제공한다.

예수님이 아이들과 병들고 고통당하고 귀신 들린 이들에게로 향하는 것으로부터 로마와 예루살렘과의 "상징적-정치적 갈등들"(게르트 타이쎈, Gerd Theissen)을 거쳐 구약성경의 법을 재해석하시는 데 이르기까지, 예수님의 이미지들과 경건의 모습들을 형성하는 수많은 연관을 상상해 볼 수 있다. 성령의 사역과 신앙의 구성은 풍부한 종교적 형태들과 더불어 온다.

이런 형태들이 모두 성육신하시고, 십자가에 못 박히시고, 부활하시며, 다시 오실 그리스도께 집중하고 있을지라도 말이다. 폴킹혼이 지적한 것처럼, 성찬은 우리에게 이런 방향 설정에 대해 풍부하면서도 분명한 관점을 준다. 성찬 안에 그리스도 전체(the whole Christ, 우리가 기념하는 부활절 이전의 예수님, 우리가 선포하는 십자가에 못 박히신 분, 우리가 증거하는 부활하신 분, 그리고 우리가 고대하며 기다리는 인간이신 분)가 임재하신다.

성만찬을 기념할 때 함께 모인 공동체 속에는 그리스도께서, 즉 그의 생명의 모든 부요함이 스며들어 있으며 둘러싸고 있다. 종교개혁가들은 그리스도의 '인격적 임재' 대신에 그의 '실제적 임재'에 대해 말하기를 선호했다.

이런 일군의 관계를 이해하는 힘든 일을 위한 틀을 제공하는 데 그리스도의 '인격적 임재'라는 용어보다 '실제적 임재'라는 용어가 더 적절한지, 아니면 우리가 이런 양자택일까지도 뛰어넘어야 할 것인지에 대해서는 더 깊이 논의해 볼 가치가 있어 보인다.

3) 희생과 피해

우리가 그리스도의 십자가와 관련하여 '희생'(sacrifice)과 '구속'(atonement)에 대해 말하기를 포기할 수 없다는 폴킹혼의 주장은 옳다. 우리는 예수 그리스도께서 '자신을 희생 제물로' 바치신 것을 어떻게 이해해야만 하는가?

선구적인 한 권의 책을 통해 지크리드 브란트(Sigrid Brandt)는 게제(Gese), 자노우스키(Janowski) 그리고 다른 성경학자들이 얻은 '구속'에 대한 통찰들에서 오는 신학적인 길을 계속 이어갔으며 진전시켰다.[14]

그녀는 영어와는 달리, 불행히도 독일어와 몇몇 다른 언어가 할 수 없는 구분을 강조한다. 독일어 Opfer는 영어로 'sacrifice'와 'victim' 모두로 번역될 수 있다. 몇몇 언어의 이런 문제는 실질적으로 한 가지 문제와 연결되어 있는데, 많은 희생(sacrifices)이 피해자(a victim)를 필요로 하기 때문이다.

그러나 모든 희생이 반드시 피해와 연관된 것은 아니다. 그리고 피해자를 '희생 제물'이라고 부름으로써 피해를 입히는 이슈를 종교적으로 숨기고자 하는 것은 결코 허용될 수 없다. 피해와 관련된 많은

---

14 Sigrid Brandt, *Opfer als Gedächtnis*, and her bibliography.

사례가 '희생'이란 용어를 사용함으로써 인간을 파괴하거나 죽이는 것을 거짓으로 신성케 하려 한다(국민이 살 수 있기 위해서는 전쟁에서 '피해자들'이 '바쳐지지' 않으면 안 된다. 교통 문화와 개인의 교통을 위해서는 많은 교통사고 피해자가 '희생되지' 않으면 안 된다).

바로 이런 의미에서, 예수님이 피해자가 되기를 하나님이 원하셨다고 말함으로써 십자가상에서 예수님이 피해자가 되신 것을 숨길 수 있다. 이런 유해한 가면 전략(masking strategies)에 맞서서, 브란트는 예수 그리스도의 성육신이 이미 희생이라는 것을 보여 준다. 즉, 성육신에서 하나님은 자기 자신을 인간 세상에 '주신다'(gives). 신적 생명이 지상의 생명과 융합된다. 신적 생명이 연약하게 된다.

이런 의미에서, 신적 생명은 희생 제물로 '주어진다'(given). 그렇다고 해서 이것은 예수님이 십자가에서 사람들의 손에 의해 피해를 입게 되는 것을 하나님이 원하셨다(또는 심지어 계획하셨으며 의도하셨다!)는 것을 의미하지 않는다.

그렇지만 비난받아 마땅한 이런 피해 개념이 예수 그리스도와 하나님이 인간과의 신뢰를 유지하는 것을 방해하지 못한다!

하나님은 예수님이 피해자가 되는 것을 원하지 않으신다. 그러나 하나님은 인간들과 이 세상의 권세들이 예수님을 피해자로 만들어서 예수님의 희생과 인간에 대한 하나님의 돌보심을 파괴하려 한다는 사실을 허용하지 아니하신다.

희생이라는 용어는 하나님이 희생의 힘들과 능력들을 가지고 희생의 방식을 통해 피조계에 관여하신다는 사실을 강조한다. 이 용어는 하나님이 세상에 자기 자신의 방식으로 발전할 수 있는 여지를 주신다는 것을 강조한다. 이런 발전이 하나님에 대해서 수반하게 되는 대가들 및 결과들과 함께 말이다.

하나님은 우리에게 그리고 전 세계의 다른 시대와 지역에 속한 사람들에게 자기 자신을 주시는 것 속에서, 바로 이렇게 자기 자신을 주시는 것의 넓이와 깊이 속에서, 신적 영광을 실증해 보이기를 바라신다. 이런 의미에서 십자가와 관련해서뿐만 아니라, '고통당하시는 하나님'에 대해서 말하는 것은 옳은 일이다.

6. 답변: 성육신적 실재(존 폴킹혼)

나는 미하엘 벨커의 '역동적 실재론'이란 개념에 전적으로 동의한다. 오직 그런 개념만이 인간이 펼치는 실재에 대한 탐구에 적절할 수 있다. 우리는 양자론이 고전 뉴턴 물리학의 통찰을 제한하고 변화시키는 것을 통해 과학 속에서 이런 역동성을 본다. 우리는 예수 그리스도의 현상을 정당하게 다루고자 하는 지속적인 기독론적 탐구 속에서 똑같이 이것을 보게 된다.

나는 십자가가 십자가에 못 박히신 하나님뿐만 아니라, 이 세상 권세들의 왜곡시키는 영향과 인간의 죄성을 드러낸다는 것을 미하엘이 강조한 것에 대해 감사한다. 그리스도 안에 개인의 구속뿐만 아니라, 사회와 그것의 권세들과 권세자들의 구속에 대한 희망이 있다. 실로 이 둘의 운명은 그리스도의 몸을 형성하는 성령의 사역에 함께 놓여 있다.

감정이 없는 신과 난공불락의 신적 능력에 대해서만 말한 종교가 기독교적 경험과 통찰에 맞지 않듯이, 영원한 피해자에 대해서만 말한 종교 역시 마찬가지다. 의심할 바 없이 손쉬운 이원론들을 초월해야겠지만, 내가 보기에 이런 발견에 이르는 길은 궁극적으로 단일한 사건인 갈보리와 부활절을 하나로서 붙잡는 데에, 훨씬 더 좋게는 성육신 전체와 그리스도의 높아지심 전체를 하나로서 붙잡는 데에 있다.

왜냐하면, 나는 아마도 가톨릭 사상이 대부분의 개신교 사상보다 잘 보존해 온 통찰인 예수님의 삶 전체가 그의 신실한 희생이라는 데 동의하기 때문이다. 나는 부활하신 그리스도의 '인격적 임재'보다 '실제적 임재'라는 표현을 더 선호하는데, 후자가 우리를 위해서 팔레스타인에서 살고 죽으셨으며, 만물을 창조하신 분과의 성찬을 통한 만남이 지닌 다차원적 성격을 더 잘 전해 준다고 믿기 때문이다.

제4장

그리스도에 대한 신앙

미하엘 벨커

　많은 사람이, 심지어 그리스도인들까지도 예수 그리스도에 대한 '신앙'에 문제를 가지고 있다. 그들의 어려움은 현대적이고 계몽된 사람들로서 그들이 부활하신 그리스도에 대한 이해를 발전시키기 어렵다는 것을 발견하게 된다는 사실에서 생겨난다. 어느 누구도 부활하신 그리스도를 외면한 채 부활절 이전의 예수님만을 믿을 수 없으며 믿어서도 안 된다.

　성경의 증언들과 역사적 고찰들을 토대로 우리는 분명 예수님에 대해 많은 것을 발견할 수 있다. 우리는 예수님의 윤리적·종교적 모범을 강조하고 높이 평가할 수 있다. 그러나 오직 부활하신 예수 그리스도만이 믿음을 가져오시며, 그 자신이 사람들과 맺는 관계를 확립하시거나 사람들이 참 인간이시며 참 하나님이신 그 자신과의 관계를 확립하시는 데 믿음을 필수적인 것으로 만드신다.

1. 부활하신 그리스도에 대한 신앙으로서의 그리스도에 대한 신앙

부활하신 그리스도에 대한 신앙은 부활하신 그리스도께서 그의 목격자들 가운데에 여러 번에 걸쳐 나타나심으로써 생겨났다.[1]

십자가에 못 박히시는 재앙과 하나님께로부터 버림받으시던 날 밤 이후, 그리고 적어도 부분적으로는 빈 무덤의 발견과 관련해서, 그리고 다양한 부활절 출현을 토대로, 예수님을 목격한 자들 가운데서 일어난 소위 '예수 운동' 속에서 (그의 부활에 대한-역자 주) 그 확실성이 구체화된다.

예수 그리스도께서 부활하셨다. 그는 살아 계신다. 그는 성령 안에 임재하신다. 그는 우리 가운데서 계속 역사하신다. 부활에 대한 신앙은 부활절 이전의 예수님이 육체적으로 다시 소생했다는 견해와 아무런 관련이 없다. 그가 단순히 다시 거기에 계셨다는 견해 말이다. 예수님의 부활은 단순한 육체적 소생이 아니다.[2] '영적인 몸', '영화된 몸'이 지금 하나님의 창조 능력을 통해, 성령의 능력을 통해 인간 가운데 임재해 계신다.

이 영적인 몸, 이 영화된 몸이 자기 자신을 거의 자연적인 몸과 같이 목격자들 가운데에 임재하게 한다. 이것이 부활 기사들의 일부가 말하는 바이다. 부활 기사들은 우리에게 예수님이 자기 자신을 만지

---

[1] 보다 자세한 설명을 위해서는 다음을 참고하라. Welker, "Resurrection and Eternal Life"; Welker, "Resurrection and the Reign of God."
[2] 예수님이 생명으로 회복되신 것은 야이로의 딸의 '소생'(마가복음 5장과 누가복음 8장)과 나사로의 '소생'(요한복음 11-12장)이라는 제목 하에 언급된 치유의 경이들이 지닌 한계들과 혼동되어서는 안 된다.

게 하신다고, 예수님이 빵을 떼신다고, 심지어 예수님이 제자들이 보는 앞에서 먹는다고 말한다.

그러나 동시에 모든 부활 기사는(그것들을 정말 상세히 이해하게 될 때) 여기에서 우리가 자연적인 몸을 다루는 것이 아니라는 것을 아주 분명히 한다. 예수님은 매개 없이 제자들의 무리 속으로 들어가신다. 예수님은 벽과 문을 통과하신다. 예수님은 제자들이 보는 앞에서, 즉 제자들이 자기를 알아보는 바로 그 순간에 사라지신다(참조. 눅 24장).

부활하신 그리스도의 출현들은 의심을 동반한다. 그리고 사실상 부활하신 그리스도를 알아보는 곳에서, 이 사건에 참여한 자들은 신현, 즉 하나님의 계시를 의식하고 있다. 불신하는 도마가 "너의 손을 내 옆구리에 넣어 보라"고 하는 부활하신 그리스도의 말씀을 들었을 때, 도마는 "나의 주님이시며 나의 하나님이시니이다"라고 고백한다. 도마는 "예수님 제가 당신을 즉시 알아보지 못한 것을 용서해 주십시오"라고 말하지 않는다.

부활하신 그리스도는 '여러 모양으로' 자신을 계시하신다. 이런 출현들은 소생과 혼동될 수 있는 개인적인 만남에서부터 바울에게 일어난 빛의 출현에까지 걸쳐 있다. 부활하신 그리스도의 이런 자기시현(示現)과 함께, 그리고 이런 자기시현 안에서, 믿음이 '나온다.' 예수 그리스도의 임재의 초래, 목격자들의 확실성의 초래, 그리고 목격자들의 지식의 초래와 한계에 대해 동시에 알고 있는, 예수 그리스도의 임재에 대한 확실성이 확립된다.

부활하신 그리스도의 임재와 관련해서는 단순한 자연적 인간이나 구체적인 1차원적 전기(傳記)가 전혀 현존하지 않으나, 부활절 이전의 예수님이 지니신 생명의 완전한 충만함은 현존한다. 이 생명의 충만함, 그의 인격의 부요함은, 자연적 인간의 개인적 존재와 같이, 이제 더 이상 시공간 속의 한 장소하고만 연결되어 있지 않다. 부활하시고 높아지신 그리스도께서는 선포 속에서, 성례의 집행 속에서, 성경의 주해 속에서, 그리스도를 닮는 데에서 그리고 영화롭게 되심 속에서 우리를 위해 임재하신다.

또한, 그와 관련하여, 우리가 "하나님을 찾고 사랑해야"만 한다는 것(이 책의 제1부 제2장을 참조하라), 그의 인격과 임재를 언제나 더 분명히 알고자 애써야만 한다는 것, 그리고 우리가 그의 가르침과 모범을 따라야만 한다는 것은 참된 것으로 남아 있다. 창조주에 대한 신앙이 인간의 전 존재를 사로잡는 것과 동일한 방식으로, 부활하신 그리스도에 대한 신앙은 우리의 전 존재를 수반한다.

마틴 루터는 『대요리 문답』(*Large Catechism*)에서 "나는 예수 그리스도께서 나의 주님이 되셨다는 것을 믿습니다"라는 공식으로 예수 그리스도에 대한 믿음을 갈파했다.[3] 루터는 이런 '나의 주님 되심'이 권위와 주님 되심(lordship)의 추상적 조건이 변화하는 것과 관련된 것이 아니라, 해방이라고 하는 포괄적인 사건과 관련되어 있다는 것을 분명히 한다.

예수 그리스도께서는 '전제자들과 권세자들'을 내어 쫓으시고 '생명의 주님'으로서 그들을 대리하신다. 예수 그리스도와 더불어 '의와 모든 선과 축복'이 온다. 우리는 그의 돌봄과 보호를 받는다. 그는

---

3   Luther, *Luther's Large Catechism*.

"자기의 의·지혜·권세·생명·축복을 통해서" 우리를 다스리신다.[4]

2. 신앙과 주님 되심의 변화

만약 우리가 이런 주님 되심과 주님 되심의 이런 변화에서 나타나는 신앙의 역할을 이해하기 원한다면, 그리고 주님 되심의 이런 변화가 추상적인 '그리스도와의 관계'로서 이해되어서는 안 된다면, 부활하신 그리스도는 "그를 따르는 자들이 없지 않다"는 것을 인식하는 것이 중요하다. 마틴 루터, 칼 바르트(어쨌든 그의 후기 글들에서[5]) 그리고 다른 중요한 신학자들은 반복해서 이것을 매우 분명히 했다.

말씀과 성례 가운데 임재하기를 원하시는 부활하신 그리스도께 그를 목격한 사람들이 없지 않은 것처럼, 첫 번째 목격자들에게 나타나신 사건들 속에서 자기 자신을 계시하시는 부활하신 그리스도께는 "그를 따르는 자들이 없지" 않다. 오히려 부활하신 예수 그리스도께서는 목격자들을 자기의 임재와 생명 안으로 취하기를 원하시며, 바로 이런 방식을 통해서 그들이 하나님의 생명과 영원한 생명에 참여하도록 하기를 원하신다.

그의 임재와 사역을 통해서 부활하신 그리스도께서는 하나님에 대한 인간의 관계를 새롭게 하신다. 동시에, 그는 인간 상호 간의 생명의 관계를 새롭게 하신다.[6] 하나님을 영화롭게 하는 것과 사람들 가

---

4 Ibid.
5 Barth, *Church Dogmatics*, IV.
6 나는 다음 책에서 신학자들이 '수직적 차원'과 '수평적 차원'이라고 부르기를 좋

운데에서 서로 사랑하고, 용서하며, 화평케 하는 상호적 수용에 참여하는 것이 분리되어서는 안 된다.

결정적인 것은 하나님의 의라는 추상적인 개념이나 하나님의 생명과 하나님의 사랑에 대한 추상적 사고들이 아니라, 인간 상호 간의 새로운 관계를 세우고 보존하는 가운데에서 하나님의 의·생명·사랑에 대해 신앙이 가지는 경험들이다. 하나님의 의·생명·사랑은 부활하신 그리스도의 임재를 통해서 형성되며 구체화된다. 사랑·의·생명의 이런 관계들과 관련해서 신앙이 갖는 경험들은 하나님의 사역들로 말미암은 관계들에 대한 경험들이다.

하나님과의 새로운 관계와 인간들 가운데에서의 새로운 관계에 대한 경험이 부활하신 그리스도에 대한 신앙을 특징짓는다. 하나님과 인간의 화목 그리고 인간들 상호 간의 화목은 복합적이다. 하나님과 인간 사이의 복합적인 연결은 신앙 안에서만 파악될 수 있다. 신앙은 인간과 하나님 사이의 이런 연결에 대해 안다. 그리고 신앙은 이런 관계가 언제나 갱신에 대해 열려 있다는 것을 안다.

그러나 신앙은 또한 하나님을 신뢰하고 서로를 신뢰하고자 하는 인간의 능력과 바람이 제한되어 있다는 것과 이런 제한들이 반복해서 초월되지 않으면 안 되고 초월될 수 있다는 것을 안다. 하나님 앞에서 개인적 삶과 공동체적 삶이 지니는 포괄적 연결은 예수 그리스도에 대한 신앙을 통해 온다. 바울은 이것을 주관적일 뿐만 아니라 객관적 신앙이라고 아주 분명하게 기술한다.

아하는 것의 이런 연결을 상술했다. Welker, *What Happens in Holy Communion?*, chap. 3.

예를 들어, 그의 편지들을 시작할 때 바울은 수신 공동체의 ("온 세상에 선포된" 신앙)에 대해 하나님께 감사한다. 더 나아가서, 그의 편지들이 시작될 때, 바울은 공동체의 신앙에 대한 기쁨을 일상적으로 표현하고, 공동체의 신앙생활에 참여하고픈 바람을 말하며, 공동체의 신앙을 강화할 뿐만 아니라 그룹의 신앙을 통해서든 아니면 개별적인 그리스도인의 신앙을 통해서든(자기의 신앙이-역자 주) 강화되기를 원한다.[7]

그러나 공동체 신앙의 이런 객관성은, 바울이 말하듯이(갈 3:23 이하), "그리스도와 함께 온" 신앙의 영적 객관성에 근거하고 있다. 부활하신 그리스도의 임재 속에 있는 부활절 이전의 예수님의 임재가 지닌 충만함과 그의 임재가 영향을 미쳐서 형성하게 되는 관계들의 충만함은 우리로 하여금 '신앙 안에서' 그를 언급하도록 만드는 데 그치지 않는다. 하나님과의 관계 그리고 인간들 상호 간의 관계가

---

[7] 로마서 1장에서 바울은 복합적인 영적 교통을 '신앙'이라고 분명하게 묘사한다. 즉, "첫째는 내가 예수 그리스도로 말미암아 너희 모든 사람을 인하여 내 하나님께 감사함은 너희 신앙이 온 세상에 전파됨이로다 … 내가 너희 보기를 심히 원하는 것은 무슨 신령한 은사를 너희에게 나눠 주어 너희를 견고케 하여 함이니 이는 곧 내가 너희 가운데서 너희와 나의 신앙을 인하여 피차 안위함을 얻으려 함이라"(롬 1:8, 11-12).
바울은 또한 데살로니가인들에게 보낸 첫 번째 서신의 초두에서 그들과 교제한다. 즉, "너희 신앙의 소문이 각처에 퍼진 고로 우리는 아무 말도 할 것이 없노라"(살전 1:8). 그는 "너희의 신앙을 위해 너희를 … 강건케 하고" 그리고 "너희 신앙에 대해 알기 위해" 디모데를 심부름꾼으로 보낼 것이라고 선언한다. 마지막으로, 바울은 그들에게 자기가 "너희 신앙에 대한 좋은 소식"으로 인해 기뻐한다고 말한다(살전 3:2-6, 참조. 3:7과 살후 1:3).
그러나 공동체의 신앙이 공개적으로 알려진 사실에 대해 감사하는 공식들을 바울의 서신들에서만 발견하게 되는 것은 아니다(참조. 골 1:4; 엡 1:15; 히 13:1). 빌레몬서와 디모데후서에서 똑같은 일이 개인들의 신앙과 관련해서 일어나는데, 이 개인들의 신앙은 "알려져 있다"(참조. 몬 1:5; 딤후 1:5).

지닌 복잡한 연결은 우리의 확실성과 우리의 지식을 초월하며 복잡한 연결이 '신앙과 갖는 관계'를 반드시 말하도록 하는 데 그치지 않는다.

이런 관계들에 관련된 개인적 존재와 공동체적 존재는 지식과 확실성을 넘어서는 그리고 동시에 지식과 확실성을 포함하는 '신앙'에 대해 말할 것을 요구하는 데 그치지 않는다. 오히려 신앙 안에서 그리고 오직 신앙 안에서만, 일군의 주요한 관계들이, 부활하신 예수 그리스도와 맺는 서로 다른 일군의 기본적인 관계들이 주어진다.

우리는 이런 기본적인 관계들과 이 관계들의 상호 연관을 우리 자신에게 분명히 해야 한다. 이 관계들과 관련해서만 우리가 부활하신 그리스도에게, '우리를 위한' 그의 사역과 생명에 무엇을 빚지고 있는지가 분명해진다.

3. 신앙과 정경적 기억

한편으로, 부활하신 그리스도와 더불어 부활절 이전의 예수님에 대한 '기억'이 주어진다. 이 기억은 단순한 회상이 아니라, 부활절 이전의 예수님의 출현·사역·선포에 의해 깊은 영향을 받은 경험이며 기대다. 나는 이 기억을 '정경적 기억'(canonic remembrance)이라고 불러왔다.[8]

---

8   참조. Polkinghorne and Welker, eds., *End of the World* n. 1.

이 기억은 우리에게 부활절 이전의 예수님에 대한 구체적이며 제한된 다원적 관점을 매개하는 정경적 증언들에 의해 형성되었기 때문이다. 다양한 관점을 이렇게 역동적으로 연결함으로써 우리는 그의 살아 있는 임재를 실현할 수 있게 된다. 바로 이 정경적 기억을 통해서 끊임없이 지식을 추구하며 제자도와 증인으로의 준비됨을 새롭게 하는 예수 그리스도와의 관계가 형성된다. '신앙 안에서' 예수 그리스도와의 관계를 형성하는 것은 바로 정경적 기억이다.

살아 있는 정경적 기억 속에서 부활절 이전의 예수님과 맺는 관계는 분명 단절되지 않은 관계가 아니다. 예수 그리스도에 대해 확립된 기억은 역사적 영웅들과 통치자들에 대해 확립된 기념비적인 회상 같은 것만은 아니다.

'배신의 밤'과 '그의 죽음의 선포'에 대한 회상 속에서, 예수 그리스도에 대한 기억은 온 세상이 이런 기억과 예수 그리스도 안에 나타난 하나님의 계시에 대한 지식으로부터 자기 자신을 격리시키는 경험과 연결되어 있다. 세상에서 반복해서 그렇게 자기 자신을 격리시킨다. 예수 그리스도에 대한 신앙은 불신앙에 의해서, 즉 자기 자신들을 그의 인격에 연결시키는 모든 구원적 기대들을 떨쳐 버림으로써 위협을 받는다.

신앙은 종교적·정치적·법적·도덕적 형태와 성취의 실패 때문에, 하나님의 임재에 대적하는 자연적·문화적 삶의 세력들인 "이 세상의 세력들"의 실패 때문에 위협을 받는다. 예수 그리스도에 대한 신앙은 혼돈에 의해서, 공포에 의해서, 그리고 성경적 전통들이 '죄'라고

부르는 비참한 고통에 의해서 위협을 받는다.[9]

불신앙에 맞서서, 심지어 불신앙으로부터 하나님은 부활하신 그리스도에 대한 신앙을 확립하시고 일으키시며 고무시키신다. 그리스도께서 직접 자기의 증인들을 모으시고, 그리스도께서 죄의 권세로 인해 고통당하는 피조물 가운데에서 새롭게 시작하시는 상황이 바로 이런 상황이다.

만약 우리가 부활하신 분 안에서 십자가에 못 박히신 분 역시 깨닫게 되고, 십자가와 함께 세상의 죄나 죄의 권세 아래 있는 세상을 깨닫게 된다면, 오직 신앙 안에서만, 오직 반복해서 단절되고 위태롭게 된 확실성 안에서만, 오직 반복해서 단절되고 위태롭게 된 지식 안에서만, 우리는 부활하신 그리스도와 관계할 수 있다.

십자가에 못 박히신 그리스도 안에서 우리는 죽음에 이르기까지, 심지어 지옥을 경험하기까지, 신적 사랑과 자비를 우리에게 베푸시는 하나님을 만나게 된다. 십자가에 못 박히신 그리스도께서는 우리가 하나님의 손 안에 떨어지는 것보다 더 깊이 떨어질 수 없다는 소망을 주신다.

십자가에 못 박히신 그리스도께서는 우리에게 어떤 권세도 우리를 하나님의 사랑에서 떼어 놓을 수 없다는 소망을 주신다. 십자가에 못 박히신 그리스도께서는 우리에게 피조계가 지닌 양면적 가치와 어둠을, 그리고 이것을 넘어서 죄의 권세 아래 있는 피조계 속에 있는 공포와 혼란을 인식하고 견딜 수 있는 힘을 주신다.

---

9   보다 상세한 설명을 위해서는 다음을 보라. Welker, *What Happens in Holy Communion?*, esp. chaps. 2, 6-8.

우리가 피조계에 대한 하나님의 선하신 뜻과 피조계가 처한 위험을 이해하자마자, 우리가 길을 잃은 인간 존재에로 그리스도께서 향하시는 것과 신적 사랑에 대한 인간의 지속적인 저항을 이해하자마자, 하나님의 통치는 오직 다가오는 중에 있을 뿐이며 부활하시고 높아지신 그리스도께서는 여전히 자기의 완전한 등장, 즉 자기의 재림을 실현하기 위해 오신다는 것이 너무도 명백해진다.

또한, 이런 면에서 우리는 부활하시고 높아지신 분에 대한 '믿음의' 관계에 대해서, 신앙과 소망에 대해서 말할 수 있으며 말하지 않으면 안 된다. 우리는 이 신앙과 소망 안에서 살며 장차 오실 그리스도, 장차 오실 자비로운 세상의 심판자, 장차 오실 구원자를 고대한다.[10]

이와 동시에 장차 오실 그리스도는 또한 우리에게 오시는 분이며, 우리에게 다가오시는 분이시지만, 그가 오직 우리의 시대와 우리의 세계에서, 우리의 교회에서만 역사하시는 구원자로 간주되어서는 안 된다는 것 역시 너무도 명백해진다.

장차 오실 예수 그리스도는 모든 시대와 모든 세계의 주님이시다. 그의 충만한 계시, 즉 그의 재림은 하늘과 땅의 지나감, 역사의 변형,[11] 세상·실재·시간성에 대한 우리의 모든 관념을 필연적으로 초월하는 세상의 성취를 동반한다. 오직 신앙 안에서 우리는 이런 실재를 언급할 수 있다.

---

10 참조. Moltmann, *Way of Jesus Christ*.
11 각기 다른 단계에서 이루어지는 폐기와 간직 및 보존 둘 모두를 가리키는 헤겔의 Aufhebung의 의미에서(독일어 Aufhebung에는 '폐기하다'와 '간직하다 또는 보존하다'란 두 가지 뜻이 있는 데, 헤겔은 이 단어를 자신의 변증법에 사용하여 각각의 변증법적 단계에서는 이 두 가지가 동시에 일어난다고 주장했다-역자 주).

하나님이 우리를 높이시고 고상하게 하시는 방편으로서의 신앙인 종말론적 관점은 세상적으로 보는 것이 아니라, "내가 완전하게 이해된 것처럼 이해하는 것", 즉 하나님의 눈으로 이해하려는 시도다. 따라서 부활하신 그리스도에 대한 신앙은 여러 면에서 지식보다 그 폭이 넓다.[12] 몇 가지 이유로 인해서, 이것은 확실성이고 지식이며, 동시에 확실성의 한계와 지식의 한계를 아는 것이다.

첫째, 부활하신 그리스도에 대한 신앙은 부활하신 그리스도, 그의 생명의 충만함과의 살아 있는 관계이다.

둘째, 부활하신 그리스도에 대한 신앙 안에서, 우리는 그리스도의 몸, 즉 부활절 이후의 예수 그리스도의 몸을 구성하는 신자들의 공동체 안에서 살아 있는 관계에 관심을 갖는다.

셋째, 하나님과의 살아 있는 관계와 신자들 간의 살아 있는 관계들을, 즉 우리가 우리의 지식과 확실성을 가지고 남김없이 논할 수 없는 연결을 결합하는 것은 바로 신앙의 복합적 관계다.

넷째, 신자의 개인적인 자아 관계는 객관적인 신앙의 조건에 일치해야 하고, 따라서 그에 맞게 복합적인 까닭에, 우리는 '신앙'의 관계에 관심을 갖는다.

다섯째, 위에서 언급한 관계들은, 세상에서의 죄의 권세에 직면한 하나님의 사역들이 무엇보다 예수 그리스도의 십자가에 못 박히심과 부활 속에서 지각된다는 점에서, 그 모습을 드러낸다.

12　*Sience and Christian Belief*, 36페이지 이하에 있는 설명과 이해 사이에 대한 존 폴킹혼의 구별을 참조하라. 또한, 다음을 참조하라. Nicholas of Cusa, *De docta ignorantia* of 1440.

그리스도에 대한 신앙은, 십자가에서 '세상의 죄', 세상의 상실됨과 인간의 상실됨, 그리고 그들이 하나님을 필요로 하는 것 등이 드러나게 된다는 점에서, 그리고 부활을 통해 하나님이 그의 임재와 선하심에 대한 세상의 저항을 다루신다는 것이 알려지게 된다는 점에서, 그 모습을 드러낸다.

십자가 및 부활과 관련해서 우리는 하나님의 헤아릴 수 없는 신실하심을 알아차리게 된다. 이 신실하심은 인간이 하나님의 희생을 방해하려고 한다는 사실에 의해서 차단될 수 없다. 심지어 그들이 십자가에 못 박히신 분을 피해자로 만드는 것조차 하나님의 신실하심과 희생을 끝내게 할 수 없으며, 그것을 터무니없는 것으로 바꿀 수 없다.

그러나 신앙 안에서, 인간 존재의 상실감, 인간 존재의 깊은 상처, 그리고 위험을 야기하려는 인간 존재의 성향과 함께, 인간 존재의 이런 심연이 명백해진다. 신앙 안에서 우리는 우리로 하여금 하나님의 임재와 도움 없이 살도록 압박하는 죄의 권세에 마주할 수 있다.

여섯째, 신앙 안에서 하나님이 인간에게 주시는 높아짐이 명백해지는 데, 이런 높아짐에 의해서 하나님은 상실된 인간 존재를 고양시키시며 고상하게 하신다.

4. 창조를 위한 소망으로서의 신앙

창조주 하나님에 대한 신앙에 관한 장에서 우리가(아마도 조금은 대담하게) "신앙이 신앙 자체를 넘어서 자라남"이라고 부른 것이 부활하신 그리스도에 대한 신앙에서 명백하게 드러난다. 하나님은 부활을 통해서 그리고 증인들이 부활하신 그리스도의 생명에 참여하는 것을 통해서 위험에 처한 피조계를 회복하시고 유지하시는 것만이 아니다.

성찬식에서 빵과 포도주는 피조계의 좋은 선물일 뿐만 아니라, 마찬가지로 자연의 선물들이며 인간의 문화적 협력의 선물들이다. 성찬식에서의 빵과 포도주는, 배신의 밤과 십자가를 배경으로 해서 그리고 부활의 맥락 속에서, 새 창조의 선물들로 인식될 수 있게 된다. 빵과 포도주는 하나님이 그것들을 통해서 우리가 부활하신 그리스도의 생명에, 따라서 하나님의 영원하신 생명에 참여하도록 하는 선물들이다.

여기에서 인간에게는 피조물의 높아짐이라고 하는 신앙의 경험이, 우리가 '하나님의 형상', 즉 지상에서 하나님의 형상을 나타내도록 운명지어지고 새롭게 되는 경험이 주어진다. 인간에게는 그들에게 부여되는 존엄성이라는 신앙의 경험과 그들이 파괴될 수 없는 영원한 생명, 즉 신적 생명에 참여하도록 의도되었다고 하는 신앙의 경험이 주어진다.

이런 경험들은 오직 지식과 확실성 안에서만 수용될 수 있는데, 이 확실성은 신앙의 확실성으로서 진리를 향해 열려 있다. 그리고 이 진리는 반복해서 하나님에 대한 지식을 추구하고, 하나님에 대한 그 자신의 관계를 새롭게 할 준비가 되어 있으며 기꺼이 새롭게 하거나, 오히려 그 관계가 새롭게 되도록 한다.

부활하신 그리스도에 대한 신앙은 창조주 하나님에 대한 신앙과 깊이 연관되어 있다. 부활 안에서, 형성하고 심판하며 구원하는 능력이, 자연·문화·역사를 그리고 이 모든 것 속에서 우리의 삶을 함께 유지시키는 인격적 의지가, 그리고 피조된 존재와 삶을 지도하며 피조된 존재에 그것의 의미·방향·목적을 부여하는 인격적 실례가 계시된다.

부활하신 그리스도와 관련해서 창조적인 하나님의 사역들이 명확히 드러나게 되는 데, 이런 명확성은 창조주 및 피조물과 관련해서 각각 독립적으로 획득될 수 없다(이 책 제1부 제1장과 제2장 참조). 피조물에 대한 단순한 지식을 통해서는 답변될 수 없는 수많은 물음이 그리스도 안에 나타난 하나님의 계시를 통해 답변된다.

하나님은 피조물들이 신적 생명에 참여하도록 의도하신다. 그들은 신적 생명에 참여해야 한다. 피조물로서 그들은 신적 생명에 참여해야만 한다. 그러므로 하나님은 비신적인(non-divine) 존재들을 창조하신다. 그러므로 하나님은 하나님과 피조물 사이의 차이를 없앨 수 있는 위험을 감수하시며, 이런 위험과 함께 신에 대한 저항, 즉 신적 의도를 거부하고 위태롭게 하며 타협할 수 있는 위험을 감수하신다. 그러므로 하나님은 연약하게 되시어 고통과 죽음을 당하신다.

피조된 생명은 신적 생명에 참여해야만 한다. 피조된 생명의 이런 목적, 이런 높아짐, 이런 인식은 오직 부활하신 그리스도이신 삼위일체의 제2격과 관련해서만, 즉 그의 인격, 그의 활동 그리고 그의 임재와 관련해서만 알려지고 경험될 수 있다.

동시에 이런 활동이 어떻게 우리의 주목을 끄는지, 이런 능력이 어떻게 우리에게 역사하는지, 우리가 어떻게 이 인격적인 실례와의 살아 있는 관계 속으로 들어갈 수 있는지에 대한 물음은 열린 채로 남아 있다.

창조적인 하나님과 부활하신 그리스도의 임재를 통해 자연·문화·역사의 위대한 힘들 안에서 우리의 삶은 어떻게 의미·방향·목적을 얻게 되는가?

창조주의 활동과 부활하신 그리스도의 사역들이 어떻게 우리의 유익을 위한 것인가?

이 지점에서 우리는 다음과 같은 질문에 도달하게 되었다.

즉, 성령 하나님에 대한 신앙은 무엇을 의미하는가?

5. 논평: 부활하신 그리스도에 대한 증언(존 폴킹혼)

우리 두 사람 모두에게 예수 그리스도의 부활은 우리가 기독교 진리를 이해하는 데에 중심적인 역할을 한다. 실로 예수 그리스도의 부활은 우리가 기독교 진리를 받아들일 수 있는 데 있어서 본질적인 것이다. 내가 이미 고백한 종류의 변증적 관심에 맞게, 예수 그리스도의 부활이 본질적이지 않을 경우 나사렛 예수의 십자가 사건에 내재하게 될 모호성을 하나님이 적극적으로 해소하셨다고 확언함으로써, 나는 부활의 증거적 성격을 강조했다.

나는 또한 인격적인 종류의 계시적 만남 속에 있는 독특성의 필연성을 예증하고 변호하기 위해 십자가의 특수성이라는 스캔들을 사용했다. 다시 한번, 나는 미하엘 벨커가 쓴 이 장이 내가 고찰할 수 있는 맥락을 확장시켜 주고 깊이 있게 해 주는 것에 대해 그에게 매우 감사한다.

나는 목격자들이 행한 없어서는 안 될 역할과 부활하신 그리스도와의 만남이 지닌 객관적인 동시에 주관적인 성격에 대한 벨커의 강조가 특히, 조명적이라는 것을 발견했는데, 이 부활하신 그리스도는 수난의 상처들을 지닌 채 육체의 형태로 나타나시지만, 또한 그와 대화를 나눌 때에는 내적으로 마음이 뜨거울지라도 그를 알아보기가 어렵다.

이런 통찰들은 사도적 증언들이 지닌 반복될 수 없는 토대적 경험들과 '예수는 살아계시다'라고 여전히 고백하는 사도 시대 이후의 수세대에 걸친 신자들의 지속적인 증언 사이에 있는 중요한 고리들을 제공해 준다. 사도적 경험들에 대한 이야기들을, 살아 있는 방식으로, 믿을 수 있도록 하기에 충분할 정도로 우리의 현재의 경험 속에는 이런 공명들이 있어야만 한다.

그런 한 가지 공명은 "땅이 주고 인간의 손이 만들어 낸" 빵과 포도주라고 하는 선물을 성찬식에서 제공할 때 나타나는 실제적이지만 숨겨진 그리스도의 임재를 신자가 경험하는 데에서 일어난다. 나에게 있어서 신앙의 성격과 관련하여 중심적인 조명적 구절은 미하엘이 다음과 같이 말할 때다.

> 예수 그리스도에 대한 신앙은 혼돈에 의해서, 공포에 의해서, 그리고 성경적 전통들이 '죄'라고 부르는 비참한 고통에 의해서 위협을 받는다.

불신앙에 맞서서, 심지어 불신앙으로부터 하나님은 부활하신 그리스도에 대한 신앙을 확립하시고, 일으키시며, 고무시키신다. 그리스도께서 직접 자기의 증인들을 모으시고, 그리스도께서 죄의 권세로 인해 고통당하는 피조물 가운데에서 새롭게 시작하시는 상황이 바로 이런 상황이다.

만약 우리가 부활하신 분 안에서 십자가에 못 박히신 분 역시 깨닫게 되고, 십자가와 함께 세상의 죄나 죄의 권세 아래 있는 세상을 깨닫게 된다면, 오직 신앙 안에서만, 오직 반복해서 단절되고 위태롭게 된 확실성 안에서만, 오직 반복해서 단절되고 위태롭게 된 지식 안에서만, 우리는 부활하신 그리스도와 관계할 수 있다.[13]

우리는 여기에서 우리 인간이 진리를 탐구하는 데 있어서 담대함과 신중한 자기 비판 사이에 반드시 균형이 필요하다고 하는 주제로 돌아가며, 그 결과 우리는 탐구를 행함에 있어서 서두르지도 절망하지도 않게 된다.

궁극적으로 기독교적 진리는 명제들이 아니라 인격(a person) 안에서 발견되어야만 한다. 우리는 신앙이 지성의 동의뿐만 아니라 마음과 의지의 전적인 반응을 요구한다는 것을 인정하며, 따라서 경외와 경배와 복종은 우리가 부활하신 그리스도를 만나는 데 있어서 없어서는 안 될 요소들이다.

우리는 크고 많은 위험 속에서 살지만, 십자가에 못 박히시고 부활하신 그리스도는 우리에게 있어서 하나님의 견고하고 사랑스러운 신

---

[13] 위의 123-124페이지를 보라.

실하심에 대한 살아 있는 보증이시다. 마가복음에 나타나는 귀신 들린 아이의 아버지와 같이 우리는 다음과 같이 외친다.

> 내가 믿나이다. 나의 믿음 없는 것을 도와 주소서(막 9:24).

6. 답변: 담대함과 신중한 자기 비판 사이의 균형(미하엘 벨커)

나는 담대함과 신중한 자기 비판 사이의 균형이 드러나는 데에서 표현되는 성경의 부활 기사들이 지닌 미묘함(subtlety)에 마음이 끌리게 되었다. 신현 앞에서의 부복이 "그러나 어떤 사람들은 의심했다"고 하는 짧은 논평을 선행한다는 것은 부활의 실재에 대한 증언의 중요한 특성을 보여 준다.

천사가 빈 무덤에 나타나는 것과 같은 놀라운 계시들이 그 자체로 아직은 "그리스도께서 살아나셨다"고 하는 선포에 이르지 못한다는 사실 역시 흥미롭다. 빈 무덤에 대한 이야기들 자체는 두려움과 침묵(마가복음), "그건 그냥 여인네들의 이야기일 뿐이야"(누가복음)라는 논평, 선전("시체를 도난당했다"), 또는 이 사건에 의해 유발된 염려(마태복음과 요한복음)를 초래한다.

누가복음과 요한복음에는 베드로가 놀라움 속에서 집으로 가고, '그 다른 제자'는 다른 모든 제자보다 먼저 믿기를 시작했다고 하는 이차적인 관점이 있지만, 이것은 분명히 부활 신앙을 퍼뜨리는 데 충분하지 않다.

부활 신앙은 훨씬 더 온건한 방식으로, 실로 여러 차례에 걸친 목격자들의 온건한 경험으로부터 불이 붙게 된다. 그들은 두려움과 의심 속에서 담대한 선포를 하기에 이른다. 진리와 단순한 확실성은 끊임없이 구별된다. 증인들의 공동체가, 존 폴킹혼에 따르면, "진리를 추구하는 공동체"가 세워진다.

빵을 떼는 것, 성경을 펼치는 것, 가르치는 것, 그리고 매우 단순한 종류의 만남들이 신적 행동과 부활하신 그리스도의 계시를 인정하도록 만든다. 누가복음 24장의 엠마오 이야기는 특별히 이런 면에서 시사적이다.

- 제자들의 눈이 열린다.
- 빵을 떼는 것이 그들의 눈을 열게 한다.
- 부활하신 그리스도가 그들이 보는 앞에서 사라진다.
- 그러나 무시무시한 사건에 비통해 하는 대신, 그들은 자기들이 아직까지는 부활의 증언을 초래하지 않은 또 다른 증거(evidence)를 경험하게 되었다는 것을 기억한다.
- 즉, 성경을 펼치는 것이다.

따라서 두 가지 매우 기본적인 경험이 하나님의 계시를 인정하는 데에 매우 결정적이다. 즉, 담대함과 신중한 자기 비판이다. 신앙의 증거에 대한 확언되고 의심된 경험들이 그리스도에 대한 신앙에 결정적으로 중요한 부활을 선포하게 한다.

제5장

성령에 대한 신앙

존 폴킹혼

정통(Orthodoxy)이 뭐라고 하든지 간에, 많은 그리스도인이 사실상 이위일체론자(binitarians)다. 성부 하나님과 성자 예수 그리스도는 우리가 붙들고 씨름할 수 있는 개념들이지만, 성령은, 마치 우리가 바람을 잡으려고 하는 듯, 너무나 자주 우리의 손아귀를 빠져 나가는 것처럼 보이는 데, 헬라어와 히브리어의 영(spirit)이 의미하는 바가 바람일 수 있다.

1. 성령의 은폐

신약성경의 번역들에서 우리는 종종 영(spirit)이라고 써야 할지 성령(Spirit)이라고 써야 할지 확신이 서지 않는다. 사도신경에서, 성령은 처음 두 항목 이후에야 명시적으로 간단히 언급될 뿐이다. 비록 뒤따라 나오는 구절들인 교회 생활 및 장차 올 생명의 소망에 대한 것들을 우리가 성령의 사역을 암묵적으로 인정하는 것으로서 볼 수 있을지라도 말이다.

심지어 381년의 니케아-콘스탄티노플 신경이, 약간의 제약을 두고서, 제3위이신 성령을 "생명의 주시며 시여자"(the Lord and giver of life)로 묘사하긴 하지만, 제2위이신 성자에게 적용된 '동일본질'(호모우시온)이란 용어는 사용하지 않는다. 삼위일체를 그림으로 묘사할 경우, 적어도 서양 교회의 전통들에서 가장 온순한 비둘기 상은 왕 같은 성부와 십자가에 못 박힌 성자의 위압적인 인물상들과 대비된다.

웰즈대성당의 '성 칼릭스투스 예배당'(St Calixtus Chapel of Wells Cathedral)에 있는 중세의 조각에서처럼, 심지어 때로는 이 정도의 명시적인 성령의 임재조차 빠져 있는 경우가 있다. 동양 교회의 성상(iconography)은 아브라함과 사라를 찾아오는(창세기 18장 참조), 때로 구약의 삼위일체라 불리는 세 천사상을 사용한다는 점에서 가시적인 면에 있어 보다 더 만족할 만하다.

그러나 은사주의 운동의 영향을 받은 회중교회들 속에는 성령의 현현에 대한 훨씬 더 적극적인 인식이 있는 것 같다. 여기에서 성령의 은폐(pneumatic hiddenness)와 자기 은닉(self-effacement)은 사라지고 성령의 사역이 보다 더 열광적으로 표현된다.

우리는 이것들이 성령에 대한 신앙으로부터 따라 나와야만 하는 온전하고 참된 결과들인지, 그리고 회중교회 이외의 다른 교회들에서 느껴지는 모호함과 당혹스러움이 성령에 대한 신앙의 결핍을 나타내는 표인지를 물어야만 한다.

분명 그렇게 판단하려 하는 오순절 교인들이 있다. 그러나 은폐야말로 성령을 특징짓는 속성이라는 것, 그리고 만약 성령이 영적 본성에 따라 알려져야 한다면 그때에는 피할 수 없을 정도의 은닉성을 수반하게 되리라는 것이 이번 장의 주요한 주제다. 다시 한번, 우리의 지식은 우리가 알고자 하는 분의 본성에 일치하지 않으면 안 된다.

정통 기독교는 삼위의 상들에 대한 자신의 개념에 비추어서 그림을 통해 이런 통찰을 표현했다. 동양 교회에 따르면, 성부의 상은 성자 안에서 드러나며, 성자의 상은 성령 안에서 드러나지만, 이 시대의 성령은 거룩한 신자들의 무리 속에서 성령의 상(the pneumatic image), 즉 오직 마지막 때에 공개적으로 드러나게 될 상을 창조하는 종국적인 사역을 통해서만 은밀하게 드러날 뿐이다.[1]

구속 받은 자들의 무리를 창조하고 종국적으로 드러내는 성령의 사역의 이런 종말론적 성취는 오늘날의 성령의 사역이 가시적 교회의 한계 내에 제한된다는 것을 절대로 함의하지 않는다. 사실상 성령에 대한 신앙은 창조 질서 전체를 통한 신의 내재적 활동을 이해하는 강력한 방법이다.

2. 성령의 활동

근본적으로 하나인 것을 나누는 것처럼 보일 위험이 있겠지만, 이런 활동의 성격을 어느 정도 구분해 줄 세 가지 제목 하에서 성령의 보편적 활동을 탐구하는 것이 처음에는 편리할 듯 싶다. 그 이유는 성령은 구별되지 않는 신적 힘이 아니라, 다른 환경 속에서 다른 방

---

[1] 다음을 보라. Lossky, *Mystical Theology of the Eastern Church*, chap. 8.

식으로 활동하시는 신적 위격이시기 때문이다.

1) 성령과 기독교 신자들의 무리

오순절에 성령은 강력한 바람 소리로 제자들에게 내려오시고, "불의 혀같이 갈라져 저들 각자에게 임하는 것"(행 2:3)으로 묘사된다. 바람의 상은 압도적인 능력의 임재를 시사하는 반면에, 개개의 불의 혀의 상들은 각 제자와 관련된 성령의 사역의 특수성을 시사함으로써 이것을 누그러뜨린다.

고린도전서에서 바울은 '은사의 다양성'(고전 12:4)에 대해 말하는데, 그 목록을 기록하면서 은사들이 '동일한 성령'에게서 기원하며, 각 사람에게 각각의 은사가 주어진다는 것을 강조한다. 이런 은사들은 결코 오순절 전통 내에서 높이 평가되는 굉장한 은사들에게만 한정되지 않는다. 물론 이 은사들이 배제되는 것은 아니지만 말이다. (바울의 목록에는 '방언들'이 포함된다-성령의 활동은 전통적으로 점잖은 것에 제한되어서는 안 된다.)

성령이 단순히 비인격적인 신적 능력의 현현이 아니라, 신적 위격으로서 말해져야만 한다는 것을 교회가 깨닫도록 이끈 근거 중의 하나는 "그 뜻대로 각 사람에게 나눠 주시는"(고전 12:11) 성령의 이런 재량권이었다.

성령의 은폐는 또한 많은 신자의 경험과도 일치한다. 기독교적 삶의 역설 중 하나는 신적 은혜와 인간의 자유 의지의 상호 작용이다.

> 두렵고 떨리는 마음으로 너희 구원을 이루라 너희 안에서 행하시는 이는 하나님이시니(빌 2:12-13).

이런 역설은 심오한 신학적 수수께끼일 뿐만 아니라, 기독교적 경험의 사실이다. 특히, 우리가 미래에 직면할 때 우리는 우리의 결정의 힘들과 이런 힘들이 우리가 우리의 행동에 대해서 짊어지고 있다는 것을 함의하는 책임들을 의식하고 있다. 특히, 우리의 삶을 돌아볼 때 우리는 하나님이 어떻게 우리를 인도해 오셨는지를 의식하고 있다.

이런 인도하심은 종종 평범한 방식으로 이루어졌을지 모르는 데, 하나님의 인도하심은 옆구리를 살짝 찌르는 것과 같은 형태로 기회가 제공되고 취해신다. 신자는 이 속에서 은밀하게 역사하시는 성령의 부드러운 자극을 보게 될 것이다. 성령의 활동의 이 은밀한 성격은 분명히 우리가 큰 관심을 가져 온 인식론적 문제들을 강화시킨다.

성령의 분별은 인간이 지닌 성품의 분별과 다소간 닮아 있다. 두 경우 모두에 있어서 암묵적인 공감적 이해술이 요구되며, 믿음을 불러 일으키는 동기들은 너무도 난해해서 아무런 문제없이 절대적으로 확실한 판단에 호소하기에는 어려움이 있을 것이다. 실재와 관련하여, 인격적인 것(the personal)의 영역에서 어느 정도의 모호성을 피할 길이 없다.

2) 성령과 사람이 사는 세상

온 땅의 하나님이 어느 때든 또는 어디서든 신적 본성을 남겨 놓으셨다면, 틀림없이 증인이나 임재의 경험이 있을 것이다. 성령은 적절한 방식으로 모든 인간과 관계하실 것이다. 하지만 우리는 이것이 일어나는 방식과 이것이 묘사되는 방식에 있어서는 성령의 이름을 부르는 사람들과 그렇게 하지 않는 사람들 사이에 차이가 있으리라고 기대할 수 있다.

놀라울 정도로 다양한 세계의 신앙 전통들과 그것들 사이에서 발견하게 되는 인식적 불협화음은 현대 신학이 직면한 매우 당황스럽고도 중요한 문제다.[2] 모든 혼란에도 불구하고, 모든 전통에서 우리가 성스러운 것의 차원이라고 부르는 것과 맺게 되는 어떤 형태의 조우가 이루어지고 있다는 증거를 여전히 인식할 수 있다.

기독교 신학자에게 이것은 인간의 다양한 문화적 맥락 속에서 이루어지는 성령의 감추어진 사역의 표로 해석될 수 있다. 사실 창조에 내재적으로 임재하시는 성령이란 개념은 다른 신앙에 대해 존중하는 마음을 가지고 접근할 수 있는 가장 유력한 자원을 기독교 신학에 제공해 주는 것처럼 보인다.

이런 방식의 이해는 다른 종교들이 성스러운 것과 갖게 되는 조우의 실재나, 다른 종교들을 추종하는 사람들의 삶 속에 구원적 경험이 있다는 것을 부인하는 것이 아니지만, 이런 방식의 이해는 이것들을 무명의 성령(the unnamed Spirit)의 숨겨진 열매로 볼 것이다.

---

[2] 다음 책을 보라. Polkinghorne, *Science and Christian Belief,* chap. 10.

따라서 신자들이 타협의 여지가 없는 것이라고 주장해야만 하는 신적 본성에 대한 기독교적 이해의 이런 독특한 측면들을 부인하지 않고서도, 그리스도인은 다른 신앙인들이 갖게 되는 경험의 진정성을 인정할 수 있다.

이스라엘의 삶과 유대주의의 지속적인 삶 속에서 드러난 성령의 역할은 우리가 숙고해야 할 가장 명백한 실례를 제공한다. 물론 성령은 기독교 오순절에서 처음으로 존재하시게 되거나, 활동하시게 된 것이 아니었다. 보다 암묵적인 방식으로 이전에 경험되었던 것이 그 때에 보다 명시적으로 경험되었다.

특히, 이제 성령이 바로 '그리스도의 영'(롬 8:9)임을 확인할 수 있게 되었기 때문이다. 히브리 성경에서는 성령의 인격적인 성격이 보다 덜 분명하게 시각될 수 있다. 비록 강한 바람과 지진과 불이 있은 후에 동굴 입구에서 엘리야에게 말한 '세미한 음성' 속에서 이것을 볼 수 있을지라도 말이다(왕상 19:12).

성령의 사역의 은폐성과 모호성이 초래하게 될 일탈 및 오류의 가능성과 더불어, 이런 은폐성과 모호성이 또한 이 구절에서 전해지는 것일지도 모른다. 하사엘의 검, 예후의 검, 그리고 엘리사의 검에 대한 언급은 구약성경에서 매우 많이 등장함에도 불구하고 우리가 하나님의 의지의 표현으로 보기 어려운 전쟁의 행위와 대량 학살의 행위를 상기시킨다.

성령의 고무시키심을 왜곡하는 일은 오순절에서 끝나지 않았다. 즉, 박해와 학살과 십자군의 역사는 교회 역사를 훼손하며 이런 왜곡을 분명히 해 준다. 마치 성령을 주시는 목적이 신적으로 프로그램화된 자동 기계를 생산하는 것인 양, 성령의 임재는 개인들을 압도하지 않는다.

더함의 온화한 성공회 주교인 조셉 버틀러(Joseph Butler)가 존 웨슬리에게, "선생님, 성령의 비상한 계시들과 은사들을 요구하는 것은 끔찍한 일, 아주 끔찍한 일입니다"라고 말했을 때, 버틀러는 18세기의 한계, 즉 종교에 대한 냉담한 이성적 접근의 한계를 폭로하고 있었는지도 모르지만, 그는 또한 영적 위험의 가능한 원천을 지적하고 있었다. 성령에 대한 신앙은 분별의 은사를 활용할 것을 요구한다.

> 성령을 소멸치 말며 예언을 멸시치 말고 범사에 헤아려 좋은 것을 취하고 악은 모든 모양이라도 버리라(살전 5:19-21).

3) 성령과 창조 전체

창세기 1장 2절에 따르면, 창조의 시초에 하나님의 영이 혼돈의 수면 위에 운행하셨다.

아니면 '하나님의 바람'(the wind of God)이 원시의 심연을 가로질러 불어온 것이었나?

'루아흐'란 단어의 양의성으로 인해 두 가지 해석이 모두 가능하다. 이런 불확실성은 사람들이 우주적·지상적 진화의 풍성한 역사 전개에 대해 생각할 수도 있는 방식과 일치한다. 신학자는 이 이야기를 '지속적인 창조', 즉 창조주의 의지가 지속적으로 전개되는 것으로 해석하고 싶어할 것이다.[3] 이것은 부분적으로 하나님이 질료에 부

---

3   다음 책에 있는 요약과 더 많은 참고자료를 보라. Polkinghorne, *Scientist as Theologians*, chap. 4.

여하신 자기 조직화라는 자동출산 능력들 속에서 표현된다.

무신론자에게 이것은 자연적 과정이 작용하고 있는 것에 불과한 것처럼 보이겠지만, 유신론자에게 이런 과정이 산출하는 놀라운 풍성함은 자연법 제정자의 목적을 표현하는 것으로 이해될 것이다. 신학적 용어로, 이것은 창조의 로고스 측면이다. 과학적 용어로, 여기에서 나타나고 있는 것은 우연과 필연 사이의 진화적 상호 작용의 필연성의 측면이다.

그럼에도 불구하고, '지속적인 창조'란 용어가 그것의 적절한 의미를 지니고자 한다면, 하나님의 활동은 이런 상호 작용의 우연적 측면 역시 완전히 배제할 수 없다. 분명히 하나님은 역사의 우연들 속에 섭리적으로 참여하심에 틀림없다. 기독교 신학은 우주를 하나님의 꼭두각시 인형 극장으로 다루지 않는다.

피조물들에게는 자기 자신이 되며 자기 자신을 만들도록 허용되는 진정한 개방성이 있기 때문이다. 그러나 세상은 또한 그것의 창조주가 이신론적 부재 지주(a deistic absentee landlord)인 그런 세상도 아니다. 유신론적 진화론은 성령의 은밀한 역사하심을 기대할 수 있는 데, 성령은 물리적 세계에 넘쳐나는 구름이 가득한 예견할 수 없는 것들 내에 감추어진 은폐된 행동을 통해 인도하시기 때문이다.[4]

그러나 또한 성령이 창조와 맺으시는 관계에는 또 다른 보다 심오한 측면이 있다. 생명이 있는 존재들이 잠재성을 찾아 나서는 탐험은 막다른 골목에 부딪히거나 다른 방식으로 실패함에 따라서, 진화론적 우주는 멸종과 기형 속에서 불가피한 대가를 치르고 있는 세상이

---

[4] 다음 책을 보라. Polkinghorne, *Belief in God in an Age of Science*, chap. 3.

다. 이런 과정 속에서 죽음은 새로운 생명의 필연적 대가다.

다윈 자신을 포함하여, 감수성이 강한 많은 사람이 그렇게 고통스러운 역사가 자애로운 창조주의 의지의 표현일 수 있는지에 대해 의문을 던졌다. 신약성경 전체에서 가장 놀라운 구절 중 하나에서 바울은 이 문제에 대해 아주 적절한 말을 한다.

> 피조물이 다 이제까지 함께 탄식하며 함께 고통하는 것을 우리가 아나니 이뿐 아니라 또한 우리 곧 성령의 처음 익은 열매를 받은 우리까지도 속으로 탄식하여 양자될 것 곧 우리 몸의 구속을 기다리느니라 … 이와 같이 성령도 우리 연약함을 도우시나니 우리가 마땅히 빌 바를 알지 못하나 오직 성령이 말할 수 없는 탄식으로 우리를 위하여 친히 간구하시느니라(롬 8:22-23, 26).

다시 말해서, 사실상 피조계의 종말론적 구속 이전에, 피조계가 겪고 있는 고통이 있으며, 그리고 성령은 이 고통의 당사자시다. 여기에서 우리는 성령을 단순히 비인격적인 능력의 용어가 아닌 심오할 정도로 인격적인 용어로 이해하는 것이 얼마나 본질적인지를 다시 한번 보게 된다. 기독교의 하나님은 '이해하시는 동료 수난자'이신데,[5] 예수 그리스도의 삶과 죽음에 대한 신적 참여 때문만이 아니라, 피조계의 고통에 대한 성령의 지속적인 동참 때문이다.

---

5 Whitehead, *Process and Reality* (corrected ed.), 351.

3. 성령의 임재

우리는 성령의 내재적 사역의 세 가지 다른 측면을 고찰했다. 성령에 대한 경험은 신적 내재성 속에서의 하나님과의 만남을 수반하기 때문에, 창조 질서 내에는 우주적인 성령의 활동이 있다. 그럼에도 불구하고, 이것은 성령의 활동의 성격이 획일적이고 환경의 특수성에 의해 영향을 받지 않는다는 것을 결코 함의하지 않는다는 것을 우리는 보았다.

성령은 신적 인격(a divine Person)이시기 때문에 그럴 수 없지만, 반면에 활동은 각각의 인정된 필요에 반응하여 각각의 사건의 개별성과 완벽하게 조화될 것이다. 성령은 신적으로 수여된 피조물의 독립성을 존중하실 것이다. 성령은 고통과 상실의 각 순간에 동참하실 것이다.

신적인 뜻에 열려 있으며 반응하고자 하는 사람들에게, 성령은 이런 목적의 분별과 성취를 강화하심으로써 은혜롭게 임재하시는 분으로 경험될 것이다. 고통스러운 산고를 겪는 이들에게 성령께서는 말할 수 없는 깊은 탄식으로 그 수난에 참여하실 것이다.

하나님께 반역하고 신적 뜻을 거부하는 사람들이 있는 곳에서, 성령은 잃어버린 자들을 회복시키고자 하시지만, 그럼에도 불가항력적으로 그들을 강제하지 않으시는 간구하시는 분이실 것이다. "주님이시며 생명의 시여자"에 대한 피조물의 이런 배척은 만약 이런 일이 지속될 경우 도덕적 결과들을 위협하게 된다.

> 주께서 낯을 숨기신 즉, 저희가 떨고 주께서 저희 호흡('루아흐')을 취하신 즉, 저희가 죽어 본 흙으로 돌아가나이다(시 104:29).

우리는 분명 하나님이 성령을 거두신다는 말씀을 신적 긍휼을 버리시고 거두시는 것으로서가 아니라, 피조물의 지속적인 반역과 거부에 대한 슬픔에 가득 찬 묵인으로서 이해해야 한다. 하나님을 고의적으로 그리고 끊임없이 멀리하는 생명의 상태야말로 우리가 지옥이라고 올바르게 부르는 상태, 즉 비존재에 가까운 음울한 상태다.

인간에게는 타고난 불멸성이 있는 것이 아니며, 죽음을 넘어선 운명에 대한 우리의 소망은 오직 하나님의 신실하심과 능력에 달려 있다. 이 능력이 배제되고 이 신실하심이 조롱을 받는 곳에서, 영원한 생명이 거부되고 있다.

예배하는 삶 속에서, 교회는 피조된 질서 전체를 통한 성령의 역사하심을 인정한다. 고대와 현대의 많은 예전 속에는 성찬식 감사 기도의 일부로서 성령의 이중적 강림에 대한 요구가 있다. "땅이 생산하고 인간의 손이 만든" 빵과 포도주라고 하는 선물들(자연과 인간 문화의 열매들) 위에 그리고 또한 신실한 자들의 공동체 위에 성령이 임재하시도록 기도한다. 성령의 임재는 오직 인간에게만 제한되지 않는다.

교회의 삶 속에서 성령의 역할은 또한 그리스도에 대한 주요한 증인이 되는 것을 포함한다. 성령에 대해 말하는 요한의 방식은 계시 및 하나님에 대한 진리의 전유와 관련해서 지속적인 성령론적 역할을 상당히 강조했다.

다락방에서의 위대한 담화에서 예수님은 다음과 같이 말씀하신다.

> 내가 아직도 너희에게 이를 것이 많으나 지금은 너희가 감당치 못하리라 그러하나 진리의 성령이 오시면 그가 너희를 모든 진리 가운데로 인도하시리니 그가 자의로 말하지 않고 오직 듣는 것을 말하시며 장래 일을 너희에게 알리시리라 (요 16:12-13).

성령에 대한 신앙은 선포된 증언들과 구두적 전승에서 생겨난 신약성경을 형성하고, 종국적으로 정경을 수집하며, 성경을 지속적으로 이해하고 해석하는 데 있어서 역사하시는 신적인 인도하심에 대한 신앙을 함축한다. 성령은 실로 "선지자들을 통해 말씀"하셨다. 그러나 그 다음에 성령은 침묵하신 것이 아니라 지속적으로 말씀하셨다.

니게아와 칼케톤의 삼위일체와 기독론에 대한 고찰들을 통해서든, 종교개혁과 반종교개혁의 영향들을 통해서든, 또는 수세기에 걸친 지속적인 신학적 고찰을 통해서든, 우리는 교리의 발달이 있었을 것으로 예상해야만 한다. 물론 왜곡과 기만을 금하는 규약은 계속해서 그 역할을 수행한다.

교회나 공의회, 교부에게는 결코 무오성이 보장되어 있지 않다. 또한, 통시적 일치의 조건들이 만족되지 않으면 안 된다. 이것들은 새로운 통찰의 가능성을 부인하는 것이 아니라, 새로운 통찰이 과거의 통찰과 인식 가능한 관계를 맺도록 요구한다. 새로운 이해를 불어 넣으신 분이 진실로 그리스도의 영이라면 말이다.

진리의 성령은 종교적인 공동체에서뿐만 아니라, 어떤 종류든지 진리를 추구하는 모든 공동체 내에서도 역사하실 것이다. 여기에는 분명 과학자들의 공동체가 포함될 것이다. 수학에서든, 자연 과학에서든, 종종 의미 있는 발견들을 수반하는 경험이 있는 데, 이것은 문서를 통해 충분히 입증되고 있다.

우선, 문제와의 강렬한 싸움이 있는데, 이것은 그 당시에 존재하는 그대로의 사실들 및 관념들과의 오랜 씨름을 수반한다. 결국, 이것은 실망과 좌절을 초래할지 모른다. 이럴 경우 다음 단계는 난처한 것들을 의식적으로 옆으로 제쳐두며, 문제와의 싸움을 보류해 두는 휴경기다.

그때에 공교롭게도(항상 그런 것은 아니지만, 상당히 자주) 문제에 대한 해결책이 연구자의 마음속에서 자발적으로 알아서 떠오를지도 모른다. 세세한 것들과 관련해서는 여러 주에 걸쳐서 연속적으로 작업을 해야겠지만, 어떤 새로운 복잡한 생각을 즉시 그리고 전체로서 포착할지도 모른다. 이런 조명의 순간들은 그것들의 직접적인 설득력에 있어서 자증적이며, 이것들을 경험하는 사람들은 빈번히 이것들을 '주어지는' 것이라고 말한다.

의심할바 없이, 무의식적인 마음의 활동이 수행되고 있는 작업 속에서 중요한 역할을 한다. 그러나 신자는 당연히 성령의 숨겨진 영감이 새로운 통찰을 가져오는 데에도 관련되어 있었다고 추측하고 싶어 한다. 심지어 보다 쉽사리 우리는 예술가들의 창조적 순간들에 있어서도 마찬가지라고 추측할지도 모른다. 물론 이것들을 경험하는 예술가들은 이것들을 선물의 순간들로 종종 묘사하겠지만 말이다.

4. 인간의 영

이 장이 내가 앞에 쓴 두 장보다 다소 더 간략하다는 사실 자체가 성령의 숨겨진 은폐성에 대한 증거이다. 우리는 이전 장들보다 항목화된 증거에 덜 관심을 갖는 대신, 일반적인 신학적 논의에 더 몰두했다. 그 결과, 일부 주장은, 마치 그것들이 사실상 세속적인 과정에 불과할 수 있는 것에 대한 경건한 관점에 불과한 것인 양, 다소 미약하고 대안적 해석이 가능했던 것처럼 보일 수도 있다.

더 많은 투명성과 명확성을 요구하는 것은 "바람이 임의로 불매 네가 그 소리를 들어도 어디서 오며 어디로 가는지 알지 못하나니 성령으로 난 사람은 다 이러하니라"(요 3:8)라고 말씀되는 분의 본성을 왜곡하게 될 것이다.

마지막으로, 우리는 육체를 입은 우리 존재의 너무도 많은 측면을 이해하는 데 있어서 물리주의적이고 환원주의적인 과학의 성공에 의해 깊은 감명을 받은 우리 시대의 많은 이에게 있어서, 하나님의 영(the divine Spirit)의 존재는 고사하고, 영적인 것(the spiritual)의 인간적 차원이라고 하는 개념을 진지하게 취하는 것이 어려울지 모른다는 것을 인정해야 한다.

그들은 우리의 논의를 기껏해야 부수적 현상으로, 최악의 경우엔 환상적인 것으로 치부하고 싶은 유혹을 받을 것이다. 그러나 자연 과학 자체 내에서조차 실재를 단순한 물질 에너지 이상으로 설명한다는 것을 가리키는 통찰에 대한 암시가 있다.

상당한 연산 능력의 도래와 더불어 복잡한 체계에 대한 연구를 시작하는 것이 가능하게 되었다. 지금까지 이 작업의 대부분은 체계의 컴퓨터 생성 모델들에 대한 조사와 그것들의 에뮤레이션들(emulations, 다른 컴퓨터의 기계어 명령대로 실행할 수 있는 기능)이 보여 주는 특성들에 의존함으로써 일종의 자연사에 속해 있었다. 이런 종류의 체계들이 그것의 전반적인 행위에 있어서 아주 놀라울 정도의 유형을 낳을 수 있다는 것이 점차적으로 분명해지고 있다. 즉, 이전에는 생각지도 못한 종류의 유형을 말이다.[6]

다시 말해서 그것들을 적절하게 기술하기 위해서는 물리학이 오랫동안 친숙해 왔던 그것들의 구성 요소들 사이에 있는 에너지의 상호 작용뿐만 아니라, 질서를 만들어 내는 정보를 유형적으로 표현하는 것을 다루는 어떤 상보적인 총체적 설명이 요구되는 것처럼 보인다.

현재 이런 종류의 새로운 행위의 기반이 되며 이 행위를 해석하는 잘 알려진 일반 이론은 없지만, 복잡성 이론이라고 하는 이제 시작 단계에 불과한 이 학문이 언젠가 그런 원리들을 발견하게 되리라는 데는 의심의 여지가 없다.

현재 우리가 말할 수 있는 것이라고는 복잡한 체계들에 있어서, 작동하고 있는 인과적 원리들이 물질 에너지의 상호 작용의 원자화된 결과뿐만 아니라, 유형을 형성하는 그것의 성향들에 비추어서, 우리가 '활동적 정보'라고 부를 수 있는 새로운 원리까지도 포함하리라고 믿게 할 만한 강력한 무언가가 있다는 것이다.

이 문제를 다른 식으로 표현한다면, 우리는 부분들이 전체에 영향을 미치는 상향식 인과 관계들 뿐만 아니라, 부분들에 영향을 미치는

---

6 다음을 보라. Prigogine and Stengers, *Order out of Chaos*, and Kauffman, *At Home in the Universe*.

전체의 하향식 인과 관계에 대해서도 생각해야만 하는 것처럼 보인다. 이런 종류의 개념들은 인간적이고도 신적으로 모두 섭리적인 힘의 작용과 관련하여 필연적으로 사색적이며 불완전한 어떤 생각을 고무시켜 왔다.[7]

또한, 결국에는 영의 피조물적 측면이란 개념으로 판명될 수도 있는 것을 향한 희미한 빛이 있는 데, 이것은 육체적 존재와 관련되어 있기 때문에 비이원론적인 용어로 이해될 수 있다. 인간은 고깃덩어리로 만들어진 컴퓨터 그 이상이며, 우리의 지성은 우리의 뇌의 하드웨어를 기반으로 작동하는 소프트웨어 그 이상이다.[8]

활동적 정보는 조잡한 물질주의의 유혹에서 과학을 구하는 하나의 단서가 될지도 모르는 개념이다. 활동적 정보는 성령에 의해서 불어온 바람 속에 있는 하나의 지푸라기로 판명될지도 모른다.

5. 논평: 아래로부터의 성령의 사역과 위로부터의 성령의 사역 (미하엘 벨커)

기독론에서, 많은 신학자가 역사적 예수와 예수 그리스도의 인간성에서 시작하는 '아래로부터의 기독론'과 부활하시고 높아지신 그리스도와 그의 신성으로 시작하는 '위로부터의 기독론'을 구별한다. 성령론에서 우리는 다시 이런 차원들을 다루어야만 한다. 성령에 대

---

[7] 다음을 보라. Polkinghorne, *Belief in God in an Age of Science*, chap. 3.
[8] 예를 들어, 다음을 보라. Polkinghorne, *Beyond Science*, chap. 5.

한 나의 책에서 나는 '성령의 부어 주심'이란 개념, 즉 '위로부터의' 성령의 사역에 매우 큰 관심을 가졌다.

그럼에도 불구하고, 나는 성령에 대한 형이상학적 개념들에 대해, 특별히 성령을 '모든 것'의 원인으로 만드는 'omniquantor' 개념을 가지고 너무도 손쉽게 작업하는 사람들에 대해 아주 회의적이었다. 몇 가지 점에서 성령에 대한 존 폴킹혼의 글은 회의적 견해를 재고하도록 도전을 주었다.

1) 모든 것의 원인이 됨, 편재, 전능

그의 글은 나에게 우리가 시편 139편 7절의 "내가 주의 신을 떠나 어디로 가며 …"와 같은 구절과 모순되기를 원하지 않는다면 확언되어야만 하는 성령의 '전능하심'(omnipotence)과 우리가 데살로니가전서 5장 19절, 에베소서 4장 30절과 같은 다른 성경의 증언들을 진지하게 취한다면 거부되어야만 하는 '모든 것의 원인이 되는'(omnicausing) 성령이란 개념 사이를 구별하게 해 주었다.

이런 구별을 통해 우리는 '편재'(omnipresence)에 대한 제한된 이해를 주장할 수 있다. 이런 명료화에도 불구하고, 내가 볼 때 신학은 형이상학적인 '전'(全)이라는 개념(omni-concept)을 가지고 매우 주의 깊게 작업해야 한다는 것을 강조하고 싶다. 이것은 종종 우리를 '안전한' 종교적 토대 위에 두는 것처럼 보이지만, 사실상 살아 계시는 하나님의 사역을 쉽게 더럽힌다.

나는 또한 성령에 대한 책을 썼을 때 내가 무지했던 '불의 혀'에 대한 해석을 환영한다. 불타는 덤불 속에서의 하나님의 계시에서와 같이 이 불은 파괴적이라기보다는 오히려 창조적이다. 그것은 요한이 지적하듯이 개별적 피조물을 조명하고 고상하게 한다. 동시에 그것은 일군의 사람이 (젊은 슐라이어마허의 말대로) '더 나은 세상을 위해 버림받은 사람들'로서 서로 인정 받고 인정할 수 있도록 그들을 연합시킨다.

2) '이해하시는 동료 수난자'로서의 성령

이 장의 또 다른 도전은 성령이 피조물과 만나신다는 것에 초점을 두면서 성령의 '인격성'을 이해하려는 것이었다. 내가 성경적 전통의 성령론에 대해 연구했을 때, 성령(the Holy Spirit)께서는 자기 지시적 인격(a self-referential person)으로서 이해될 수 없다는 것(아리스토텔레스와 헤겔에 의해 발달된 '정신'[Spirit]에 대한 영향력 있는 개념들이 놓치고 있는 점)이 나에게 완전히 분명해졌다.

나는 성령의 인격성을 '공적 인격'(public person)과 그리스도의 '공명의 장'(field of resonance)으로서 이해하려고 애썼다. 존 폴킹혼은 내가 보다 철저하게 탐구해야 할 차원을 지적한다. 우리의 대화 속에서 그는 이 차원을 "아래로부터의 성령의 사역'이라고 불렀다. 종종 인용되어 온 진술인 화이트헤드의 "하나님은 이해하시는 동료 수난자이시다"는 성령의 이런 차원을 매우 잘 표현할 수 있는 것처럼 보인다.

3) 성령 그리고 왜곡적 차이와 창조적 차이의 분별

아마도 존 폴킹혼보다 더 쉽게, 내가 창조성과 차이의 관계를 수용할 것이다. '당황스러울 정도로 다양한 세계의 신앙 전통'은 실로 우리에게 '불협화음'과 '혼란'의 그림들을 제공한다.

그러나 만약 우리가 공통적이고 유사한 관심들, 상징들, 그리고 사유의 표상들 또는 적어도 명백한 대비들을 분별할 수 있다면, 그 동일한 다양성이 우리에게 도전을 주고 우리를 하나님과 하나님의 창조에 대한 보다 깊은 이해로 이끄는 가치 있는 차이들을 제공해 주기도 한다.

차이의 구별은 '통합'을 향한 현대적 합리성과 이런 합리성의 자유주의적 성향에 의해서 여전히 매우 많은 영향을 받는 문화들 속에서 매우 중요해 보인다. 내가 볼 때에 우리는 다음의 것들을 분별할 필요가 있다.

첫째, 확실하게 극복되어야 하지만, 오직 인간의 노력만으로 극복하기에는 너무 강할지도 모르는 왜곡적인, 심지어 악마적인 차이들

둘째, 형상을 부여하고 형상을 지향하는 차이들, 이 차이 중 일부는 감당하기 매우 어려울 수 있으나, 그럼에도 매우 중요하다. '통치에로의 부르심'과 '하나님의 형상' 사이의 긴장처럼 말이다.

셋째, 우리가 우리의 지성적이고 도덕적인 확실성들에 도전하고 그것들을 변형하도록 도와주며, 우리가 진리와 의로움으로 향하도록 이끄는 차이들

넷째, 우리가 단지 즐길 수 있는 창조적 차이들

나는 우리를 죄에서 자유롭게 하시고, 공동체를 구성하시고, 우리의 삶을 회복시키시고, 그리고 우리를 영원한 생명으로 향하게 하시는 창조적인 성령이 이 모든 단계에서 역사하신다고 생각한다.

마지막으로 나는 성령과 성령의 사역에 집중하는 것이 다른 신앙 전통들과 또한 세속적 사고방식에 이르는 교량을 제공해 줄 수 있다는 데 동의한다. 특히, 우리가 '율법과 성령'의 관계에 초점을 맞출 때 말이다. 내가 보기에 이 분야는 자연 과학, 문화 과학 그리고 신학 사이의 보다 깊은 탐구를 위한 가장 유력한 영역 중 하나다.

6. 답변: 성령의 인격성(존 폴킹혼)

미하엘 벨커와 나는 모두 성령의 인격적인 성격을 강조하며, 따라서 단순한 능력 개념과 일종의 편만하고 '유령 같은' 임재 개념으로부터 신학적 사고를 구하고 싶어 한다. 그러므로 나는 '전"(omni-)이라는 말 속에 숨어 있을 수 있는 형이상학적 비인격성에 대한 그의 경고에 주의할 필요가 있다고 생각한다.

그럼에도 불구하고, 우리는 창조의 어떤 일부를 성령의 자비로운 임재의 바깥에 두어서는 안 된다. 임재의 성격이 상황의 특수성에 맞게 표현되기 위해서는, 이 임재의 성격이 아무리 적절하게 구별되어야 할지라도 말이다. 세계의 많은 성스러운 공동체 속에서 성령의 활동을 볼 때, 나는 놀라울 정도의 다양성으로 인해 미하엘보다 더욱 어리둥절하고 당황스러운 채로 남아 있게 된다.

제6장

성령에 대한 신앙

미하엘 벨커

　제1장부터 제4장까지 기술한 '창조주 하나님에 대한 신앙'과 '그리스도에 대한 신앙'은 '암묵적 성령론', 즉 성령과 그의 사역에 대한 암묵적 관점을 가지고 쓰여졌다. 성령의 사역이 없이는 어떠한 신앙도 없다.
　그러나 우리는 어떻게 성령에 대한 신앙을 가질 수 있는가?
　성령에 대한 암묵적 관점은 무엇보다 내가 하나님과 예수 그리스도에 대한 '추상적 관계들'에 대해 거듭 비판적으로 말한 사실 속에서 느껴질 수 있었다. 분명 우리는 예수 그리스도 안에 나타난 하나님의 계시를 통하여 하나님에 대한 개인적인, 즉 인격적인 관계에 도달할 수 있다. 그럼에도 불구하고, 하나님에 대한 관계는 어떤 추상적인 일대일의 관계가 아니다.
　하나님에 대한 개인적인 관계들에서 "주께서 나의 전후를 두르시며 내게 안수하셨나이다"(시 139:5)라고 하는 경험을 상실해서는 안 된다. 종교개혁의 루터파와 개혁파의 요리 문답들은 이것을 하나님이 "나를 지키시고 통치하실 뿐만 아니라" 모든 인간, 다른 모든 피조물까지도 지키시고 통치하시며, 하나님이 "모든 그리스도인"에게 말씀하시고 그들을 선택하셨을 뿐만 아니라 나에게도 말씀하시고 나를 선택하셨다고 하는 평범한 구절로 표현했다.

따라서 '하나님과의 관계'는 순전히 사적인 문제만은 아니라는 사실이 분명해진다. 이것은 나의 내적 자아만을 파악하고 형성하는, 오직 내 마음이나 내 영혼에서만 일어나는 관계가 아니다. 다른 어떤 이의 증언에도 빚지고 싶어 하지 않는 신앙, 절대적으로 고립된 채로 말없이 남아 있기를 원하는 신앙은 결코 기독교적 신앙, 성령에 의해서 생겨난 신앙이 아니다.

1. 성령: 세상을 채움, 그럼에도 피하거나 떠나감?

성령은 우리를 하나님과의 관계 속으로 이끄신다. 그러나 이런 하나님과의 관계와 더불어 성령은 또한 삶의 내적인 피조적 관계를 새롭게 하신다. 성령은 생기를 주며 생명을 불어넣는 능력이시다. 이것은 (일부 성령론이 주장하듯이) 결코 성령이 절대적으로 모든 것의 원인이 되시며, 모든 곳에 동일하게 계신다는 것을 의미하는 것이 아니다.

추상적 개인주의(abstract individualism)와 추상적 보편주의(abstract universalism) 모두 신학 일반뿐만 아니라, 성령론에도 치명적이다. 성령의 사역의 추상적 보편주의를 나타내는 것처럼 보이는 몇 안 되는 외경의 구절 중 하나는 지혜서 1장 7절이다.

> 온 세상에 충만한 주님의 영은 만물을 총괄하는 존재로서 사람이 하는 말을 다 안다(지혜서 1:7).

이 말씀을 추상적이고 무제한적인 성령의 편재를 나타내는 의미로 이해해서는 안 된다는 사실이 같은 장의 두 구절 앞인 지혜서 1장 5절에서 매우 분명하게 드러난다.

> 가르침을 주는 거룩한 영은 거짓을 피해 가고 미련한 생각을 꺼려 떠나가 버리며 불의가 다가옴을 수치스러워한다(지혜서 1:5).

성령이 우주의 모든 시공간에 똑같이 추상적으로 임재하신다고 가정한다면, 우리는 인간이 성령을 억압하거나, 성령을 몰아내거나, 성령을 소멸해서도 안 되며, 또한 성령에 해를 가해서도 안 된다고 하는 신약성경에 있는 간구의 말씀들을[1] 이해할 수 없을 것이다. 구조화된 삶, 하나님의 뜻에 일치하는 삶, 피조물로서의 삶은 성령에 의해서 '유지'된다.

그러나 만약 하나님이 하나님의 영을 거두신다면, 피조물들은 먼지로 돌아가서 멸망하게 된다(욥 34:14-15; 시 104:29-30 참조). 성령은 피조물을 유지하시는 것만이 아니다. 성령은 하나님께 적대적인 세력들로부터 거듭 피조물을 구원하시는 데 있어서, 피조물을 새롭게 하시고 고양시키시는 데 있어서, 피조물을 정확하게 지키시며 보존하신다.

---

[1] 살전 5:19; 엡 4:30.

성령을 통해 하나님은 피조물들에게 영향을 미치시며, 피조물들 가운데에서 행하신다. 하나님은 신적인 임재 속에서의 삶을 위해 피조물들을 선택하시며, 그들에게 그런 삶이 가능하게 하신다는 점에서 그들에게 영향을 미치신다. 사도신경은 이런 사실을 다음과 같이 표현한다.

> 나는 성령을 믿사오며 거룩한 공회와 성도가 서로 교통하는 것을 믿사옵나이다.

2. 성령의 '부어 주심'과 창조적 차이의 에토스

우리가 성경적 전통들과의 대화에 참여하여 성령에 의해 구성된 성도들의 공동체의 본질이 무엇인지를 물을 때, 우리는 '성령의 부어 주심'이라고 하는 비유, 즉 처음에는 이상해 보일지도 모르는 비유를 접하게 된다. 성령은 하늘로부터 인간과 다른 피조물들에게 '부어지신'다.

온 땅을 새롭게 하고 신선케 하며, 온 땅이 공동의 삶 속에서 꽃을 피우고 열매를 맺도록 만드는 하늘의 비와 같이, 그렇게 하나님의 영은 삶의 복잡한 상황들을 새롭게 하신다. 성령의 사역에 대한 증언 중 '고전적 본문들'로는 요엘서 2장과 오순절 이야기인 사도행전 2장이 있다.[2]

---

2 다음과 비교하라. Welker, *God the Spirit*, 특히, chap.5. 그리고 Welker, "… And

"모든 육체 위에" 하나님이 그의 영을 부어주실 것이라는 약속은, "너희 자녀들이 장래 일을 말할 것이며 너희 늙은이는 꿈을 꾸며 너희 젊은이는 이상을 볼 것이며 그때에 내가 또 내 신으로 남종과 여종에게 부어 줄 것이며"라는 말로 구별을 강조하는 가운데 요엘에 의해서 설명된다.

하나님의 영의 사역에 대한 다른 진술들에서처럼 남성과 여성의 동등한 지위가 이 약속에서 눈에 띈다. 가부장적 사회에서 이것은 놀라운 것이었다. 노인과 젊은이들의 동등한 지위 역시 고전적인 고대 사회에서는 똑같이 놀라운 것이었다. 노인과 젊은이가 성령을 받으리라는 것을 뚜렷하게 동일시하는 것은 오직 노인들만이 '발언권'을 가지고 있는 사회 질서와 맞지 않는다.

물론 이것은 젊은이를 우상화하며 노인에게 적대적인 사회 질서에도 역시 맞지 않는다. 마지막으로, 성령의 부어 주심에 대한 이 약속에서 소위 자유인과 노예, 남성과 여성의 동등한 지위가 분명하게 강조된다. 대부분의 고대 사회가 그랬듯이, 이것은 노예를 소유하는 사회 속에서도 그랬다.[3]

오늘날 우리가 여전히 다루는 위축들과 긴장들이 분명하게 반복해서 진술된다. 남자와 여자 사이의 긴장, 노인과 젊은이 사이의 긴장 그리고 자유인과 노예 사이의 긴장, 사회적으로 그리고 정치적으로 유복한 사람과 그렇지 못한 사람 사이의 긴장. 성령의 부어 주심은 이 모든 사람을 하나님 앞에서와 그리고 서로 함께하는 새롭고 살

Also Upon.'"

[3] 이 문제에 대해서는 다음의 책이 조명적이다. A. N. Whitehead, *Adventures of Ideas*, 14ff.

아 있는 공동체적 관계 속으로 이끈다.

만일 우리가 '성령이 역사하실 때 모든 인간에게 현대적 주체성이라는 동등한 지위가 주어진다'라고 생각한다면, 우리는 요엘서에서 주어진 약속을 올바르게 이해하지 못할 것이다. 왜냐하면, 이 약속 안에서는 동등한 지위가 특별히 부여되기 때문이다. 창조적 차이들을 진지하게 받아들이는 공동체와 동등한 지위가 생겨난다.

이 약속은 모든 사람이 똑같은 것을 경험하고 생각하고 말하리라는 것과 이런 추상적인 의미에서 동등하리라는 것을 말하는 것이 아니다. 오히려 이 약속은 너희 아들들과 너희 딸들이 예언할 것이며, 너희 아들들과 너희 딸들이 서로 함께 그리고 서로를 위해 하나님에 대한 지식을 드러내리라고 말한다.

마찬가지로, 너희 노인들과 너희 젊은이들이 서로를 위해 하나님과 하나님의 임재를 증언할 것이다. 그러나 이것은 '발언권'을 가지고 있는 그룹이 하나님에 대한 이해를 구술한다거나, 신앙이 무엇인지를 규정하지 않을 것임을 의미한다. 창조적 차이들 속에서 하나님의 생명력이 깨달아지고 진지하게 받아들여진다. 따라서 차이들을 시험하는 동등함과 참된 자유가 약속된다.

성령의 부어 주심에 대한 말씀은 성령이 부어지기 이전에 인류가 이루어야 할 상당한 발전을 포착하고 있다.

첫째, 우리 모두는, 적어도 대부분의 소위 기독교 문화에서, 모든 사람의 평등에 대해 말한다. 그럼에도 불구하고, 이 세상의 셀 수 없이 많은 사람이 부유한 나라에 속한 사람들이 기르는 동물들보다도 못한 삶을 살고 있다. 그들은 배를 곯아야 하며, 종종 비참하게 죽어야만 한다.

둘째, 우리는 만인의 평등에 대해 말한다. 그렇지만 우리는 여성들의 감정·경험·지식에 대해서는 힘들게 공개적으로 목소리를 내기 시작했으면서도, 남성들의 목소리에는 자주 귀를 기울이고 찬사를 보내며, 그들의 경험과 감정에 주목한다. 오직 천천히 우리의 문화, 우리의 규범 그리고 우리의 삶의 양식들은, 가족을 통해서뿐만 아니라 많은 공적인 삶의 영역에서, 여성들에 의해 의식적으로 형성되고 구체화된다.

셋째, 우리 모두는 모든 사람의 평등에 대해 말한다. 그럼에도 우리 중 상당수는 다른 문화의 사람들과 그리고 그들의 세계관 및 삶의 양식과 더불어 열매가 풍성한 관계 속으로 들어가는 데에 큰 어려움을 겪고 있다.

(장점이 가득하지만, 부분적으로는 진실하지 않은) 추상적인, 전형적으로 현대적인 평등 개념으로부터, 차이들을 고려하는 역동적인 평등 개념으로의 전환이 여전히 우리 앞에 놓여 있다. 성령을 통한 해방의 힘을 진실로 지각하며 진지하게 받아들이는 이런 전환이 여전히 상당한 정도로 우리의 미래에 놓여 있다.

3. 오순절에 무슨 일이 일어났는가?

성령과 성령의 부어 주심에 대한 성경적 진술들은 모든 사람의 평등을 의도하지만 오직 특정한 그룹만이 어떻게 하나됨과 평등이 이루어져야 하는지를 규정하는 '자유주의적인' 공동체적 형태들을 훨씬 넘어서고 있다. 심지어 요엘서의 약속을 훨씬 넘어서서, 오순절 이야기는 일반 사람들과 성령의 부어 주심에 의해서 압도된 사람들의 무리 사이에 보존된 차이들을 우리가 진지하게 받아들이도록 강권한다.

오순절의 이야기는 다음의 사실을 강조한다. 즉, 여기에서 새로운 공동체적 일치가 문화와 나라와 언어의 차이가 보존된 가운데에서 생겨난다. 알기 쉽게 상세히, 심지어 아주 길게, 문화와 나라와 언어의 서로 다른 배경들이 기록되어 있다. 서로를 이해하지 못하는 많은 그룹의 사람이 기록되어 있다. 모든 사람을 대표하거나 유대 세계의 지평을 비추기 위해 다음과 같은 긴 목록이 주어져 있다.

바대인과 메대인과 엘림인과 또 메소보다미아, 유대와 가바도기아, 본도와 아시아 브루기아와 밤빌리아, 애굽과 … (행 2장 참조).

여기에 문화와 나라와 언어를 모두 달리하는 전 세계가 모여 있다. 그리고 모든 사람이 '하나님의 큰 일'을 이해한다고 성경은 말한다. 그리고 이 긴 목록과 더불어 요엘서에 약속된 차이들 또한 취해진다. 따라서 많은 민족·문화·언어의 구별, 유대인과 이방인의 구별이 남자와 여자, 젊은이와 노인, 남종과 여종에 대한 구별을 강조함으로써 강력하게 강화된다.

이것이 오순절의 성령 공동체다. 오순절 이야기는 단순히 방언과 이 방언에 대한 해석을 필요로 하는 불가해성의 사례가 아니라, 놀라운 가해성을 기술하고 있다는 것을 이해하는 것이 중요하다.[4] 성령의

---

4   이것에 대해서는 내가 쓴 다음 글에 대해 가장 통찰력 있고 건설적인 비평을 한 오순절 신학자인 프랑크 맥키아(Frank Macchia)와 가진 나의 논의를 보라. God the Spirit: Welker, "Spirit Topics."

부어 주심이 보여 주는 경이로움은 언어, 문화 그리고 사회적 영역의 차이 속에서 도저히 있을 것 같지 않은 공동의 이해가 발생하고 있다는 데 있다. 서로 다른 언어, 서로 다른 문화적 제휴 그리고 역사적 특성을 제거하지 않은 채 하나의 구별된 우주적 공동체가 세워졌다.

성공적으로 서로를 이해할 수 있으리라고 하는 자연적 전제가 전혀 없는 곳에서, 성령에 의해서 함께 모이거나, 성령에 의해서 붙들리거나, 성령의 부어 주심에 의해서 영향을 받은 사람들은 하나님이 행하신 큰 '능력의 일들'에 대해 말해지는 것을 함께 들을 수 있었다.

따라서 하나님의 영은 한 민족이나 한 문화를 통해서, 또는 오직 남자들이나 오직 여자들만을 통해서, 또는 오직 노인들이나 오직 지배 계층이나 오직 억압받는 자들만을 통해서 역사하시는 것이 아니다. 그렇지만 성령의 사역에 의해서 세워진 구별된 공동체에 대한 이런 이해는 적어도 세 가지 질문에 직면한다.

4. 성령의 사역을 이해하는 데 있어서의 일반적 어려움

1) 이런 진술들은 하나님의 영이 역사하시는 곳에, 부활하신 그리스도께서 임재하시는 곳에, 남자나 여자, 유대인이나 헬라인, 종이나 자유인이 없으며, 우리는 그리스도 안에서 모두 하나이고, 성령을 통해서 우리는 한 몸이 되었다고 하는 바울의 진술들과 어떻게 연관되는가?

구별된 공동체의 설립에 대한 강조는 성령의 연합이나 성령에 의한 신자들의 연합에 대한 많은 진술과 대립되지 않는다. 성령은 실로 공동체의 연합, 즉 믿음·소망·사랑이 살아 있는 연합을 확립하신다. 하나님의 영은 의로움, 약자들의 보호, 그리고 하나님과 진리에 대한 지식을 반복해서 추구하는 공동체를 확립하신다.[5]

성령의 사역 아래에서 하나님에 대한 추구와 하나님의 사랑이 구체화된다. 하나님의 영은 끊임없이 불의한 차이들에 대응하신다. 하나님의 영은 불의와 사랑 없음과 소망 없음을 촉발하는 자연적·문화적 차이들을 변혁하시며 상대화하신다. 그러나 이것은 성령이 단순히 차이들을 제거하신다는 것을 의미하지 않는다.

성령의 연합은 오히려 성령의 서로 다른 은사들의 연합이며 상호작용이다. 그리스도의 몸의 연합은 서로 다른 지체들을 가진 몸의 연합이다. 바울은 거듭 이 구별된 성도들의 공동체를 강조한다. 틀림없

---

5 '율법의 성취', 즉 성령의 사역을 통한 율법의 선한 의도들의 진전에 대해서는 다음을 보라: Welker, *God the Spirit*, pp. 18ff.; 109ff.; 125ff.; 253ff.

이 그리스도의 몸 전체는 그것의 주님을 향하도록, '머리'이신 예수 그리스도 자신을 향하도록 질서 지어져 있다.

그러나 그 자체로 그것은 획일적으로 조직화되어 있지는 않다. 그것은 하나의 몸으로서, 그 안에서 그것의 지체들이 지닌 차이점들은 살아 있는 연합에 매우 중요하다. 바울은 다음과 같이 말함으로써 이런 사실을 아주 분명하게 표현한다.

> 우리가 유대인이나 헬라인이나 종이나 자유자나 다 한 성령으로 세례를 받아 한 몸이 되었고 또 다 한 성령을 마시게 하셨느니라 몸은 한 지체뿐 아니요 여럿이니 만일 발이 이르되 나는 손이 아니니 몸에 붙지 아니하였다 할지라도 이로 인하여 몸에 붙지 아니한 것이 아니요 또 귀가 이르되 나는 눈이 아니니 몸에 붙지 아니하였다 할지라도 이로 인하여 몸에 붙지 아니한 것이 아니니 만일 온 몸이 눈이면 듣는 곳은 어디며 온 몸이 듣는 곳이면 냄새 맡는 곳은 어디뇨 그러나 이제 하나님이 그 원하시는 대로 지체를 각각 몸에 두셨으니(고전 12:13 이하).

성령에 의해서 생겨난 공동체의 이런 분산된(diffuse) 것이 아닌 구별된(differentiated) 다양성은 우리에게 다수의 관점과 구조화된 다원주의가[6] 신앙과[7] 신앙의 내용들을 특징짓는다는 것을 아주 분명히 해 준다. 신앙 안에서 우리는 반복해서 증언들을, 즉 지식과 확실성

---

[6] 구조화된 다원주의(structured pluralism)와 모든 종류의 모호한 '다원성'(plurality)을 구분하는 것의 중요성에 대해서는 다음을 보라. Welker, Kirche im Pluralismus.

[7] 디트리히 본회퍼는 1944년 5월 29일에 이 중요한 통찰을 다음의 책에서 표현했다. *Letters and Papers From Prison*.

을 다루며, 이 지식과 확실성의 한계에 대한 지식을 다룬다. 그러나 이런 복잡성으로 인해서 사람들은 이런 다관점성과 구조화된 다원주의에 직면하여 신앙의 지식과 확실성 같은 것이 있을지에 대해 묻게 된다.

2) 위에서 묘사된 성령의 이런 사역은 완전히 혼란스럽지(chaotic) 않은가?
그러므로 성령은 누멘적 실체(a numinous entity)가 아닌가?

성령에 대한 신앙의 본질은 무엇인가?
성령에 대한 신앙에는 아무런 지식이나 확실성도 없지 않은가?
성령과 관련하여 이런 물음은 우리가 조금이라도 성령에 대한 지식의 관계를 기대할 수 있으며, 그런 관계를 맺기 위해 노력할 수 있는지에 대한 회의주의 속에서 발견된다. 회고해 보건대, 이런 질문은 모든 신앙 지식과 관련될 수 있다.

누멘적 힘을 그저 말없이 인정하는 것을 넘어서 하나님과 관계하고자 하는 시도는 주제넘은 짓이 아닌가?

성령에 관한 신앙의 지식에 전적으로 의문을 제기하며, 따라서 지식과 대립하여 신앙을 규정하고자 하는 시도들이 반복해서 있어 왔다.[8] 다음과 같은 말이 반복되어 왔다. 즉, 우리가 성령을 구하고 찾을 때 우리는 우리가 무엇을 구하고 찾는지 알지 못한다.

그러나 이것은 정말 옳은 것이다!

---

8   제2부 제2장.

성령은 누멘적 실체, 즉 불가해한 능력이시다. 성령을 이해하고자 하는 사람은 누구나 그렇게 이해하고자 한다는 사실에 의해서 자신이 전혀 성령을 이해하지 못하고 있다는 것을 보여 주는 것이다. 우리가 성령에 대해 확실하게 알고 말할 수 있는 유일한 것은 성령에 대해서 어떤 확실한 것도 알거나 말할 수 없다는 것이다.

때때로 이런 태도가 특별히 경건한 것인 양 행세해 왔다. 이런 태도를 가진 사람들은 요한복음 3장 8절을 언급하기를 좋아했는 데, 거기에는 다음과 같이 적혀 있다.

> 바람이 임의로 불매 네가 그 소리를 들어도 어디서 오며 어디로 가는지 알지 못하나니 성령으로 난 사람은 다 이러하니라(요 3:8).

붙잡을 수 없는 누멘적 실체인 성령, 이것이 이 수수께끼에 대한 답이란 말인가?

바람과 같이 성령은 붙잡힐 수 없으며, 지배될 수 없고, 규정될 수 없다. 이런 진술은 틀린 것이 아니다. 성경적 전통들에서 성령을 나타내는 단어(구약성경의 '루아흐'와 신약성경의 '프뉴마')가 바람을 가리킬 수도 있다는 것은 사실이다. 성령은 지배될 수 없으며 규정될 수 없다. 이것은 분명히 사실이다.

그러나 성령은 창조주 하나님이 지배되거나 규정될 수 없는 만큼만 지배되거나 규정될 수 없다. 성령은 십자가에 못 박히시고 부활하신 그리스도께서 지배되거나 규정될 수 없는 만큼만 지배되거나 규정될 수 없다. 우리가 하나님을 지배하며 규정할 수 없다는 사실로부터 우리가 창조주와 예수 그리스도에 대해서는 말할 수 있으나 성령에 대해서는 말할 수 없다고 추론하는 것은 터무니없는 일이다.

또한, 성령은 지배되며 규정될 수 없다는 사실로부터 우리가 하나님에 대해 전혀 말할 수 없다고 추론하는 것 역시 똑같이 적절치 못하다.

"하나님에 대한 지식을 추구하라!"

이것은 성령에 대해서도 역시 맞는 말이다. 하나님에 대한 지식을 추구할 때, 우리는 하나님의 생생한 활력과 자유를 존중해야 한다.

우리가 하나님을 지배하며 규정할 수 없다는 것을 명심해야 한다. 우리가 하나님을 범주적으로 규정된 인물로 만들고자 애쓴다면, 우리가 (다시 말해서) 신앙에서 타락하여 하나님을 단순한 양적 지식으로 만들고자 한다면, 우리는 확실하게 하나님을 놓치고 있다는 것을 분명하게 알아야 한다.

그러나 하나님이 알려질 수 없다는 문제와 관련해서 성령에게 부수적 역할을 돌리는 것은 정말 잘못이다. 성령과 같이 하나님의 다른 존재 양식들은 우리 마음대로 할 수 있는 것이 아니다. 그리고 성령은, 창조주 하나님이나 성자 하나님이 그러하시듯이, 하나님에 대한 지식을 추구하는 데에 개방되어 있다.

그러나 예수님의 이 말씀은 어떻게 이해해야 하는가?

> 바람이 임의로 불매 네가 그 소리를 들어도 어디서 오며 어디로 가는지 알지 못하나니 성령으로 난 사람은 다 이러하니라(요 3: 0).

이 명백한 질문은 분명하게 답변될 수 있다. 우리는 성령의 사역들을 통해 바람과 같은 성령을 알 수 있다.

성령은 그 사역들을 통해, 성령의 은사와 열매를 통해 알려질 수 있으며, 다른 영들과 구별될 수 있다. 그리고 요한의 말과 관련해서, 그는 성령이 우리가 마음대로 할 수 있는 분이 아니며, 우리가 지배할 수 있는 분이 아니라는 점을 철저히 강조한다. 성경의 다른 몇몇 구절 역시 이것을 비슷하게 말한다.

그러나 성경에 있는 수백 개의 진술은 이것이 성령에 대해 알려질 수 있고 말해질 수 있는 모든 것이 결코 아니라는 것을 강조한다. 성경의 몇몇 진술만이 성령은 우리 마음대로 할 수 있는 분이 아니라고 말한다. 그러나 삼백 개가 넘는 진술은 성령에 대해 분명한 것을 말한다.

성령의 사역의 비규정성에 대한 소수의 진술을 가지고 성령의 분명한 사역들에 대한 수많은 진술을 안개 속에서 장식하는 대신, 이와는 정반대로 많은 명백한 진술에 비추어 우리의 임의대로 할 수 없는 성령과 성령의 비규정성에 대한 소수의 진술을 조명하는 것이 보다 더 의미가 있다. 성령은 그의 자유 가운데에서 그리고 우리가 그를 우리의 뜻대로 할 수 없다는 사실에도 불구하고 알려질 수 있다. 우리는 바로 이것을 이해하려고 노력해야 한다.

3) 성령이 부어지심의 방식으로 그리고 구별된 공동체를 창조하심으로 역사하시는 것이 옳다면, 왜 하나님은 그렇게 복잡한 방식으로 사람들 가운데에서 역사하시는가?

이 세 번째 질문과 관련해서는 사도신경이 열쇠를 제공한다.

> 성령을 믿사오며 … 성도의 교통과 죄를 사하여 주시는 것을 믿사옵나이다.

틀림없이 죄 용서에 대한 언급은 우리의 현대 문화에서 많은 사람에게 별 의미가 없다. 죄가 언급될 때 그들은 도덕적 지식에 있어서 우위를 점하는 사람들, 예를 들어, 종교인이나 기타 다른 사람들에 의해서 자기들이 지배를 받거나 통치를 받게 되지 않을까 의심한다. 죄, 이 단어는 대부분의 사람에게 불가해한 것이 되었다.[9]

두 번째 위스키 잔을 들거나 두 번째 크림 파이를 먹는 사람들이 "난 지금 죄를 짓고 있는 거야"라고 말하거나, 그들이 교통 위반죄나 주차 위반죄에 대해 말할 때, 이런 무력감이 명백해진다. 심지어 그들이 죄가 무엇인지를 이해하려고 시도할 때조차 그들은 그것을 이해할 수 없다.

"우리는 모두 작은 죄인들이며, 언제나 그랬지"라는 노래가 있는데, 이것은 독일의 맥주와 포도주 축제에서 술 취한 분위기 속에 불려진다. 그 다음에 곧바로, "우리 모두, 모두, 우리 모두는 하늘로 들어갈 거야. 왜냐하면, 우리는 아주 착하고 선하기 때문이지"라는 가사가 나온다.

죄에 대한 말은 완전히 퇴폐한 경건의 용어에 속한다. 이것은 또한 기독교회와 신학의 잘못인데, 기독교회와 신학은 종종 죄를 죄책(guilt)으로만 파악하고, 하나의 능력(a power)으로 이해하도록 가르치지 않았기 때문이다. 우리는 이와 같이 죄를 죄책으로 환원시키는 것을 우리의 신앙고백들에서도 발견하게 된다.

---

9   Brandt, Suchocki and Welker (eds), *Sünde*.

이와는 정반대로, 성경적 전통들은 보다 분명한 견해를 가지고 있다. 그것들은 죄가 분명 죄책과 관련이 있다고 보지만, 그러나 죄는 죄책 그 이상이라고 여긴다. 죄는 또한 사람들을 노예로 만드는, 사람들이 벗어날 수 없는 하나의 능력이다. 죄책으로서의 죄와 우리에게 하나님의 의를 구하고, 요구하며, 부르짖게 만드는 능력으로서의 죄, 이런 구분이 다시금 죄에 대한 우리의 고백들에서 보다 분명해져야 한다.

그때 우리가 죄의 권세로부터 구원받기를 원한다면, 우리가 왜 성령의 능력을 필요로 하는지를 다시금 이해할 것이다.

5. 성령의 사역의 초기 증언들을 조명함

우리는 구약성경의 사사기와 사무엘상에서 하나님의 영의 활동에 대한 가장 초기의 증언들을 발견한다. 이스라엘 사람들은 혹은 적어도 그들 중 일부는 자기들이 벗어날 수 없는 위험 속에서 전적으로 무력하며 고통스러운 상태에 빠져 있음을 발견하게 된다. 그들의 멸종이 임박해 있거나 가까이 와 있다.

반복해서 말해지듯이 이스라엘은 이런 상황들을 야기한 데 대한 죄책이 없지 않았다. 이스라엘은 자기의 하나님에게서 돌아섰다. 몇몇 본문이 말하듯이, 이스라엘은 "여호와 보시기에 악한 일"을 행했다. 이 모든 상황 속에서 이스라엘 백성, 이스라엘 공동체는 체념을 하기에 이르렀다.

그들은 포기했다. 그들은 울부짖는다. 그들은 비탄한다. 그들은 무엇을 해야 할지 알지 못한다. 이스라엘 공동체는 절망 속에 빠져 있다. 따라서 이스라엘 공동체는 더 이상 싸우기를 원치 않는다. 사사기는 이스라엘 공동체가 전쟁으로 갈등을 해결하는 것을 피하고자 한다는 사실을 강조한다. 우리는 사사기의 상황을 다음과 같이 묘사할 수 있다. 즉, 이스라엘 백성은 "더 이상 아무 의미가 없어. 우리는 망할 거야. 우리는 끝났어"라고 말한다.

그러나 그때 사사기는 다음과 같이 말한다.

"그리고 하나님의 영이 이러이러한 사람에게 임했다."

이 사람이 백성을 고통 속에서 구하는 데 성공한다. 하나님의 영에 의해 압도되어서 초기에 은사를 입었던 이 사람들은 (성경적 증언들에 따르면) 보통 사람들이며, 때로는 심지어 거의 알려지지 않고 호감이 가지 않는 사람들이었다.

하나님의 영은 무시될 수 없는 예기치 않은 능력으로서 경험되어지며, 그런 사람들을 통해 하나님의 영은 이스라엘 공동체를 구원하시는 능력을 발휘하신다. 구원은 알려질 수 있다. 그러나 누구도 구원이 왜 그리고 어떻게 일어났는지를 정확하게 말할 수는 없다.

분명 구원은 공동체의 공적을 통해 일어난 것이 아니다. 은사를 입은 자의 고상한 성품을 통한 것도 아니다. 하나님이 우리가 행한 악을 용서하셨다. 하나님이 다시 우리의 공동체를 보존하셨으며 강하게 하셨다. 하나님이 아주 확실해 보였던 파괴로부터 우리를 구해 내셨다. 이런 상황 속에서, 하나님의 영이 임했다고 말해진다.

이 초기의 증언들에서 많은 것이 분명하지 않으며 모호한 채로 남아 있다. 신앙의 지식은 자라난다. 신앙의 지식은 (획일적인 방식으로는 아닐지라도) 성경적 전통들과 증언들의 과정 속에서 증가한다. 그렇지만 자유하게 하는 성령의 능력에 대한 가장 초기의 이야기들은 하나님의 도움을 통해서 보존된 공동체에 대해서 이미 말하고 있다. 이 이야기들은 죄의 용서에 대해 말한다.

이 이야기들은 거의 죽을 뻔한, 심지어 죽음에 넘겨진 것처럼 보이는 생명의 회복과 강화에 대해 말한다. 따라서 이 이야기들은 사도신경의 고백과 크게 다르지 않다.

> 나는 성령, 성도의 교통, 죄의 용서, 몸의 부활을 믿습니다 ….

어쨌든 소위 초기의 은사를 입은 자들과 관련된 성령의 활동에 대한 이야기들은 성령이 알려질 수 없다는 견해들과 진술들보다는 사도신경에 훨씬 더 가깝다.

6. 죄의 능력과 성령의 능력

다양한 방식으로 성경적 전통들은 죄의 능력에 사로잡힌 인간의 상실을 나타낸다. 이 능력은 그리스도의 십자가에서 가장 극적으로 명백히 드러난다.

십자가는 그것의 가장 깊은 심연에 이르기까지 세상의 죄를 드러낸다. 십자가는 인간의 죄가 '자기 지시'(self-reference)와 '자기 칭송'(self-praise)이라고 하는 용어들로는 오직 부분적으로만 파악될 뿐, 충분히 파악될 수 없다는 것을 드러내며, 이런 용어들은 심지어 인간의 죄가 아무런 해가 없는 것처럼 보이게 한다는 것을 드러낸다.

예수 그리스도께서는 종교의 이름으로, 유대의 율법과 로마법의 이름으로, 주도적인 정치의 이름과 그를 둘러싼 주변의 대중적 견해의 이름으로 십자가에 못 박히셨다. 십자가에서 '세상의 권세들'의 끔찍한 승리가 명백해지는데, 이 권세들은 하나님의 임재에 반하도록, 심지어 바로 이런 사실을 가리는 데 하나님의 선한 법을 사용한다.

십자가에서 죄의 능력 아래에 있는 선한 법이 거짓과 속임의 복잡한 수단(mechanism)이 될 수 있다는 것이 분명해진다. 십자가에서 사람들이 개인적으로 그리고 공동으로 하나님의 임재로부터 자신들을 얼마나 멀리하는지, 심지어 하나님의 임재에 대적하기 위해 어떻게 폭력을 사용하는지, 그리고 이 모든 것 속에서 어떻게 의·경건·정치적 필연성·대중적 합의라고 하는 가면을 퍼뜨릴 수 있는지가 백일하에 드러난다.

그리스도의 십자가는 우리에게 죄의 심연을 드러낸다. 십자가는 우리의 종교·법·정치·도덕·여론이 하나님과 하나님의 임재에 대적하는 무기로 바뀔 수 있다는 것을 보여 준다. 이런 과정 속에서 우리는 분명 다른 사람들, 다른 사회적 부류들, 다른 문화들, 다른 종교들과 함께 일할 수 있다.

우리는, 우리가 뭔가 악한 일을 행했다는 것을 전혀 의식하지 않은 채로, 온전히 순수함으로 이 일(다른 사람, 다른 부류, 다른 문화, 다른 종교와 일하는 것-역자 주)을 행할 수 있다. 그리스도의 십자가는 거듭 우리로 하여금 이런 끔찍한 가능성과 실재에 직면하게 한다. 이런 치명적인 위험에 맞서, 심지어 이런 위험 가운데에서, 하나님의 영은 하나님이 의도하신 공의, 즉 하나님 자신의 공의를 실현하신다.

이런 상황에서 성령의 부어 주심은 결코 무분별하거나 일탈적인 사건이 아니라는 것이 필연적으로 명백해진다. 성령의 부어 주심은 치유에 필연적인 것이다. 성령을 통해, 다양한 그룹과 시대와 문화에 속한 사람들이 하나님의 법을 성취하고 싶어하는 다양한 방식과 형태가 서로에게 개방되며 접근할 수 있게 된다.

하나님의 공의와 자비와 지식에 대한 우리의 추구(율법의 성취에 대한 우리의 추구)는 다른 사람들이 바로 그것을 추구하고 있다는 사실에 직면하게 된다. 우리의 종교적·정치적·법적·도덕적 업적들이 의문시된다. 우리의 자기 의로움, 나 자신과 우리의 공동의 의로움이 폭로된다.

이것은 인간의 명예를 떨어뜨리거나 치부를 드러내도록 하기 위해서 일어나는 것이 아니다. 이것은 그들을 혼란이나 상대주의 속에 빠뜨리기 위해서 일어나는 것이 아니다. 인간의 자기 의로움이 폭로되는 것은 더 완벽한 의, 더 커다란 자비, 하나님과 진리에 대한 더 명백한 지식에 인간을 개방하기 위해서다. 하나님은 성령을 통해 그들에게 역사하신다. 하나님은 성령을 통해 그들이 자기를 섬기게 하신다.

7. 성령에 의한 갱신과 높아짐

하나님의 영과 함께 인간에게는 놀라운 능력과 힘이 주어진다. 이것은 그들 마음대로 되는 것이 아니다. 그럼에도 이것은 분명히 지각될 수 있다. 이것은 그들에게 질문을 던지지만, 그럼에도 그들을 세워 준다. 성령은 자유하게 하며 온전하게 하는 능력, 거듭해서 인간으로 하여금 그들의 무력함과 상실감의 심연을 생각하게 하는 능력이시다.

성령이 없다면, 그들은 그리스도의 십자가의 메시지를 감당할 수 없을 것이다. 성령이 없다면, 그들은 세상이 유혹을 받을 수 있다는 사실에 절망해야만 할 것이다. 성령이 없다면, 그들은 사사기에서 절망에 빠져 있는 이스라엘의 상황에 견줄 만한 상황 속에 자신들이 빠져 있는 것을 발견하게 될 것이다.

그러나 가장 나락 같은 인간 삶의 상황까지도 다음의 약속 아래에 놓여 있다. 즉, 하나님의 영이 너희에게 임했다. 우리가 말한 대로, 때로는 잘 알려지지 않고 호감이 가지 않는 아주 보통 사람들에게까지도, 예를 들어 초기에 은사를 입은 자들에게도 성령이 임했다. 하나님의 영은 예기치 않은 능력과 우리의 임의대로 할 수 없는 능력으로서 경험된다. 그런 사람들을 통해서 하나님의 영은 구원의 능력이 되신다.

그러나 하나님의 영이 구원의 영인 것만은 아니다. 창조적 하나님은 우리를 높이심으로써 우리를 구원하신다. 성령은 우리의 고통과 혼란에서 우리를 반복해서 구원하시는 것만이 아니다. 성령은 하나님의 피조물들을 새로운 생명으로 인도하신다. 그들은 부활하신 그리스도의 생명에 참여하게 된다. 그들은 그의 몸의 지체들이 되기에 합당한 것으로 여겨진다.

그들은 하나님의 성전을 위한 살아 있는 건축돌이 되기에 합당한 것으로 여겨진다. 그들은 '새 창조'의 지체들이 된다. 성령을 통해서 그들은 하나님의 임재의 담지자가 된다. 자유하게 하는 성령의 능력을 통해 죄의 능력 아래에 있는 상황이 가난하고 상실된 인간들에게 드러날 뿐만 아니라, 그들은 또한 이런 죄의 능력으로부터 자유하게 된다.

거대한 존엄성이 그들에게 주어짐으로써, 그들은 죄의 능력으로부터 구원된다. 그들은 그리스도와 연합하게 되고, 그의 생명의 능력에 참여하게 된다. 그들은 하나님의 임재에 대한 인간의 저항을 극복하는 복된 승리에 참여하게 되며, 이와 더불어 서로 함께하는 평화로운 축제 공동체에 참여하게 된다.

바울은 또한 이렇게 하나님의 능력에 참여하게 되는 것을 다음과 같은 말로 묘사한다.

> 하나님의 사랑이 우리 마음에 부은바 됨이니(롬 5:5).

동시에 바울은 반복해서 쉽게 이해되지 않는 성장 과정, 즉 하나님의 사랑에 의해서 성령으로 말미암아 자신을 이해하고 형성하는 사람들의 성장 과정을 묘사한다. 그들은 (이 관계 속에서) 자기들을 변화시키는 살아 계신 하나님과의 관계에 종사한다.

사랑 안에서 사람들은 하나님의 정체성과 진리(the identity and truth of God) 안에 참여하게 된다. 하나님의 정체성과 진리가 그들 안에서,

즉 그들의 몸 안에서 형성되고 자리를 잡는 방식으로 말이다. 바울은 이런 사실을 다음과 같이 기술한다.

즉, '그리스도의 사랑'이 사실상 우리를 강권하여 하나님의 행동이 그리스도 안에 있는 우리로 하여금 그리스도 안에 참여하게 하고 '새로운 피조물'이 되게 한다는 것을 알게 된다(고후 5:14-17). 에베소서에 따르면, 사랑하는 자들은 "[그들이] 하나님의 모든 충만으로 충만하게 되도록"(엡 3:19; 참조. 17절 이하) 하나님의 능력과 본질에 영원히 참여하게 된다. 여기에서 살아 계신 하나님에 대한 신앙은 더 분명한 모습을 지니게 된다.

즉, 하나님의 사랑이 우리가 "하나님의 충만으로 가득"하도록 우리를 변화시키고자 하기 때문에, 끊임없이 그것의 한계에 직면하게 되는 지식을, 진리 추구에 있어서 그 자체를 넘어서게 되는 확실성을 띠게 된다. 신앙의 넓이와 부요함은 특별히 우리를 창조적 하나님과 부활하신 그리스도의 임재와의 접촉 속으로, 즉 살아 계신 하나님과의 접촉 속으로 이끄시는 성령과 관련해서 지각될 수 있다.

8. 논평: 네 가지 성령론적 논점 (존 폴킹혼)

우리가 하나님의 뜻의 실행자이신 성령에게서 기대할 수 있듯이, 미하엘 벨커는 성령의 인격과 사역에 대해서 중요하고 깨달음을 주는 많은 것을 말하고 있다. 나는 이에 답하여 네 가지를 논평하고 싶다.

첫째, 성령은 실로 관계의 영이시며, 따라서 "하나님과의 관계는 순전히 사적인 문제가 아니"므로 우리는 성령이 주신 공동체의 삶이 지니는 중요한 역할에 대해 동의한다.[10] 우리 둘 모두에게 있어서, 그들 가운데에서 구별된 평등을 창조함으로써 이 공동체의 각 개인에게 주어진 은사의 다양성이야말로 성령이 역사하시는 매우 의미 있는 방식이다.

둘째, 첫눈에도 매우 놀라운 진술처럼 보이는 것과 관련된 것인데, 바로 미하엘이 "이것은(일부 성령론이 주장하듯이) 성령이 절대적으로 모든 곳에 계신다는 것을 의미하는 게 결코 아니다"라고 말한다.[11]

그러면 왜 시편 139편은 "내가 주의 신을 떠나 어디로 가며 주의 앞에서 어디로 피하리이까"(7절)라고 묻는가?

그러면 우리는 신적 편재성에 대해 말하고 싶어하는 수많은 기독교적 사유를 어떻게 이해해야 하는가?

나는 미하엘의 말을 이런 진리들을 부정하는 것이 아니라, '추상적 편재성' 개념에 대한 신랄한 항의로 받아들인다. 후자는, 중력처럼, 그것의 행동에 있어서 획일적이고 맥락에 민감하지 못한 힘을 나타내는 데 적절한 개념일 것이다.

이와 달리, 성령의 인격적인 임재는 언제나 주변 환경의 개별성과 완벽하게 조화를 이룬다. 성령을 부정하고 거부하는 곳에서, 신적 임재는 자신에 대한 저항을 힘으로 제압하려 하지 않을 것이다. 오히려 신적 임재는 적대감에 직면해서까지도 신적 사랑을 받아들이도록 간

---

10 위의 157페이지를 보라.
11 위의 157-158페이지를 보라.

구하면서 머물러 있을 것이다. 내가 세 개의 소제목하에 다룬 논의에서 나는 이런 구별된 임재에 대해 숙고하고자 했다.

셋째, 내가 성령론적 은폐를 강조한 것에 대한 필수적인 보완물로서, 아마도 해독제(antidote)로서, '성령의 부어 주심'이라는 미하엘의 개념을 환영한다.

넷째, 나는 "이런 다관점성(multiperspectivity)에 직면하여 신앙의 지식과 확실성 같은 것이 있을 것인지"에 대한 물음을 제기하고 싶다.[12] 내가 보기에는, 만약 교회에 주어진 지식과 확실성이 있다면, 그것은 정확하고 상세하게 공식화된 형태로 되어 있지 않을 뿐만 아니라, 단 하나의 식별 가능한 인간적 원천에서 기원하는 것도 아닐 것이다.

오히려 그것은 성령의 은폐되고 분산된 사역에서 기원하는 데, 성령의 은사들이 기독교 공동체 내에서 분배된다. 신경들과 칼케톤신조 같은 공의회의 결론들이 나에게 중요한 것은, 만약 기독교적 담화가 신앙의 토대들과 타당하게 관련을 맺고자 할 경우, 기독교적 담화가 머물러 있어야만 하는 범위를 한계 지어 주는 것처럼 보이기 때문이지, 신앙과 지식을 단 한 번에 철저히 상술하는 것처럼 보이기 때문이 아니다.

---

12 위의 167페이지를 보라.

9. 답변: '추상적 편재성' 개념에 대한 신랄한 항의"(미하엘 벨커)

나는 다음 두 가지 형태 사이의 차이를 잘 드러내는 구분에 대해서 깊이 감사한다. 즉, 성령의 임재의 능력과 '그것의 행동에 있어서 획일적이며 맥락에 민감하지 못한'[13] 중력과 같은 힘이다.

본질적으로 신앙의 '인격적' 차원과 인격과 관련된 하나님의 사역이 대부분의 신학에서 강조되어 왔을지라도, 환경의 다개별성과 다양성(the poly-individuality and polyphony of circumstances)은 신학적 상징들, 사유의 표상들 그리고 이론들 속에서 거의 표현되지 못했다. 나는 우리 두 사람이 신적 능력의 이런 구체적인 임재와 씨름할 뿐만 아니라, 이것과 관련된 신앙의 본질을 더욱 적절하게 이해하고자 씨름하는 것을 본다.

나는 가해성에 대한 신적 개방성과 신적 사역의 명료성에 대한 신뢰를 포기하지 않은 채 우리 두 사람 모두가 환경의 개별성에 대한 이런 신적 민감성을 이해하는 데 깊은 관심을 갖고 있는 것을 본다.

나는 창발적 과정들 안에서, 즉 일군의 복잡한 관계가 획일적인 방식으로 변형되는 것이 아니라 많은 개별적인 군집과 관계에 동시에 작용하는 신적 사역으로 변형되는 과정들 안에서, '아래로부터의 성령의 사역'을 이해하기 원한다. 창발적인 과정들 안에서, 그것들은 놀라울 정도로 새롭게 자유로이 상호 작용하며 복잡한 새로운 군집들을 낳는다.

---

13 위의 180페이지를 보라.

나는 초기의 많은 기독교 신경의 능력이 '범위를 한계지어 주고,'[14] 기독교적 담화와 진리에 대한 추구가 그것의 내용들을 시야에서 놓치지 않은 채 항해하고 발전할 수 있는 경계들을 설정해 줄 수 있는 데에 놓여 있다는 주장에 동의한다.

---

14 위의 181페이지를 보라.

제2부

진리를 추구하는
공동체들 안에서와 개인들 가운데에서
'이해를 추구하는 신앙'

제1장 | 실재에 대한 창을 열기 _존 폴킹혼

제2장 | 문화적 덫을 뛰어넘기 _미하엘 벨커

제3장 | 진리와 이해에 대한 추구 _존 폴킹혼·미하엘 벨커

제1장

실재에 대한 창을 열기

존 폴킹혼

인간의 삶은 부요하며 다층적이다. 동일한 사건이 어떤 이에게는 일련의 물리적 사건으로서, 어떤 이에게는 도덕적 도전과 결정의 배경으로서, 어떤 이에게는 미에 대한 가치 있는 경험으로서, 또 어떤 이에게는 하나님의 성스러운 실재와의 만남으로서 경험될지도 모른다.

많은 예배자에게 교회의 예배는 이 모든 차원이 있을 수 있으며, 이것들 모두를 고려하지 않고서는 적절히 묘사되지 못할 수도 있다. 나는 우리가 이 다수의 관점을 우리에게 실재에 대한 다양한 시각을 제공해 주는 것으로서 환영해야 한다고 주장한다. 그러므로 이런 입장으로 인해 나는 인간 경험의 복잡성에 대해 특별한 사유 방식을 갖게 된다.

1. 경험

첫째, 이 경험 속에 존재하는 모든 단계가 진지하게 다루어져야 한다. 이 단계들 각각은 우리가 그것의 거주자로서 존재하고 있는 세계를 내다 볼 수 있는 창을 우리에게 열어 준다. 어떤 창들은 다른 것들보다 더 크고 더 좋은 곳에 위치해 있으며, 따라서 보다 광범위한 시야를 제공해 줄 수도 있다.

어떤 창들은 일그러져 있다. 어떤 창들은 먼지가 끼어서 내다보기가 어렵다. 모든 창에는 그것들이 지닌 특별한 관점에 한계가 있다. 그럼에도 모두가 실재를 내다보고 있다. 모두가 우리에게 그것들의 특정한 관점으로부터 사물의 실재에 접근하도록 해 준다.

둘째, 나는 이 실재가 하나라고 확언한다. 이 많은 창이 제공하는 서로 다른 관점을 결합함으로써, 우리는 우리가 누구이며, 우리가 무엇을 믿을 수 있고, 그리고 우리가 무엇을 바랄 수 있는지를 가장 적절히 이해하게 될 것이다.

이것들은 거대한 주장들이며, 누군가는 분명 이것들에 이의를 제기할 것이다. 나는 지금 이것들을 상세히 실증하고자 하지 않을 것이며, 단지 진리와 이해를 추구하는 일에 접근하는 토대를 명확히 하고자 이것들을 언급하는 것으로만 만족하고자 한다. 나는 지식의 통일성을 열렬히 믿는 사람이다. 이 지식의 통일성은 존재하는 모든 것의 근거가 되시는 한 분 하나님에 대한 나의 신뢰가 나에게 보장해 주는 믿음이다.

우리가 창조주와 그리스도와 성령에 대한 신앙에 관한 관점들을 추구했던 앞의 논의들 속에서 우리는 이미 여러 창을 통해 바라보았다. 이 마지막 개인적인 기고를 통해 나는 이 장을 추가함으로써 기독교적 신앙의 본질과 근거들을 내가 어떻게 이해하고 있는지에 대한 설명을 마무리하고자 한다. 창조된 질서의 총체적인 의미를 그것의 과거와 현재에서 만큼이나 그것의 미래에서 깨닫고자 하는 데에 특별히 관심을 두게 될 것이다.

2. 관점

나는 먼저 과학적인 창을 개시할 것인데, 내가 믿기에 이 창은 21세기 과학이 발달함에 따라 그것의 의미가 더욱 분명해질 것으로 기대할 수 있는 중요한 관점을 우리에게 제공해 줄 것이다. 이 창은 다음의 것들을 내다본다.

1) 자발적으로 유형화된 복잡성(Spontaneously patterned complexity)

다루기 쉬울 정도로 충분히 단순한 상황들을 만들어 내는 방법으로서 체계들을 그것들을 구성하는 부분들로 분해하는 환원주의적 방법론을 채택함으로써, 지금까지 과학자들은 분리와 통치의 정책을 추구해 왔다. 천천히 과학자들은 이런 경향을 뒤집어엎는 새로운 과학을 추구하기 시작하고 있다.

현재 복잡성 이론은 그것의 통찰들을 위해서는 다소 복잡한 체계들을 지닌 컴퓨터 시뮬레이션 연구에 의존해야만 하는 유아적 단계에 있다.

이 복잡성 이론을 다루기 위한 어떤 일반적인 방법도 아직까지는 알려진 것이 없으나, 지금까지 분석된 구체적인 예들을 통해서 상당한 힘과 의미를 지닌 깊은 심층 이론을 우리가 틀림없이 발견하게 될 것임을 가리켜 주는 흥미로운 특징들이 드러나고 있다. 지금까지 발견된 가장 주목할 만한 점은 전혀 예기치 않은 종류의 대규모 질서 유형들이 자발적으로 생겨났다는 것이다.

스튜어트 카우프만(Stuart A. Kauffman)의 저서에 나오는 한 실례가 요점을 잘 예시해 준다.[1] 카우프만은 한 컴퓨터 모델을 연구했는데, 이 컴퓨터의 구조는 하나의 커다란 배열로 이루어진 여러 개의 전구의 구조와 일치하며, 각각의 전구는 불이 들어와 있을 수도 있고 꺼져 있을 수도 있다.

각각의 전구는 그것의 행위에 있어서 그 배열의 어딘가에 있는 다른 두개의 전구와 상호 관련되어 있다. 그 두 개의 전구가 모두 불이 들어와 있다면, 이 전구 역시 불이 들어와 있을 가능성이 더 높다. 이 체계는 다소 임의적인 배열 속에서 시작되며, 그 다음에 네트워크의 규칙에 따라서 발달하도록 되어 있다.

사람들은 그것이 아무렇게나 깜박거리다 영원히 꺼지리라고 추측했을지 모른다. 그러나 사실상 그것은 곧 매우 규칙적인 행동을 하게 된다. 만약 10,000개의 전구가 배열되어 있다면, 그것들은 약 100

---

[1] Kauffman, *At Home in the Universe*.

개의 서로 다른 커짐과 꺼짐의 유형만을 통해서 순환할 것이다. 원칙상, 그런 배열에 가능한 유형의 총 수는 약 10^{3000}이므로, 이것은 놀라운 정도의 질서 정연한 행위가 생겨나는 것을 의미한다.

이런 종류의 현상은 복잡한 체계들이 관련되어 있을 경우 이런 체계들을 기술하기 위해서는 부분들 사이의 상호 작용에 의한 전통적인 설명뿐만 아니라, 전체의 유형화된 행위와 관련된 보완적인 설명까지도 요구한다는 것을 강력하게 시사한다. 물리적 용어로 말하자면, 이것은 구성 요소들 사이의 에너지의 교환과 전체의 총체성(the totality of the whole)에 작용하는 유형을 형성하는 원리, 둘 모두를 가지고 작업하는 것에 상응할 것이다.

후자는 '능동적 정보'[2]의 원리들이라고 불릴 수도 있다. 우리는 여기에서 현대적 옷을 차려입은 옛 관념의 부활 가능성을 보기 시작한다. 즉, 질료와 형상이라는 아리스토텔레스의 관념들이 오늘날 에너지와 정보라는 항목 아래에서 되살아난다.

토마스 아퀴나스가 인간 영혼을 몸의 형상으로 간주했다는 것을 상기할 때, 우리는 기독교적인 종말론적 소망을 현대적으로 상술하는 데 있어서 매우 중요할 수 있는 어떤 희미한 가능성을 이 특별한 창으로부터 포착하게 된다. 이것이 내가 돌아가게 될 지점이다.

아마도 우리가 다른 창들로부터의 관점들을 추가한다면 문제들이 명백해질 것이다. 다음으로, 우리는 인간적 직관이라고 불리는 일련의 창을 통해 내다볼 경우 시야에 들어오는 것을 고찰할 필요가 있다. 두 가지 특징이 특별히 중요해 보인다.

---

2 참조. Polkinghorne, *Belief in God*, chap. 3.

2) 유한성

우리가 죽을 수밖에 없는 존재라는 것보다 인간 본성의 한계를 더 잘 드러내는 것은 없다.

"굴뚝 청소부들처럼 황금기의 젊은 남녀들은 흙으로 돌아가게 된다."

그렇지만 우리는 또한 죽음의 저편을 가리키는, 인간의 유한성에 마지막 유언을 남기기를 거부하는 열망들을 우리 자신들 안에서 발견한다.

"죽음이여, 자랑스러워하지 마라."

이 세상에서 살다 간 모든 삶의 필연적인 불완전성을 생각할 때 느끼게 되는 인간의 슬픈 불안, 죽음의 명백한 종국성에 대한 인간의 저항은 우리가 진지하게 고려해야 하는 직관들이다. 이런 입장을 보다 긍정적으로 표현한 측면을 또 다른 창을 통해 보게 된다.

3) 소망

이 현재의 삶에 대한 낯섦·쓰라림·불완전성에도 불구하고, 인간은 절망하지 않는다. 인간의 마음속에는 14세기 위대한 신비주의의 어머니인 노르위치의 줄리안(Julian of Norwich)이 매우 강력하게 표현한 확신, 즉 결국 "모든 게 잘 될 것이며, 모든 일이 다 잘 될 것이다"라는 확신에 반응하는 어떤 것이 있다.

나는 소망에 대한 이런 직관이 인간 존재의 본질적이고 중요한 측면이라고 생각한다. 이런 직관은 단순히 어둠 속에서 휘파람을 불어 정신을 바짝 차리기 위한 생존 기법이 아니라, 우리가 그 속에서 살고 있는 실재와의 만남이다.

종교 사회학자인 피터 버거(Peter L. Berger)는 그의 놀라운 소책자인 『천사들의 루머』에서 이런 소망의 현상에 우리의 이목을 집중시킨다.[3] 이 책의 관심사는, 우리가 멈추어서 일상에서 일어나는 일들이 사실상 무엇을 의미하는지에 대해 생각할 때, 일상을 넘어서 우리에게 보다 깊은 실재와의 만남을 가리키는 일상의 일들이 있다.

버거는 이런 일들을 "초월의 징표들"(signals of transcendence)이라고 부른다. 그중 하나가 이것이다. 즉, 어린 아이가 악몽에 놀라 밤에 깨어난다. 부모는 "괜찮아"라고 말하며 아이를 달랜다. 버거는 우리에게 여기에서 무슨 일이 일어나고 있는지를 생각하라고 한다.

이 부모는 암과 유태인 집단 수용소 같은 이 세상에 대해 사랑스러운 거짓말을 하고 있는 것인가?

아니면 이 부모는 아이에게 실재에 대한 깊은 이해, 즉 이 아이가 성숙한 인간으로 자라는 데 있어서 본질적인 구성 요소인 이해를 전달해 주고 있는가?

버거는 그것이 후자라고 믿으며 나 역시 그렇다. 우리에게는 결국 모든 게 잘 되리라는 의미 있는 직관이 있다.

---

3   Berger, *A Rumour of Angels*.

3. 종말론적 관점

과학적 창들과 인간적 창들에서 오는 관점들을 결합할 때 우리는 어떤 진보된 관점을 얻게 되는가?

우리가 진지하게 취해야 하는 인간의 소망에 대한 깊은 확신이 있다. 그럼에도 불구하고 이 소망의 근거는 단순한 진화론적 낙관주의에, 즉 현재의 과정의 전개가 개인적으로든 우주적으로든 궁극적으로 성취되리라는 믿음에 놓여 있을 수 없다.

우주 역사의 종국적인 헛됨을 넘어서는 소망 그리고 반드시 죽을 수밖에 없는 존재라고 하는 인간 운명의 확실성을 넘어서는 소망을 위한 근거가 있다면, 그것은 과학이 분별할 수 있거나 말할 수 있다고 주장할 수 있는 어떤 것의 범위 밖에 있다. 거칠게 말해서, 시간 내에서와 시간을 초월해서 있을 수 있는 참된 소망의 유일한 근거는 창조주 하나님의 영원하신 신실하심에 있다.

물론 바로 이것이 죽음 저편에 인간의 운명이 있는지에 대해 예수님이 사두개인들과의 논쟁에서 하신 말씀의 요지다(막 12:18-27). 예수님은 일곱 형제를 연속해서 남편으로 받아들였던 여자에 대한 사두개인들의 독창적이지만 생각이 얕은 난제를 통해 아브라함과 이삭과 야곱의 하나님, 즉 "죽은 자가 아닌 산 자의 하나님"을 가리키시는 데까지 나아가신다.

요지는 아주 분명하다. 족장들이 하나님께 중요했다면 (그리고 그들은 사실 그랬다) 그들은 하나님께 영원히 중요하다. 신실하신 하나님은 그들을 그들의 죽음에 던져 두지 않으셨다. 마치 깨어진 항아리를 쓰레기 더미 위에 버리듯이 말이다.

우리 인간들에게 소망이 있는 이유는, 우리가 타고난 불멸성을 가지고 있거나 우주에서의 우리의 삶이 영원히 지속될 것이기 때문이 아니라, 우리가 영원한 사랑이시며 자비이신 하나님의 손에 우리 자신을 완전히 맡길 수 있기 때문이다. 나는 찰스 웨슬리의 찬송 가사를 매우 좋아한다.

> 당신의 완벽한 뜻을 증명하게 하소서.
> 나의 신앙과 사랑의 행위가 반복됩니다.
> 죽음에 이를 때까지 당신의 끝없는 자비로 인치시며 희생 제사를 완전하게 하소서.

죽음은 이 세상에서 수행하도록 우리에게 주어진 수용과 신뢰의 마지막 행위이다. 죽음을 받아들이는 것은 아브라함과 이삭과 야곱의 하나님, 우리 주 예수 그리스도의 아버지 하나님에 대한 우리의 결정적인 헌신의 순간이 될 수 있다.

이 주제를 좀 더 살펴봄으로써 우리는 교회가 우리에게 제공해 주는 창을 통해서 바라볼 수 있다. 이것은 다음과 같은 창이다.

1) 성례전적 경험

매주 전 세계의 기독교회는 "나를 기념하여 이것을 행하라"(눅 22:19; 고전 11:24-25)는 주님의 명령에 따라 성찬을 행한다. 이것은 다층적 의미를 지닌 심오한 영적 경험인데,[4] 그 속에서 그리스도의 죽음의 과거 사건은 다시 현재가 되며 인간의 죄들이 용서되고, 함께 모인 공동체는 부활하신 주님의 임재 속에서 거행된 하나님의 왕국의 미래 성취에 참여한다.

현재적 순간의 한계를 초월하는 시간 속에서의 이 사건은 기독교 신자 안에 있는 종말론적 소망을 위한 근본적인 경험적 토대다. 이것은 삼위 하나님의 실재와의 만남을 제공하는 데, 이 만남은 신실한 자들에게 가장 중요하고 의미심장하다.

종말론적 소망은 인간만을 위한 것이 아니다. 신적 신실함이 함의하는 것들은 이보다 훨씬 멀리 나아가기 때문이다. 분명히 창조주는 적절한 방식으로 모든 피조물을 돌보심에 틀림없다. 이 거대한 우주는 단순히 백 오십억 년 동안 지속되는 서곡 후에 일어날 인간 드라마를 위한 배경이 되도록 하려고 거기에 존재하는 것이 아니다.

하나님께는 세상에서 작용하는 여러 목적이 있다는 것이 회오리바람 가운데에서 행해진 욥에게 하신 말씀 중의 하나다. 그중 어느 하나도 좌절되지 않을 것이다. 우주 자체는 그것의 죽음을 넘어선 운명을 가지고 있음에 틀림없다. 인간적 소망뿐만 아니라, 우주적 소망이 있음에 틀림없다.

그러므로 종말론적 소망은 우리에게 엄청난 범위의 비전을 제공한다. 종말론적 소망은, 우리가 도달할 수 있는 만큼의 명료성과 확신을 가지고, 그리스도인들이 고수해야 하는 비전이며 우리 주위에 있는 사람들에게 표현해야 하는 비전이다. 교회는 하나님의 신실하

---

4   다음을 보라. Welker, *What happens in Holy Communion?*.

심과 소망의 종국적 성취를 선포하는 것에 대한 용기를 잃어서는 안 된다.

절대적으로 근본적인 물음에 대한 답변이 여기에 걸려 있다.

우주는 전적으로 의미가 있는가?

아니면 결국 "아무 의미가 없는 소리와 격노로 가득 찬 바보에 의해서 들려진 풍설"인가?

나의 친구이자 때로는 무신론의 대변자인 탁월한 이론 물리학자인 스티븐 와인버그(Steven Weinberg)는 후자의 견해를 취한다. 과학자로서 그는 우주의 합리적 질서에 의해 깊은 감동을 받는다.

그러나 그의 '지평적' 과학만의 관점으로부터 그 모든 것은 무의미 속에서 끝난다. 와인버그가 자기 책 중 하나의 마지막에서 악명 높게 말했듯이, 그는 자기가 우주를 이해하면 할수록, 우주는 그에게 아무것도 가리키지 않는(pointless) 것처럼 보인다고 느낀다.[5] 만약 말할 수 있는 것이 과학적 이야기뿐이라면, 내다볼 수 있는 것이 과학적 창뿐이라면, 나는 그에게 동의하고 싶을 것이다.

만약 우주가 정말 뭔가를 가리키고(a point) 있다면, 만약 우주가 정말 전적으로 의미가 있다면(만약 우주가 정말 혼돈이 아닌 질서 있는 것[a cosmos]이라면) 이것은 말해야 할 신학적 이야기가 있기 때문이며, 이 이야기에 대해서 우리가 알 수 있는 것은 우리가 실재에 이르는 데 사용할 수 있는 다른 많은 관점을 사용할 때다.

우리는 죽음 너머의 인산 운명에 대한 열망이 있다는 것을 보았다.

그러나 그런 소망이 정말로 의미가 있는 것인가?

5　Weinberg, *The First Three Minutes*, 149.

우리는 이제 종말론적 신빙성의 이슈에 대해 말해야 한다. 이 물음은 즉시 우리가 인간 영혼의 본성을 어떻게 이해해야 하는지의 문제를 제기한다.

죽음을 넘어서는 인간 운명에 대한 과거의 수많은 담화는 영적 영혼의 생존이라는 기독교적 용어들로 이루어져 왔는 데, 이 영혼은 몸과 분리될 수 있으며, 사실상 몸이 부패한 후에도 살아 남는다. 내가 보기에, 오늘날 이런 식의 고전적인 이원론적 용어로 인간 본성을 이해하는 데는 많은 어려움이 있는 것 같다.

우리를 덜 발달된 유기체들이나 약의 효과, 또는 우리의 정신 상태에 영향을 미치는 뇌 손상 등과 연결해 주는 진화론적 역사와 같은 문제들을 고찰해 보면, 인간이란 존재는 이원론이 표현하는 것보다 훨씬 더 정신적인 것과 물질적인 것의 결합임을 가리킨다. 틀림없이 우리는 심신 통일체(psychosomatic unities), 유명한 표현을 사용하자면, "육체를 입은 영혼들이라기보다는 생기를 띤 육체들"이다. 우리는 더 이상 우리 자신을 수습 천사(apprentice angels)로 생각할 수 없다.

이런 결론은 히브리 성경의 저자들을 놀라게 하지 않았을 것인데, 이들은 습관적으로 남자와 여자를 생기 있는 몸이라고 생각했기 때문이다.

그러나 다음으로 이것이 올바른 사고방식이라면, 분명 기독교적인 종말론적 사유에 있어서 어떤 식으로든 필수적인 요소인 영혼의 개념에는 어떤 일이 발생하였는가?

과학적 창을 통해 내다봄으로써 우리는 이미 우리를 도울 수 있는 무언가를 포착했다. 그것은 몸의 정보를 담지하는 유형(the information-bearing pattern of the body), 즉 몸의 '형상'으로서의 영혼 개념이다.

영혼이 무엇이든지 간에, 영혼은 분명 '참된 나'이다. 사진 속 어린 학생과 지금 현재의 노쇠한 대학 교수를 연결 짓는 것이 무엇이든지 말이다.

이 연결 고리는 분명 내 몸의 단순한 질료가 아니다. 왜냐하면, 마모와 손상, 먹고 마심을 통해서 내 몸은 언제나 변하고 있기 때문이다. 내 몸의 원자들 속에서는 연속성을 위한 어떤 토대도 발견될 수가 없다. 오히려 이런 연속성의 담지자는 분명 이런 원자들이 언제든 조직되는 역동적이며 거의 무한한 정보를 담지하고 있는 유형이어야만 한다.

이것이 진짜 나이다. 영혼은 몸의 '형상', 즉 유형이다. 우리는 이런 결론이 아리스토텔레스와 토마스 아퀴나스 둘 모두의 마음에 들었으리라는 것을 보았다. 우리 역시 이런 식으로 생각해야 한다. 그리고 우리가 그렇게 한다면, 그것은 우리가 죽음 지편의 운명에 대한 인간의 종말론적 소망의 본질을 이해하도록 도울 것이다.

이런 소망은 영적 생존을 위한 것이 아니다. 우리는 본질적으로 육체를 입은 존재들이기 때문이다. 그러나 이 소망은 또한 단순한 소생(a mere resuscitation)에 대한 소망, 몸의 원소들의 재결합에 대한 소망도 아니다. 이 소망은 죽음과 부활의 기독교적 소망이다.

나 자신인 그 유형은 내가 죽을 때에 분해될 것이다. 그러므로 죽음이 진정한 끝이긴 하지만, 종국적인 끝은 아니다. 오직 하나님만이 종국적이시기 때문이다. 나 사신인 그 유형이 하나님에 의해 기억될 것이며, 신실하신 창조주의 정신(mind)속에 남아 있으리라는 것과 그것이 신적인 종말론적 부활의 행위를 통해 하나님에 의해 재구성됨으로써 종국적으로 새로운 환경 속으로 들어가리라는 것은 완벽하게 정합적인 믿음이다.

다시 말해, 나의 영혼은 신적 기억 속에서 보존될 것이며, 그 다음에 내가 장차 올 세상의 영원한 생명으로 부활할 때 다시금 육체를 입게 될 것이다. 부활의 이런 종국적 행동은 현재의 피조물이 지니고 있는 문제를 수반하지 않을 것이다.

바울이 다음과 같이 말한 것은 옳았다.

> 혈과 육은 하나님 나라를 유업으로 받을 수 없고 또한 썩은 것이 썩지 아니한 것을 유업으로 받지 못하느니라(고전 15:50).

그렇지 않았다면, 부활은 다시 죽기 위해서 다시금 살게 되는 것만을 의미할 것이다. 우리의 운명은 이것보다 훨씬 더 소망스러운 것이다.

따라서 우리는 두 가지 중요한 물음에 처하게 된다.

첫째, 장차 올 영원한 세상의 이 새로운 '질료'는 무엇인가?

달리 말해서, 다시금 바울의 용어(고후 5:17)를 사용하자면, 하나님의 '새 창조'는 이 옛 창조와 어떤 관련이 있는가?

내 생각에 그 답변은 명백하다. 새 창조의 '질료'는 이 멸망할 옛 창조의 구속된 질료일 것이다. 내가 이미 말했듯이, 나는 창조주의 신실하심은 모든 피조물이 적절한 종말론적 소망을 갖는 것을 함의한다고 믿는다. 인간의 소망과 우주적 소망은 뗄 수 없을 정도로 얽혀 있다. 그러나 그렇다면, 두 번째 질문이 생겨난다.

둘째, 하나님이 실로 "모든 눈물을 그 눈에서 씻기시매 다시 사망이 없고 애통하는 것이나 곡하는 것이나 아픈 것이 다시 있지 아니하리니 처음 것들이 다 지나가게 될"(계 21:4) 세상을 만드실 수 있다면, 왜 창조주께서는 곧장 그렇게 하지 않으셨는가?

새 창조가 그렇게 놀랍고 즐거운 것이라면, 이 눈물과 고통의 골짜기의 요지는 무엇이었는가?

하나님은 왜 옛 창조로 인해 골머리를 앓으시는가?

이것은 매우 중대한 질문이다.

내 생각에 그 답변은, 하나님이 주시는 창조의 완전성을 존중하여, 창조주께서는 마법을 통해서가 아니라 과정을 통해 행동하신다는 것을 인식하는 데 있다. 우리가 현재 경험하는 옛 창조가 존재하는 것은 신적 자아 외에 다른 어떤 것이 존재해야 한다고 하는 하나님의 사랑스러운 뜻 때문이다. 피조계는 진실로 존재하도록 그리고 '스스로를 만들도록' 허용되며, 후자의 표현은 진화론적 우주의 본성에 대한 신학적 이해를 요약하고 있다.

그럼에도 하나님의 최종적인 의도는 창조가 영원히 분리된 채로 있는 것이 아니라, 종국적으로 그것의 창조주이신 하나님의 생명에 참여하는 것이다. 독립된 상태에서 신적 생명과의 연합으로 나아가는, 자유롭게 받아들여진 이런 전이는 이른바 옛 창조에서 새 창조로의 종말론적 구속인 셋이다.

기독교적 이해에 있어서 피조물이 이렇게 신적 생명에 참여하는 것은 우주적 그리스도에 의해서 생겨나는 데, 이 그리스도는 창조의 생명과 하나님의 생명 사이의 유일한 연결 고리다. 골로새서 1장은 우리에게 "하나님이 십자가의 피로 화평을 이루사 만물(단지 모든 인간이 아니라), 곧 땅에 있는 것들이나 하늘에 있는 것들을 자기와 화목케 하시기를 기뻐하사"(골 1:20)는 분에 대한 거대하고 소망에 가득 찬 그림을 제공해 준다.

따라서 창조에서의 하나님의 목적들은 필연적으로 두 단계인데, 첫 번째는 옛 단계이며 그 다음에는 새 단계인 것으로 보인다. 우리는 지금 성례들을 간직하고 있는 세계 속에 살고 있다. 우리는 이후에 전적으로 성례적이 될 세상에서, 하나님의 생명이 표현된 임재로 완전히 가득하게 될 세상에서 살 것이다. 나는 피조물이 현재적 실재로서의 하나님 안에(within God) 있다고 하는 만유 재신론적 사상을 믿지 않고, 그것의 종말론적 운명으로서의 만유 재신론을 믿는다.

이런 사상들은 심히 신비적이고 흥분을 야기하며 소망으로 가득하다. 나는 또한 이 사상들이 정합적이며 신뢰할 만하다고 믿는다. 그 중심에는 불연속성 속의 연속성이란 개념이 있다. 새 창조가 옛 것의 영원한 회복이라고 하는 비참한 이야기에 불과한 것이 아니라는 것을 보증해 주는 충분한 새로움, 충분한 불연속성이 있음에 틀림없다.

그럼에도 또한 아브라함과 이삭과 야곱이 장차 올 세상의 이 변화된 삶을 산다는 것을 보증해 주는 충분한 연속성이 있음에 틀림없다. 우리는 기독론적 창을 통해 바라봄으로써 약간의 도움을 얻을 수 있다.

2) 부활하신 그리스도와의 만남

예수님이 부활하셨다. 그리고 그의 몸에는 여전히 수난의 흔적들이 있다. 그럼에도 그를 바로 알아볼 수 없다. 예수님의 출현 기사들에는 부활하신 예수님을 보고서 처음에는 당황하거나 오해하다가, 예수님이 자기를 드러내시자 그를 알아보게 된다는 반복된 주제가 나온다.

처음에는 부활하신 예수님을 처음 본 순간에 보이는 최초의 당황함이나 오해, 그리고 그 다음에 예수님이 자신을 드러내시고 그때에 비로소 제자들이 그를 알아보게 된다고 하는 반복되는 주제를 가지고 있다. 막달라 마리아는 부활하신 예수님을 정원지기로 오해하며, 마침내 예수님이 자기의 이름을 부르고 나서야 마리아는 그가 누구인지를 알아차린다.

엠마오로 가던 두 사람은 예수님이 자기들 앞에서 사라지는 순간에야 비로소 자신들이 누구에게 말하고 있었는지를 깨닫게 된다. 오직 그 사랑받는 제자만이 이른 새벽녘에 해변에 서 있는 분이 부활하신 그리스도이심을 알아본다. 그리고 제자들이 해변에 이를 때 그들은 "당신은 누구십니까"라고 감히 묻지 못한다.

마태복음에서 갈릴리에 있는 산에 모인 군중은 예수님 앞에 무릎을 꿇었지만, 저자는 솔직하게 "어떤 사람들은 의심을 했다"(마 28:17)라고 말한다. 예수님을 쉽게 알아보지 못하도록 할 만한 불연속성이 있었다. 예수님의 영화롭게 되신 몸은 단지 현재의 시공간에 있는 회복된 실체가 아니다. 예수님의 그 몸은 예수님의 뜻에 따라서 나타나기도 하며 사라지기도 하기 때문이다.

나는 예수님의 출현 사건들을 옛 창조 세계와 새 창조 세계 사이에 일어나는 일종의 시간적 교차로 인해 기인하는 것이라고 간주한다. 즉, 새 창조를 낳는 발아적 사건인 그리스도의 부활하신 생명과 옛 창조의 세계 속에 있는 제자들의 연속적인 생명이 만나는 곳에서 기인하는 것이라고 간주한다. 또한, 빈 무덤은 우리에게 이 두 세계 사이의 연결에 대해 무언가를 말해 준다.

빈 무덤은 주님의 부활하신 몸이 변화되고 영화롭게 된 그의 죽은 몸이라는 것을 함의하는 데, 이런 사실은 새 창조가 옛 창조의 구속에서 기인한다는 통찰을 확증해 준다. 빈 무덤에는 큰 신학적 의미가 있다. 빈 무덤은 그리스도 안에 인성뿐만 아니라 질료의 운명까지도 놓여 있다는 것을 증거해 주기 때문이다.

현대의 과학적 이해에서 공간·시간·물질은 모두 물리적 과정에 대한 설명 안에 함께 속해 있다. 아인슈타인의 일반 상대성 이론은 이 것들을 단 하나의 꾸러미 속에 묶어 놓고 있다. 내 생각에, 우리는 이것이 새 창조에서도 그러하리라고 기대할 수 있을 것이다. 다시 말해서, 장차 올 세상에는 '공간'과 '질료'뿐만 아니라 또한 '시간'도 있을 것이다.

만약 인간이 본질적으로 육체를 입고 있다면, 그들은 또한 본질적으로 시간적이다. 우리의 운명은 시간의 밖에, 즉 하나님의 헤아릴 수 없는 영원성 속에 있을 수 없으며, 오히려 새 창조가 개시하는 '시간' 내에 있을 수 있다.

영적 성취는 어떤 무시간적인 조명의 순간에 우리에게 주어지는 것이 아니라, 우리가 '그리스도' 안에서 영원히 있게 될 전적으로 성례적인 세상에서 우리가 접근할 수 있는 신적 본성의 무한한 부요함을 끝없이 탐구함으로써 주어질 것이다. 이 우주의 진화 과정을 통해, 끈기 있게 그리고 미묘하게, 행동해 오신 창조주는 장차 올 생명의 세상이 개시하는 과정 내에서, 끈기 있게 그리고 미묘하게, 행동하실 구속자시다.

이 구속사 내에는 (우리가 점차적으로 실재에 직면해서 우리의 실제 모습 그대로 우리 자신을 알게 되는) 심판, (우리의 삶의 축적된 찌꺼기가 하나님의 밝은 임재의 불에 의해서 태워 없어지게 되는) 정화, (우리가 얼마나 많은 사랑을 받는지를 알게 되는) 치유, 그리고 (우리가 그리스도를 있는 그대로 알게 됨으로써 그리스도와 같이 되는[요일 3:2]) 은혜가 있다.

이런 생각들은 때때로 교회의 바깥뿐만 아니라 교회 내에서도 들려오는 비판, 즉 영원한 삶은 말할 수 없을 정도로 따분하리라고 하는 비판을 제거해 버린다. 우리가 단순히 우리 자신의 자원들에 의존해야만 한다면 그것은 분닝히 밀힐 수 없을 정도로 따분하겠지만, 우리는 하나님의 무한한 자원들에 참여하게 될 것이다.

기독교 신앙과 소망은 통합된 신앙이라고 하는 하나의 거대한 구조를 함께 형성한다. 흥분을 자아낼 뿐만 아니라 신비적인 많은 것이 여기에 있으나, 삼위일체신학이라고 하는 거대한 건축물은 바로 크적인 사색적 구조를 가진 건물이 아니다.

오히려 그것은 우리 내부의 영적인 삶에 대한 인간적 경험과 우리가 사는 우주의 경이로움에 대한 인간적 경험의 토대들 안에, 세상의 창조주이시며 우리 주 예수 그리스도의 아버지이신 하나님에 대한 지식 안에, 그리고 우리를 새 창조의 종국적인 성취에 참여케 하시는 우리 가운데에서의 성령의 숨겨진 사역 안에 근거하고 있다.

제2장

문화적 덫 뛰어넘기

미하엘 벨커

    문화에 대한 정의와 이론의 대부분은 문화가 기억과 기대를 통해 인간의 의사소통에 이바지한다는 사실에 대해 명백하게 또는 암묵적으로 일치하는 것처럼 보인다. 문화의 도움으로 우리는 우리의 기억들과 기대들을 연결하거나 분리하는, 즉 공유하거나 구분하는 놀라운 능력을 발달시킨다.

    우리의 기억과 상상력 속에서 우리는 다른 사람들이 기억하고, 예상하며 기대하는 것을 예상하고 재생산하며 재구성한다. 기억과 상상력의 영역에서 움직이면서 우리는 매우 강력한 방식으로 우리의 감정·생각·실천을 조화시킨다. 이것을 이루기 위해 우리는 항상 서로에게 말하고, 서로를 보며, 서로 접촉할 필요조차 없다.

    다시 말해서, 우리는 물리적 실재와 구체적인 인간 대 인간의 만남들을 넘어 비행함으로써 우리의 의사소통의 대부분을 다룰 수 있으며, 단지 가끔씩 실증을 위해서 착륙할 뿐이다. 한 사회학자가 '사회의 뇌'라고 부른 복합적 실체인 '문화'로 인해 이것이 가능하다.

우리의 현재의 문화들이 지닌 특별한 힘의 일부는 그것들이 상당한 정도의 확고한 공통적 기억과 기대를 제공한다는 것이다. 이런 기억과 기대가 매우 다른 가치와 덕을 지닐 수 있더라도 말이다. 사실상 우리가 정확하게 동일한 위계를 지닌 가치와 덕을 공유하고 있지 않을지라도, 우리는 다른 사람의 입장에서 생각할 수 있다. 이런 능력은 최근의 현대적인 다원주의적 사회와 문화 속에서 굉장히 향상되고 촉진된다.

사회학자들이 말하듯이, 서로 다른 '사회 체계들'은 서로 다른 상징 체계들과 합리적인 것들로 작동된다. 즉, 법·정치·시장·과학·교육·예술·종교로 말이다. 이것들은 하나의 공통된 규약(code)을 따르지 않는다. 더욱이 이런 체계들과 영역들의 대부분은 그 자체로 거의 구분된다. 예를 들어, 과학과 인문학, 차별화된 시장 체계, 고도로 유형화된 세계인 매체와 정보 오락(Infotainment), 그리고 기독교회들의 일치와 종교들의 영향권이다.

우리는 하나의 위계질서가 아니라, 다층적인 위계 조직을 보여 주는 복잡한 세계 속에서 산다. 우리의 문화들로 인해서 우리는 얼마간의 신뢰와 성공을 가지고 이 세계 속에서 항해할 수 있다.

그러나 좀 더 면밀하게 바라볼 경우, 공유된 기억들과 기대들을 조화시키거나 명료하게 구별해 주는 문화의 힘들에는 한계가 있어 보인다. 신학과 과학의 관계는 이런 한계들의 일부를 드러내는 것으로 보인다. 이제 흥미로운 질문은 이런 한계들이 '저 밖에' 있는 실재 속에 근거하고 있는가, 아니면 이런 한계들이 우리 문화의 조직(texture) 때문인가 하는 것이다.

우리는 심지어 우리 문화에 의해서 덫에 걸려 있고 눈이 멀어서 체계적 왜곡들에 빠져 있는 것이 아닌가?

우리는 분명 우리의 문화들이 결코 순수한 실체들이 아니라는 것을 안다. 틀림없이 이차적인 단계의 사고에서, 우리가 문화 자체를 매우 칭송하는 것은 옳다. 대부분의 사람이 문화를 선과 연결시킨다. 그리고 선과 도덕(윤리), 그리고 많은 사람의 경우, 선과 종교의 연결 또한 사실이다.

인간들이 문화와 도덕과 적어도 잠재적인 형태의 종교가 없이는 살 수 없을지라도, 일차적 단계에서 인간의 삶을 질서 짓고, 형성하며, 자유하게 하는 이 모든 필수 불가결한 형태는 부분적으로든 아니면 전적으로든 부패될 수 있다. 그 예들이 바로 인종 차별주의 문화, 파시스트 문화, 그리고 스탈린주의 문화이며, 그리고 정말로 믿을 수 없는 생태학적 잔인성을 지닌 문화들이다.

우리 문화에서 과학과 신학 사이에 있는 겉으로 보기에 넓은 간격 또는 심지어 갈라진 틈은 이런 왜곡의 징표, 적어도 작은 왜곡의 징표인가?

우리는 어떻든지 간에 우리의 문화에 의해서 덫에 빠져 있는가?

다음의 글은 우리의 현재 문화 안에 실로 상식, 종교적 경험 그리고 과학적 사고를 소외시키는 몇 가지 덫이 있다는 사실에 주목한다. 이 글은 특정한 주제에 대한 과학자들과 신학자들 사이의 담화를 통해서 어떻게 그런 강력한 덫들이 발견될 수 있는지를 보여 준다. 이 글은 시간과 영원성에 대한 이해와 살아 계신 하나님에 대한 이해를 가로 막아 온 특별히 두 개의 덫에 집중한다. 따라서 이 장 전체는 삼위 하나님에 대한 기독교 신앙을 다룬 앞의 장들에 대한 이론적 배경을 제공해 준다.

1. 과학과 신학 간의 담화에 있는 신학적 주제들을 향한 방향 전환

현대성(modernity)으로 인해서 자연 과학과 신학 간의 간격이 지속적으로 넓어졌다는 말을 우리는 반복해서 들어 왔다. 현대의 상식이 한편으로는 수학화된 과학 세계와 다른 한편으로는 세계 종교들의 영역 사이에 그 거리가 점점 멀어지는 것을 경험했다는 것은 틀림없는 사실이다.

많은 사람이 종교를 '과거의 이상한 세계'에 그리고 과학을 똑같이 '미래의 이상한 세계'에 위치시킴으로써 이런 난관의 탈출구를 발견하고자 했다. 동시에 그들은 미·도덕·징신을 형성하는 종교의 힘으로부터 그리고 과학이 종교와 더불어 가져오는 예견 능력 및 과학 기술적 이익들로부터 유익을 얻었다. 어쨌든 소위 과거 세계의 힘과 소위 미래 세계의 힘은 모두 현재 안에서 결합되었다.

자연 과학과 종교(개별적으로는 신학)에 관하여 현대적 상식이 보여주고 있는 다소간의 나태한 (만약 괜찮다면) 무지만이 문제인 것은 아니다. 심지어 상당한 학문적 재능을 지닌 학자들조차 그 간격에 다리를 놓는 데에 엄청난 어려움을 겪는 것처럼 보인다.

종교적 주제들을 석설하게 학문적으로 다루는 것의 복잡성과 자연 과학적 주제들을 적절하게 학문적으로 다루는 것의 복잡성은 그 자체로 매우 힘든 일이며, 그것들은 서로 양립할 수 없는 것처럼 보여서 아주 소수의 사람만이 진지하게 그리고 적극적으로 이 두 영역 모두에서 학문적 담화에 동참할 수 있다. 인간의 삶은 이 두 세계에 진실로 친숙해질 만큼 길어 보이지 않으며, 인간의 뇌는 그렇게 될 수 있을 만큼 능력이 있어 보이지도 않는다.

'우주적 천재들'의 시대는 오래전에 지나갔다는 말을 우리는 듣는다. 이 땅의 다소 먼 지역에서 사역하는 사제들과 치유자들(healers)이 그들의 부족들의 삶의 세계(즉, 세계 전체)에서 받아들일 수 있는 것이 시장과 매체와 과학 기술이 주도하는 '세계화'를 목격하거나 적어도 그런 세계화를 믿고 있는 세계 속에서는 절대적으로 불가능해 보인다.

물론 현대 과학과 현대 신학은 이런 발전(development)에 직면하여 그저 체념하지 않았다. 그것들은 하나의 세상, 하나의 실재, 지식의 통일성, 진리의 통일성에 대한 믿음을 포기하지 않았다. 카를 프리드리히 폰 바이츠젝커(Carl Friedrich von Weizsäcker)가 예전에 표현한 대로, 많은 현대 과학자가 종교에 대해 "불가지론적이지만 개방적"이 되었다.

분명히 종교와 신학에 대해 아주 공격적으로 반응해서 종교를 내세, 초현실과 가상 현실, 단순한 개인적 감정과 진리 주장을 뒷받침할 수 없는 단순한 확실성의 영역들로 넘겨 버린 이들이 있다. 다른 이들은 이런 소위 의미의 영역 또는 소위 실존적인(existential) 영역을 존중했다. 그래서 적지 않은 신학자들이 의미와 실존의 영역들을 전문으로 다루었으며, 종종 모든 종류의 도덕주의, 비전문가에 의한 치료 그리고 오락(entertainment)으로 나아갔다.

그러나 보다 학구적 성향을 지닌 신학자들과 과학자들은 적어도 과거의 역사, 과거 세계에 대한 관심 그리고 과거의 진리 주장들이 신학을 학문적 영역 안에 두어야 한다고 주장함으로써 이런 발전에 저항했다.

그러나 역사와 관련된 이런 형태의 저항은 치러야 할 대가가 또한 있었다. 복음(good news)은 언제나 어제의 소식처럼 보였다. 학술적 신학(Academic theology)은 종교의 역사와 자기 자신, 즉 자신의 역사에 몰두하게 되었다. 과거의 세계들과 자기 자신의 고전들을 해석하고 재해석하는 일을 잘 행함으로써, 학술적 신학은 오늘날의 사회적·문화적 실재를 분석하여 신학적으로 보려는 위험을 거의 무릅쓰지 않았다.

시련과 고통의 때에만 진정으로 체계적인 신학(a truly systematic theology)이 살아나게 되었다. 그러나 위험을 무릅쓰고 현재와 미래의 이슈들을 언급하는 사람들은 그들의 학술적 학문 분야의 경계를 향해서 나아가거나 또는 그 경계를 넘어서는 것으로 보였다. 매우 자주 그들은 특정한 대의들을 위한 적극적인 대변인들이 되었다. 그런 경우에, 예를 들어, 생태학적으로 관심이 있는 신학자들은 생태학적으로 관심이 있는 과학자들과 함께했다.

그러나 도덕적 기획에서의 공통성(commonality)은 학술적인 영역 속으로 다시 옮겨질 수 있는 공통성을 (적어도 아직은) 제공하지 못했으며, 학문 분야들 간의 작업을 북돋아 주지도 못했다.

대부분의 경우에 도덕적 공통성은 학술적 환경에서의 일탈을 대가로 획득되었다. 학술적 신학자 중 일부가 신학과 과학 사이의 폭넓은 간격에 맞서서 반응하고자 시도한 마지막 접근은 급진적 추상(radical abstraction)을 향해 나아가거나 모든 종교적 주제를 초월해서 나아가는 것이었다.

하나님을 단지 '종국적인 준거점'이라고 말하거나 또는 신앙을 가리켜 나의 내적 자아의 또 다른 면에 대한 신뢰할 수 있는 관계라고 말함으로써, 이들은 합리적인 사람이라면 누구나 저항하지 못하고 받아들일 수밖에 없는 종국적인 형태들을 제공하고자 했다. 신학과 종교를 이렇게 '간결하게'(in a nutshell) 제시함으로써 치르게 된 커다란 대가는 결국 신학적 담화의 자기(세속화와 자기) 진부화였다.

일부 과학자는 이런 식의 신학을 학문적 정직성을 향한 시도로서 받아들인 반면, 대부분의 과학자는 이것을 단지 따분할 뿐이라고 생각했다. 종국점의 형이상학이나 데카르트 이후의 주관성에 더 이상 편안함을 느끼지 못하는 점증하는 사람들에게, 이런 신학적 제안들은 파산 선고에 불과할 뿐이다.

즉, 하나의 구조나 하나의 사유에 의해서만 모든 것을 통제하려는 욕망에 불과할 뿐이다. 실재와 진리의 통일성을 하나의 단순한 사유나 관념과 순진하게 혼동하는 것, 이것이 신학이 제공해야만 하는 모든 것이라면, 우리는 허세가 심한 이런 기획을 제거하는 것이 낫다. 그러나 상황을 다시금 바로 잡고자 하는 별로 매혹적이지도 않고 설득력도 없는 이런 모든 일반적 움직임 가운데서, 우리는 더욱 기대가 되고 더욱 조명적인, 과학과 신학 사이의 움직임들을 보았다.

1993년에 과거에 그곳의 연구 소장이었던 다니엘 하디(Daniel Hardy)의 지도하에서 프린스턴에 있는 신학연구센터는 4년간에 걸쳐서 전문가 회의를 후원했는 데, 여기에서 (우주론·물리학·화학·생물학·환경 연구·철학·종교 연구·신학을 포함한) 학문들 상호 간의 그룹은 다음과 같은 활동을 하였다.

- 서로 다른 학문 간의 교류와 개별적 접근으로부터 과학과 신학 간의 대화로 나아갔다.
- 공통의 관심이 있는 종교적 주제에 대한 논의로 나아갔다.
- 담화에 있는 공통된 신학적·인식론적 근거들을 점진적으로 상술하는 데로 나아갔다.

두 번째 해에 신적 활동이란 개념이 선택되었으며 다양한 관점 속에서 논의 되었다. 세 번째 해에는 좀 더 구체적인 논의를 위해서 세상에서의 하나님의 활동의 시간성이란 개념이 선택되었다. 마지막 년도에 이 전문가 회의는 두 가지 주제에 초점을 맞추었다. 즉, 세상에서의 하나님의 활동에 있어서 영원성과 시간성 그리고 영원성과 우연성이다.

신학의 특수한 주제와 상호 간의 대화를 향해서 이와 같이 끈질기게 나아가는 것은 새로운 일이었으며, 우리 중 많은 사람에게 흥분을 자아내는 일이었다. 지금까지 내가 목격했던 일련의 대화는 진정으로 신학에 초점을 맞춘 관심과는 다소 거리가 있었다.

나에게는 여러 형태의 담화에 참여할 기회가 있었는 데, 이것들은 과학과 신학의 관계에 관한 역사적인 물음들이나 윤리적 관심들, 일반적인 방법론적 고찰들, 대화를 위한 잠재적인 공통 영역으로서 어떤 철학(특히, 알프레드 노스 화이트헤드의 철학)을 검증하고자 하는 노력 등을 다루었다. (사회 생물학 분야의 담화에서) 한 번을 제외하고는, 신학적 주제와 사유 형태의 내적 복잡성이 이 담화에 영향을 미친다거나, 이 담화에 의해서 형성될 기회를 갖지 못했다.

이 대화의 진정한 파트너는 오히려 종교적으로 형성된 상식, 때로는 대중화된 철학적 사유 양식들에 의해서 계몽된 상식이었다. 그러나 프린스턴 담화는 달랐다. 즉, 많은 과학자의 편에서는 어떤 신학적 복잡성에 참여하고자 하는 열의가 있었다. 그리고 신학적 측면에서는 실재에 대한 과학적 통찰들을 형이상학적 전제들로 위압하지 않겠다는 자발적인 마음이 있었다. 이로 인해서 새롭고 흥분을 자아내는 담화 분위기가 조성되었다.[1]

2. 문화적 덫을 발견하고 뛰어넘기

진정한 신학적 주제에 대한 학문 상호 간의 담화가 비판적이고 함축성 있는 실재론을 주장할 수 있다는 것을 발견함으로써 우리는 흥분했다. 과학과 신학 모두가 보이는 실재들과 보여지지 않는 실재들을 다루어야 한다는 것, 그리고 과학과 신학 모두가 각각의 학문 분야의 경계를 넘어서서 탐구되고 설명될 수 있는 이해 가능성의 다른 기준들을 가지고 있다는 것이 명백해졌다.

신학이 다루는 보이지 않는 실재는 모든 종류의 모호한 추측과 "뭐든 할 수 있다"는 식의 사색적인 것을 허용하는 그런 가벼운 요소가 아니다. 우리는 과학과 신학의 두 학문 분과에서 보이지 않는 것의 영역을 열어 주는 이해 가능성의 기준들을 가지고 있다.

---

[1] 이 담화에 대한 기고 중 일부가 『오늘의 신학 55』(Theology Today 55)(1998)라는 제목의 책으로 출판되었다. 이 장의 후반부 일부는 이 이슈에 대해 내가 기고한 글에서 온 것이다. Welker, "God's Eternity."

그리고 과학과 신학 간의 담화에 대한 가장 흥미로운 일 중 하나는 특정한 주제에 대한 대화에서 이런 기준들을 발견하고, 드러내며, 재형성하는 것이다.

이로 인해서 과학과 신학의 과제를 분명하게 구분하는 일이 생겨날 지도 모른다. 이런 구분과 차이를 섬세하고 비판적이며, 자기 비판적으로 조정하기 위해서는 서로를 상호 간에 강화시켜 주는 몇 가지 덫을 인식할 필요가 있다.

이것을 통해서 우리는 우리 자신이 가졌던 과거의 사고와 그리고 또한 분명히 우리가 가지고 작업하곤 했던 다른 이론들에 대한 사고의 대부분을 지배했고 제한했던 잠재적인 모든 전제를 의문시 할 수 있다. 아래에서 나는 우리의 과정 속에 깊이 심겨져 있는 이런 발견들을 설명하고자 한다. 나는 서로를 강화시키는 여섯 개의 복잡한 제한에 문화적인 덫이라는 이름을 붙이고서 그것들을 설명할 것이다.

첫 번째 덫은 현대주의의 덫이라고 불릴 수 있다. 이것은 간단한 인식론적 방법을 가지고 다른 모든 문화적 영역이나 학문 분야를 통합할 수 있는 보편적인 관점에 우리가 이를 수 있으며 이르러야 한다는 환상이다. 과학과 신학의 담화에 있어서 이것은 다음과 같은 견해를 의미했다.

즉, 우리는 방법론적, 형이상학적, 또는 초월론적 수준을 확립해야만 한다. 우리는 과학과 신학 둘 사이에 다리를 놓기 위해서 거대 담론의 수준에 이르러야 한다. 이런 노력의 가치와 중요성을 부정하지는 않지만, 우리는 이런 시도가 과학과 신학 양편 모두와의 접촉을 쉽게 상실하게 한다는 것을 인식해야 하는 데, 이런 시도는 철학적 또는 유사 철학적 이론의 영역에서 이루어지기 때문이다.

이런 이론의 영역은 상식이 접근할 수 있는 과학과 신학의 우상들과 이상들을 발전시키지만, 과학과 신학 중 어느 하나도 정당하게 다루지 못한다. 이런 시도는 (과학과 신학 사이의-역자 주) 차이들과 마주하고 그 차이들을 인내하며 과학과 신학의 경험 영역들 사이에 있는 연속성과 불연속성 모두를 찾는 대신에 공통점들과 차이점들 모두를 약화시키고 이상화하는 경향이 있다.

두 번째 덫은 쉽게 첫 번째에 동반되지만, 첫 번째와 동일한 것은 아니다. 나는 이것을 환원주의의 덫이라 부르고 싶다. 이 덫은 우리가 과학과 신학 간의 간격에 다리를 놓기 위해서는 만족(content)을 최소화해야 하거나 피해야 한다고 하는, 심지어 그렇게 하지 않으면 안 된다고 하는 신호나 확신으로서 다가온다.

이런 환원주의는 과학이나 신학 어느 쪽에서든 일어날 수 있다. 과학이 그것의 모든 복잡성과 영광을 가지고서 참여했던 많은 담화가 있었던 반면에, 신학은 '신앙', 즉 우리를 침묵하게 하는 누멘적인 것(the numinous)의 영역이라고 불리는 초월론적인 내향성이나 '종국적 준거점'과 같은 그런 환원주의와 따분한 관념들만을 생각해 냈을 뿐이었다.

그러나 보다 더 드물긴 하지만 우리는 또한 다른 환원주의를 경험했는 데, 여기에서 과학은 어떤 자연 개념을 대표하는 것으로서, 즉 실재나 '법칙'에 대한 특정한 이해로서 암호화되었다. '자연', '실재' 또는 '법칙' 같은 이런 개념들은 우연히도 어떤 신학에 잘 들어 맞았다. 과학의 복잡성은 제거되었다. 과학의 복잡성은 그저 특정한 신학의 논쟁 상대가 되었다.

처음의 두 덫은 서로에게 개연성을 더함으로써, 그렇지만 조직적이고 체계적인 왜곡들을 만들어 냄으로써, 서로를 강화할 수 있다. 우리가 선택의 사용과 복잡성의 환원을 피할 수 없다 할지라도, 그리고 우리가 전형화하는 사고 양식들과 지도적 추상들을 가지고 작업해야만 할지라도, 급진적 환원주의는 과학과 신학의 담화에 전혀 도움이 되지 않는 자기 진부화를 초래한다.

세 번째 덫은 이원론적 세계관의 덫이라 부를 수 있다. 이 덫은 앞의 두 덫에 대한 상보적인 것으로서의 역할을 한다. 이 두 가지 덫 각각은 또는 둘 모두는 이원론적 혼란을 피하는 데에 있어서 커다란 도움으로서 작용할 수 있다. 우리는 분명 우리의 삶과 사유에 있는 이원성, 차이, 대조 그리고 심지어 갈등을 피할 수 없으며, 피해서도 안 된다.

그러나 우리는 이것들을 극단적 이원론으로 만들어서는 안 된다. 오히려 우리는 많은 유형의 차이에 직면해야 한다. 즉, 창조적 차이들, 형식을 부여하는 차이들, 감당하기 어려운 차이들 그리고 왜곡적이고 심지어 마귀적인 차이들에 직면해야 한다. 우리가 이런 차이들의 스펙트럼에 민감한 채 남아 있으며 극단적 이원론을 피하는 한, 과학과 신학 간의 복잡한 관계는 풍성한 열매를 맺을 수 있는 관계로 판명될 수 있다.

서로 다른 종교들과 신학들 사이에서 나타나는 차이점들은 차치하고서라도, 우리는 과학 자체가 매우 차별화되어 있다는 것과 심지어 하나의 종교 안에서 주장되는 신학들 사이에도 상당한 차이점들과 구별점들이 있다는 것을 인식해야 한다.

따라서 우리는 잠정적이고, 임시적이며, 주제 중심적인 구별점들과 이원성들을 가지고 작업해야 한다. 우리는 지나치게 일반화되어서 구체적인 주제와의 접촉을 상실하게 되는 동결된 절차들 속에서 진부한 것이 될 수 있는 위험을 피해야 한다. 그런 상황들 속에서 우리는 쉽게 하나의 덫으로부터 또 다른 덫으로 이끌리게 된다.

먼저 절대적 이분법의 확립은 출구가 없는 상황을 만들게 되며, 그 다음에 우리는 환원주의나 현대주의의 덫에 빠지게 되는데, 환원주의나 현대주의가 이런 혼란에서 벗어날 수 있는 해결책을 제공해 준다고 약속하기 때문이다. 극단적 이원론의 덫을 발견하고 무력화할 때에만, 우리는 과학과 신학이 진리를 추구하는 서로 다른 공동체에 속해 있다는 것을 볼 수 있다. 서로 다른 주요한 주제 분야 및 확실하게 서로 다른 양식과 방법을 가지고서 말이다.[2]

우리 모두는 진리를 추구하는 공동체들에 속해 있는데, 이 공동체들은 그 절차에 있어서 공통점들, 유사점들 그리고 차이점들을 탐구해야 한다. 우리는 이것을 단번에 그리고 영원히 할 수 없지만, 그 대신 문제가 되고 있는 주제들과 담화 속에 있는 파트너들의 맥락을 분명히 알고서 이것을 해야 한다.

네 번째 덫은 이원론적 세계관의 덫과 밀접하게 연관될 수 있다. 이것은 진부함의 덫이라 불릴 수 있다. 진부함의 덫은 신학이나 과학 중의 하나의, 아니면 둘 모두의 몇몇 특징을 취해서 그것들을 지나치게 일반화하고 과장한다.

---

2 이 주제에 대해서는 제2부 제3장을 참조하라.

예를 들어, 과학은 사실을 다룬다. 신학은 의미나 단순한 허구를 다룬다. 이런 덫이 두 개의 진부함을 하나의 대중적인 이원론 속에서 결합시킬 때, 이 덫을 뛰어 넘기란 여간 어렵지 않다. 우리가 어느 한 쪽을 특징짓는 것 안에 오직 약간의 진리만이 있었다고 느낄지라도, 존중되어야 할 다른 쪽이 여전히 존재한다. 그리고 그 다른 쪽은 내가 매우 자주 '프레더릭 대제 신드롬'(the Frederick-the-Great syndrome)이라고 부르는 것에 의해서 보호를 받았다.

독일의 프러시아의 왕 프레더릭 대제는 음악을 연주하고 작곡하는 것을 좋아했으며 시를 짓는 것을 좋아했다. 시인들은 "그의 시는 기괴하지만 그는 위대한 음악가다"라고 말하곤 했다고 하며, 음악가들은 "그의 음악은 견디기 힘들지만 그의 시는 뛰어나다"고 말했던 것으로 전해진다.

프레더릭 대제 신드롬은 학문 상호 간의 작업에 그림자를 드리우며 학문 상호 간의 기획을 진정으로 위태롭게 한다. 그러나 그것은 또한 언제든지 써 먹을 수 있는 비난거리로도 사용될 수 있다. 더욱이 프레더릭 대제 신드롬은 다음과 같은 왜곡적인 이원론적 진부함을 견고히 할 수 있다. 과학은 사실을 다룬다. 신학은 의미를 다룬다. 과학은 객관성을 다룬다. 신학은 개별적 감정을 다룬다.

신학자들과 과학자들이 이런 이원성을 접하게 될 때, 그들 각각은 자기들의 입장을 대변하는 것에 대해서 항의하고 싶어 할지도 모른다. 그러나 그때 어느 정도의 그럴듯한 대비를 통해서 상대편을 고려하지 않으면 안 되며, 이것은 결국 많은 사람으로 하여금 그들이 처음에 가졌던 불만을 집어 삼키게 할 것이다.

다섯 번째와 여섯 번째 덫은 시간과 영원에 대한 현실적이고 건전한 이해와 영원에 대한 살아 계신 하나님의 관계에 대한 이해를 방해하는 문화적인 덫들이다. 나는 이 덫들을 좀 더 자세히 논하고 싶다.

전자는 시간을 거짓되게 일반화하는 것과 시간과 영원을 거짓되게 대립시키는 것에 의해 이루어진다. 후자는 살아 계신 삼위 하나님을 상상하거나 생각할 수 없으며, 따라서 영원을 헤겔(Hegel)이 "악한 무한"(bad infinity)이라고 부른 것과 혼동하게 되어 있는 유신론에 의해 이루어진다.

3. 시간과 영원의 추상적 대립에 대한 비판

20세기에 하나님과 시간, 영원과 시간성에 대한 추상적 대립을 극복하고 하나님의 영원성과 하나님의 시간성의 연결을 생각하고자 하는 노력들은 신학과 인문학의 커다란 기획들에 속했다. 이런 노력은 오랜 의미있는 전통을 끝내고자 하는 것이었다.

무엇보다 플라톤의 영향을 받아서 아우구스티누스로부터 슐라이어마허에 이르는 고전 신학자들은 하나님이 시간을 초월하여 계시며, 창조는 본질적으로 시간적인데 반해서 하나님은 본질적으로 무시간적이라고 주장했다.

19세기와 20세기에, 헤겔이나 화이트헤드 같은 철학자들은 이런 주장과 관련된 다양한 문제에 주목했다. 20세기에 변증신학과 과정신학 같은 다양한 신학 학파는 하나님과 영원이라는 신학적 개념을 "하나님과 영원을 시간성에 추상적으로 대립시키는 바벨론 유수로부

터" 해방시키려는 그들의 노력에 있어서 일치를 보였다.³

그러나 이것은 시도하기에는 쉬운 일이지만 성취하기에는 만만치 않은 일이다. 지금까지 신학과 과정 사상의 '신고전적 형이상학'이 새롭게 견고해진 지위들에 이르렀다고 우리는 주장할 수 없다.⁴

> 하나님에 대한 일반적인 물음 중 가장 당혹스럽고 가장 위압적인 것 가운데에는 (하나님이) 시간과 관련하여 어떻게 이해되어야 하는지와 관련된 물음들이 속해 있다. 신적 본성에 '**영원한 극**'(an eternal pole)이 있어야 한다는 것은 분명하다. 하나님이 신적이라고 불리기에 합당하시다면, 하나님의 견고한 사랑은 흔들릴 수 없다. 이것만을 강조한다면 우리는 하나님에 대한 정적인 그림만을 갖게 될 것이지만, 사랑의 본질이 관계성이고 하나님이 관계를 맺으시는 그것, 즉 하나님의 창조가 그 자체로 급진적 변화를 겪는다는 게 사실일 수 있을까?⁵

---

3 Barth, *Church Dogmatics*, II/1 §31.3 [*Kirchliche Dogmatick* II/1, 689].
4 폴 헬름을 따라서 잉골프 달페르트는 다음과 같이 불행한 대안을 지적함으로써 이 어려운 상황을 특징지었다. 즉, 만약 시간적 세계에 대한 창조적 하나님의 관계가 시간적인 것으로 파악될 수 있다면, 그때에 이것은 하나님이라고 하는 개념의 정합성에 의문을 가질 수 있게 하며, 따라서 달페르트가 주장하듯이 하나님은 순서에 따라 시간적으로 질서 지어진 개별적인 사건들에 시간적으로 동시에 존재하실 수 없으므로 하나님의 존재에 의문을 갖게 할 수 있다.
하나님은 하나님이 존재하시는 것보다 더 이른 시간과 더 늦은 시간에 동시에 존재하게 되는 시간적 역설에 빠지게 될 것이다. 또는 피조물에 대한 하나님의 관계를 시간적으로 이해하는 것은 세계의 시간적 구조에 의문을 갖게 하는 데, 시간적으로 서로 다른 사건들에 하나님이 동시에 존재하시는 것으로부터 동시에 존재하지 않는 것들이 동시에 존재하게 되는 일, 즉 어제와 오늘이 동시에 존재하게 되는 일이 초래될 것이기 때문이다. 참조. Ingolf Dalferth, 'Gott und Zeit', 13. 또한, 다음을 참조 하라. Paul Helm, *Eternal God*.
5 Polkinghorne, *Science and Christian Belief*, 59(강조는 추가된 것이다).

문제를 이런 식으로 묘사하는 것은 하나님의 영원성이란 개념을 부인하는 것이 문제에 대한 답이 될 수 없다는 것을 명백하게 해 준다.

성경의 전통들이 하나님의 생명이나 하나님의 지식에 대해, 하나님이 결정하시거나 의도하시는 행동에 대해 그리고 또한 지상의 십자가에 못 박히시고 부활하신 예수 그리스도 안에 나타난 하나님의 계시에 대해 말할 때, 성경의 전통들은 하나님과 시간, 즉 하나님의 영원성과 시간성을 추상적으로 대립시키는 것과 충돌한다.

이런 모든 진술은 우리가 하나님에 대해 생각하는 '바벨론 유수'를 포기하게 한다. 즉, 하나님의 영원성과 시간성을 추상적으로 대립시키는 것을 포기하게 한다. 하지만 결국 이런 난제로부터의 출구는 우리가 영원성을 피조적 시간성과 구별하도록 해 주기도 하고, 영원성을 피조적 시간성과 연결하도록 해 주기도 하는 하나님의 영원성이라는 설득력 있는 개념에 의해서만 제공될 수 있다.

위대한 스위스 신학자 칼 바르트는, 시간의 과거-현재-미래 구조의 형이상학적 배중(a metaphysical doubling)을 가정함으로써, 이 '초시간'(super-time, '전 시간성, 초월적 시간성, 후 시간성')을 하나님의 '영원성'이라고 부름으로써, 그리고 이 '초시간'을 하나님과 동일시함으로써, 문제를 해결하자는 제안을 했다.

> 전 시간성(pre-temporality), 초월적 시간성(trans-temporality), 후 시간성(post-temporality)은 동시에 하나님의 영원성이며, 따라서 살아 계신 하나님 자신이다.[6]

---

6   참조. Barth, *Chruch Dogmatics*, II/1, §31.3 [*Kirchliche Dogmatik* II/1, 720].

그러나 이런 출발점은 오직 역설적 배열을 제공하는 사색적인 하향식 구조, 즉 하나님을 총체적인 '전능한 시간'(헤겔)과 동일시하는 것과 하나님을 총체적인 '전능한 시간'에 대립시키는 것을 받아들일 준비가 되어 있는 사람들만을 만족시킬 수 있을 뿐이다.

한편으로, 바르트는 과거-현재-미래 구조를 제공하는 데 있어서 하나님과 영원성을 시간의 무한한 자기 초월과 동일시한다.

다른 한편으로, 바르트는 전 수사학, 초월적 수사학, 그리고 후 수사학에 의해서 하나님과 영원성을 총체적인 시간에 대립시킨다. 따라서 그는 역설적인 형이상학적 구조를 제공한다.

총체성과 역설들이라고 하는 뛰어난, 위선적 개념들이 지닌 모호한 관념들을 가지고서 시작하고 싶지 않은 사람들은 또 다른 해결책을 찾아 보아야 한다. 그러나 우리가 앞으로 받아들여서 좀 더 발전시키려는 대안은 하나님과 영원성을 시간과 시간성에 추상적으로 대립시키는 것에 대해 필연적으로 의문을 제기하도록 하는 데서 그치지 않는다.

그 대안은 또한 우리로 하여금 시간의 총체화와 단일화(the totalization and unifica- tion of time)에 의문을 제기하게 만들며, 따라서 두 번째로 유명한 사유의 전통(앞서 설명한 칼 바르트의 사유-역자 주)을 종식시키게 해 준다. 아리스토텔레스와 아우구스티누스 이후로 '시간'은 객관적 자연의 보편적 조건이나 인간의 지각의 보편적 형식으로 간주되어 왔다.

20세기에 비록 시계와 달력의 힘이 다소 증가했을지라도, 지난 수십년에 걸쳐 이루어진 과학적 관찰들과 논의들은 이와 같이 시간을 총체화하고 단일화하는 견해에 대해서 의문을 제기해 왔다. 잉골프 달페르트(Ingolf Dalferth)는 다음과 같이 설득력 있게 주장한다.

> 시간에 대한 우리의 설명들은 우리가 동일한 현상에 대한 서로 다른 접근 속에서 시간을 주제화할 뿐만 아니라, 사실상 서로 다른 현상을 주시하고 있다는 증거다.
> 즉, 물리학의 미터법적 시간, 생물학의 생명 리듬, 시간을 경험하는 것에 대한 심리학의 체계들, 우리의 일상의 의식에 대한 지각의 과정들, 사회학의 상징적 질서 체계들, 절차의 인과적 구조들과 철학에서의 지각의 선험적 형식들, 역사적 학문 분과들의 역사적 연대기들, 신학에서 시간과 영원성 사이를 구별해 주는 관계들-이 모든 것이, '시간'이란 이름 아래, 문제들을 주제화하는 데, 이 문제들의 다양성을 통해서 무엇보다도 "저 '시간'이란 것이 예외가 없거나 모호하지 않은 명확성이 없는 고정된 관념이 아니다"라는 게 분명해진다.[7]

이런 현상들과 현상들의 장들(fields)이 공통된 기본 구조(예를 들어, 맥타가르트의 B-계열들, 즉 사건들의 실제적인 '이전'이나 '이후'의 구조들)[8]를 가지고 있는지에 대한 물음(그리고 이 물음은 여전히 명료해질 필요가 있다)과는 독립적으로, 시간의 복수성과 시간에 대한 개념들로부터의

---

[7] Dalferth, "Gott und Zeit", 15; includes quotation Theissing, *Die Zeit*, 8 (Welker's translation).

[8] 참조. McTaggart, 'The Unreality of Time.'

출발은 우리가 가지고 시작한 문제들을 진정 신학적으로 다룰 수 있는 새로운 기회들을 열어 준다.

그러나 이것은 또한 우리에게 새로운 어려움들을 가져다 준다. 새로운 기회들은 다음과 같은 사실에 놓여 있다. 즉, 시간의 복수성에서 출발하는 것(상향식 접근[a bottom-up approach]에 개방되어 있는 절차)이 하나의 시간의 전이에서 출발하는 것보다 원칙상 한편으로는 미묘한 일상의 경험에 그리고 다른 한 편으로는 성경적 전통에 더 적절하다는 것이다.

그러나 동시에 제임스 바가 보여 주었듯이, 서로 다른 경험적 맥락들에서의 시간에 대한 서로 다른 개념들은 하나의 시간 개념이나 경험적 맥락을 또 다른 시간 개념이나 경험적 맥락으로 바꾸는 커다란 문제들을 야기한다. 서로 다른 시간 개념들은 또한 시간 개념들을 서로에게 어떻게 맞추어야 하는지에 대한 문제들을 야기한다.[9]

노르베르트 엘리아스(Norbert Elias)가 공식화한 것처럼, "다양한 방식으로 형성될 수 있으며 역사적으로 변화될 수 있는 방향 설정"의 도구로서만 "우리가 시간을 가지고 있다면"[10] 엄청나게 많은 현상 속에서 더럽혀질 수 있는 이 방향 설정의 도구는 반어적으로 오도적 추상(misleading abstraction)이라고 하는 자기 자신의 형식을 초래하게 된다.

---

9   Barr, *Biblical Words For Time*, esp. 105ff.
10 참조. Norbrt Elias, 'Über die Zeit', in M. Schröter (ed.), *Arbeiten zur Wissenssoziologie* 2, Suhrkamp, 1988.

그러나 내가 보기에, 시간의 복수성에 대한 관찰에 의해 야기된 불안정성은(잉골프 달페르트가 주장했듯이[11]), "시간의 존재론적이고 종말론적인 차이들"의 의미와 기능을 고려하게 된다면, 극복될 수 있다.

'시간성과 영원성'을 종교적으로 구별해 주는 것들의 의미와 기능에 주목해야 하며, '옛 시대'와 '새 시대' 그리고 이런 의미와 기능은 옛 영원과 새 영원(the old and the new aeon)의 구별과 연관해서 더욱 면밀히 검토되어야 한다. 옛 시간과 새 시간, 옛 영원과 새 영원 사이의 종교적 차이를 통해서 우리는 시간들이 지닌 연관들의 복잡한 질서를 파악하고 구별할 수 있게 된다.

그러나 이 일에 있어서 '영원성'이나 '새 시간'이 단순한 추상적 총체성의 개념으로 지각 되거나, 모든 '시간'(all times)을 총체화하는 추상적 관점들의 발달을 위한 토대로 지각되어서는 안 된다. 불행히도, 달페르트까지 이런 주장을 하는 것처럼 보인다.[12]

오히려 우리는 하나님의 활동, 즉 시간들과 관련한 하나님의 형성적 능력들을 더욱 면밀히 고찰할 필요가 있다. 단순히 피조된 시간이나 '옛 시간'과의 차이 속에서 그리고 그것들과 관련하여 '영원성'과 '새 시간'을 이 출발점에서부터 이해하기 위해서 말이다.

---

11 Dalferth, 'Gott und Zeit', pp. 18ff.
12 다음 책에 나와 있는 '최소주의자'(minimalist)와 '최대주의자'(maximalist) 사이의 유익한 구별을 참조하라. Peters, *God as Trinity*, 146ff.

4. 시간에 대한 하나님의 조정: 삼위 하나님의 창조성

성경적 전통들은 하나님에 의해 '창조된' 시간의 복수성에 대해 말한다. 즉, 하루의 시간들, 일 년 또는 계절의 시간들, 삶의 개별적 시간들, 삶의 사회적 시간들, 축제의 시간들 등이다. 이런 시간들은 다수의 질서와 방향 설정을, 그리고 상호 간에 부분적으로는 일치하지만 또 부분적으로는 일치하지 않는 다양한 삶의 과정을 조정하게 한다.

추수와 양식의 공급을 위해서 하루의 시간들과 계절에 따른 계획들에 의해서 구조화 된 삶의 리듬들은 식물의 예견된 성장에 잘 맞을지도 모른다. 그러나 삶의 시간들의 개별적·사회적 구조들(출생·사랑·병·노화·죽음, 발달 장애들)은, 항상 유익한 것만은 아닌 그리고 항상 생명을 증진하는 것만은 아닌 방식으로, 이런 조정들을 방해한다.

공간과 시간의 일부 영역에서 개인의 일대기들과 공동의 역사들은 기후와 자연 조건들이 놀라울 정도로 잘 조정됨으로써 축복을 받게 되지만, 다른 영역들에서 개인의 일대기들과 공동의 역사들은 그 발달에 있어서 방해를 받거나, 심지어 파괴된다.

우리가 다양한 시간에 의해서 구성된 이런 방해들의 망에 초점을 맞추고자 한다면, 우리는 이 다양한 시간을 끊임없이 연결하고 조정해야 할 필요가 있게 된다. 다양한 시간을 조정하는 데 있어서 연속적인 것들, 동시적인 것들 그리고 계절에 맞는 것들이 보장되고, 가능하게 되며, 실현될 필요가 있다.

이런 조정은 매우 제한된 방식으로만 보장될 수 있으며 인간에 의해서만 추구될 수 있다. 생명을 촉진하기 위해 피조된 시간들을 조정하는 것은 개연성이 낮으며 지속적으로 위태롭게 된다. 그러므로 시간의 가장 이질적인 장들(fields)과 현상들의 유익하고, 좋고, 질서 있고 그리고 동시에 창조적인 연관들의 관계를 진척시키기 위해서는 (때때로 '하늘들'[heavens]에 의해서 상징되는) '시간들의 충만'(fullness of times)의 힘과 잠재력을 알고자 하는 지속적인 탐구가 필요하다.

창세기 1장의 창조 기사는 현상들의 우주론적·생물학적·문화적 영역들과 시간적 리듬들에 대한 신적이고 피조적인 조정들에 대해 말한다.[13] 이런 조정에서의 협력을 위해 인간들은 시간의 창조적 조정에 적합한 방식으로 하나님께 (창세기에 따르면 제의를 통해서) 물을 수 있음에 틀림없다.

왜냐하면, 인간들 자신이 시간들의 방해들을 보장할 수 없을 때조차, 이런 방해들은 그들이 없이는 그리고 그들의 협력 활동들이 없이는 일어나지 않으며, 또한 다른 피조물들의 협력 활동들이 없이 일어나지 않기 때문이다. 이런 과정에서 인간들은 (그리고 아마 다른 피조물들도) 하나님의 의도들을 오해하고 방해할 수 있는 수많은 가능성을 지니고 있다.

능동적이고 수동적인 인간적 저항의 조건 아래에서, 하나님의 계시는 시간들에 대한 하나님의 창조적 조정을 통해서 일어난다.

이것은 (우리가 끊임없이 접하게 되는 신학적으로 잘못된 판단이 말하듯이) 하나님이 공간과 시간의 각각의 장소와 모든 장소 안에서 자동적으로 활동하시며 임재하신다는 것을 결코 함축하지 않는다!

---

13 참조. Welker, "Creation"; and Welker, *Creation and Reality*, chap.1

성경 본문들이 말하듯이, 하나님은 오히려 그의 얼굴을 돌리심으로써, 그의 얼굴을 가리시거나 아래로 떨구심으로써, 시간들을 피조물의 잘못된 발달이 지닌 파괴적 역동성에 맡겨 두실 수 있다. 이것은 하나님이 피조된 삶의 어떤 영역들과, 따라서 어떤 시간들을 그들 자신의 파괴적인 능력에 맡겨 두어야만 한다는 것을 결코 의미하지 않는다.[14]

모든 시간은 '하나님의 면전에' 있으나, 하나님은 그 모든 시간 안에서 자동적으로 활동하시거나 임재하시는 것이 아니다. 이것을 이해하고 표현하기 위해서, 우리는 하나님이 시간과 맺는 관계를 시간들의 총체성이 아니라 시간들의 충만을 포함하는, 시간들의 살아 있는 집성이나 관계로 파악해야 한다.

내가 보기에는, 바로 이것이 '영원'의 성경적 개념들이 그리고 '옛 영원'과 '새 영원'에 대한 비판적 구별이 목표로 하는 것이다. '영원'이란 표현은 한편으로 과거와 미래 안에서 극단적으로 멀리 떨어져 있는 시간들에 대해 사용된다(영원에서 영원까지). 반면에, '영원'이란 표현은 시간들의 조정에서 헤아릴 수 없는 지속과 영속을 가능하게 하는, 시간들의 원천과 자원에 대해 사용된다.

모든 시간과 시간의 조정들이 하나님의 뜻과 의도들에 일치하는 것은 아니며, 아마도 심지어 어떤 가능한 미래에서든 하나님의 뜻과 의도들에 일치하지는 않을 것이므로, 그리고 시간들의 많은 조정이 피조물들에 의해서 중재되며, 따라서 하나님의 선하신 뜻에 자동적

---

14 이 문제에 대한 존 폴킹혼과 나의 논의, 특히, 제5장과 제6장에서의 논의를 참조하라.

으로 일치하는 것은 아니므로, 하나님의 영원성을 모든 시간과 선험적으로 똑같이 관계된 것으로 이해하는 것은 잘못일 것이다.

어쨌든 '옛' 시간들, 사라지거나 사라지도록 운명 지어진 시간들이 있다. 파괴적이며 자기(파괴적인 방식으로 하나님의 활동과 하나님의 자기) 계시에 반하여 작용하며, 그리하여 기껏해야 설명될 수 없고 상상할 수 없는 방식으로 하나님의 창조와 함께 하나님의 선하신 계획들을 진전시키는 시간들이 있다.

그러나 우리는 어떻게 구조화된 유한성에 관한 하나님의 의도들을 알 수 있을까?

시간적 유한성의 조건들 하에서 우리는 어떻게 영원하신 하나님의 일들을 이해하고 설명할 수 있을까?

내가 생각하기에, 삼위일체신학은 바로 여기에서 출발하며, 우리로 하여금 유한성 가운데에서 신(the divine)과 신적 활동들을 지각하며 동시에 이런 지각과 함께 섞여 있는 우상들과 이데올로기들을 제거하도록 도와준다.

삼위일체적 구별 가운데 우리는 하나님의 존재 양태들의 협력 안에서 또는 이른바 삼위일체의 인격들 안에서 하나님의 창조적이고, 계시적이며, 생명을 지탱하는 정체성과 능력을 추적하는 데, 삼위일체 각각은 영원성의 특성을 갖고 있지만, 그럼에도 오직 하나님의 충만, '신성의 충일'(pleroma), '영광'(doxa), 그리고 영원한 생명을 함께 구성한다.[15]

---

[15] 삼위일체신학을 위한 적절한 장소는 송영(doxology), 즉 하나님 앞에서의 집중된 침묵으로부터 기쁨과 감사로 가득한 열정적이며 영광을 돌리는 숭배로의 전환이라는 것이 강조되어 왔다. 나는 이것을 처음으로 디트리히 리츨(Dietrich

5. 삼위 하나님과 영원한 생명

제사장적 창조 기사에서, 창조의 과정에서 우주론적·생물학적·문화적 리듬들과 시간들이 서로 간에 조율되어 있다는 것은 주목할 만하다. 이 시간들은 모두가 '하늘 아래'에서의 시간들로서 천체들의 궤도에 의해서 결정적으로 결정되어지는 데, 이 시간들은 다시 한번 하나님의 시간, 즉 제사장적 창조 기사의 유명한 '칠일'과 구별된다.[16]

심지어 여기에서도 '창조'가 단지 초정밀 시계나 다른 과학적 기계 장치에 의해서 측량될 수 있는 다양한 시간의 배열에 불과하지 않다는 것이 명백해진다. 즉, 지구의 활동, 생육과 번성에 대한 인간의 관심 그리고 동료 피조물들에 대한 지배와 보존의 문제가 창조의 과정 속으로 통합된다는 점에서, 창조 신학의 견지에서 볼 때 '동일한 것의 영원한 의존'을 보존하고 확보하는 단순한 구조들을 불충분한 것처럼 보이게 만드는 요소들이 이 과정 속으로 들어온다.

Ritschl)에게서 배웠다(Zur Logik der Theologie, 178 ff. and 336 ff.). 패트릭 밀러에게서 나는 상보적 발견이 필요하다는 것, 즉 삼위일체신학은 애가(lamentation) 속에, 대중적 간구의 기도 속에 그리고 하나님의 공의(신정)에 대한 공통의 추구 속에 위치되어야만 한다는 것을 배웠다.

참조. Miller, They Cried to the Lord, 68 ff. and 262 ff. 이것은 우리가 선하고, 행복하며 자유하게 하는 시간들과 삶의 상황들 속에서 뿐만 아니라, 불행하고 노예화하며 구원과 구속을 위해 부르짖는 삶의 상황 속에서도 하나님의 살아 계심, 신적 계시 그리고 창조적 활동을 신시하게 취해야 한다는 것을 의미한다. 우리가 삼위 하나님을 진지하게 취하기를 원한다면, 우리는 애가의 형태들로 위기와 긴급한 상황들 속에서 이루어지는 기도와 간구를 그리고 신정론의 물음을 삼위일체신학의 '삶의 자리'로서 발견해야 한다.

[16] 제2장과 다음을 참조하라. Welker, *Creation and Realty*, chap.3.

그럼에도 불구하고, 내가 보기에 신앙의 첫 번째 항목이란 의미에서의 창조에 대한 만연한 시간 구조는 보존이란 의미에서의 우주론적·생물학적·인간적-문화적 시간들을 이렇게 조정하는 것에 의해서 그리고 리듬들과 연속성, 상호성 그리고 예상의 안정성을 보장하는 것에 의해서 각인된 것으로 보인다.

창조주 하나님에 대한 사유에서 우리가 신앙의 두 번째와 세 번째 항목을 외면한다면 (그리고 이런 외면은 신학적으로 용납될 수 없다), 우리는 대규모의 우주적 계획자라고 하는 고든 카우프만(Gordon Kaufman)의 모호한 개념을 우리 앞에 두게 된다.

'자연신학'(natural theology)과 동일시되어서는 안 되는 소위 "하나님에 대한 자연적 경험"(natural experience of God)은, 볼프하르트 판넨베르크가 보여 준 것처럼,[17] 자주 이런 하나님을 향하고 있다. 칼빈이 그의 책『기독교 강요』제1권 제3장에서 분명하게 진술하듯이 이 "하나님에 대한 자연적 경험"은 모호하거나, 또는 그가 보다 더 날카롭게 지적하고 있듯이, "헛되고 순간적"이다. 그럼에도 그것은 매우 강력하다.[18]

나에게 다소 어려운 점은 우주론적·생물학적·문화적 시간과 관련해서 그리고 그런 시간과 조율되어서 표현되는 종합적인 시간 형식에 맞

---

[17] Pannenberg, "Die 'natürliche' Kenntnis des Menschen von Gott," in Systematische Theologie, 1:121–32 [= ET "The 'Natural' Knowledge of God," in *Systematic Theology*, 1:107–18].

[18] 참조. Welker, *Creation and Reality*, 2장. 윌리엄 슈퇴거(William Stoeger)는 자연법칙들의 통일성과 방향성(directedness)에 대한 모호한 관점들이 이런 하나님 개념을 추구하려고 한다는 사실에 주목해 왔다. 그러나 이런 하나님 개념은 그리스도와 성령의 활동에 나타난 하나님의 계시를 무시한다.

는 적절한 용어를 찾는 것이다. 리듬과 연속성을 허용하는 그런 시간 말이다. 더 좋은 표현의 가능성을 열어둔 채 나는 우리가 보편적으로 측량될 수 있는 시간들의 연관에 대해 말할 것을 제안하고 싶다.

모든 종류의 추상적인 'omniquantors'를 신에게 적용하는 데에 커다란 관심을 가지고 있는 추상적 유신론은 이런 시간성 이해에 명백하게 중점을 두었다. 신앙의 다른 두 항목과 이 두 항목이 표현하는 시간성에서 떠남으로써, 하나님과 시간에 대한 이런 개념은 삼위일체적 사유뿐만 아니라 살아 계신 하나님에 대한 모든 개념을 파괴한다.

이것은 영원과 무한의 혼동을, 또는 헤겔의 표현을 따르자면 "악한 무한"을 초래한다. 그러나 신앙의 다른 항목들과 관련해서, 이 개념은, 우리가 보게 될 것처럼, 우리가 성경적 전통들에서 발견하는 세 개의 부요한 "은유의 화관들"과 관련해서 신을 이해하고자 한다.

두 번째 '위격' 또는 삼위일체의 존재 방식과 관련하여, 시간의 형식이 중심을 차지하는 데, 우리는 이것을 역사적 시간들의 복합이라고 부를 수 있다. 이런 시간적 형식들은 특별한 방식으로 다수의 다른 사건의 과정을 형성하고 나타내는 구체적인 사건들과 이런 사건들의 복합성에 중점을 둔다.

그것의 구조는 불역행성(irreversibility)이며, 과거-현재-미래의 구조다. 그리스도인들에게, 이런 시간은 예수의 출현과 활동에 의해서, 부활 이후의 예수님의 생명의 광채에 의해서, 그리고 이것이 교회와 세계 역사에 미치는 영향들에 의해서 결정적으로 결정된다. 그러나 구약성경의 전통들은 메시아 안에서의 하나님의 계시가 하나님의 자기 역사화(God's self-historicization)의 유일한 방식은 아니라는 것을 강조한다.

하나님의 창조적인 '영원'은 보편적으로 측량되고 역행될 수 있는 시간들과 역사적이고 전기적이고, 역행될 수 없는 시간들과 관련하여 그리고 이런 시간들의 상호적 침투 속에서 알려진다.[19] 때로 우리가 거대한 항상성들(constancies)과 리듬들을 '하늘과 땅'의 참된 창조주이자 보존자에게 돌리는 경향이 있더라도, 우리는 진실로 창조적이고 형성적인 하나님의 능력은 삼위 하나님의 두 번째 존재 양식의 활동 없이는 전혀 생각될 수 없다는 사실을 간과해서는 안 된다.

우리가 두 번째와 세 번째의 존재 양식을 외면한다면, 우리는 모호한 진술들의 영역, 예를 들어 하나님은 선인과 악인에게 똑같이 햇빛을 주신다고 하는 진술의 영역을 극복하지 못하게 된다.

그러나 삼위일체의 외적 사역은 나눌 수 없다!

오직 보편적으로 측량될 수 있고 역행될 수 있는 시간들과 과거·현재·미래를 구별하는 역사적이고 역행될 수 없는 시간들의 연관 속에서만 우주의 창조주와 보존자는 '창조적'·'통치적'·'지도적'이라고 불리는 방식으로 하나님의 피조물들에게 역사하신다. 그리고 오직 이런 시간들의 '페리코레시스' 안에서만 부활하시고 높아지신 그리스도께서 '로고스'요 창조의 중재자로서, 즉 모든 약속을 포함하고 있는 살아 계신 하나님의 능력으로서 역사하신다.

세 번째 항목의 시간의 형식은 이 두 가지의 시간 형식 모두와 구별되어야 하지만, 이 시간 형식은 그 두 가지 시간 형식과 확고하게 연결되어 있으며, 그것들과의 구별된 통일성 속에 있다. '성령의 부어 주심'이란 은유와 관련하여, 우리는 이미 보편적으로 측량될 수

---

19 참조. Cramer, *Zeitbaum*, esp. pp. 61ff.

있고 역행될 수 있는 시간들과 역사적이며 역행될 수 없는 시간들 각각의 토대에 놓여 있는 이런 시간의 형식을 명백하게 할 수 있다.[20]

성령의 활동을 통해 어떤 피조물 집단들은 반복해서 어떤 항상성들과 역사적 발달 과정들로부터 구원적인 방식으로 분리되어서 새로운 연속성들과 역사적 발달 과정들 속으로 교정적이며 치유적인 방식으로 이끌려 들어가게 된다.

성령을 통해서 역사적 시간들은 '카이로이', 즉 열매가 풍성하고 성취된 시간들이 될 뿐만 아니라, 성령을 통하여 하나님의 창조적 능력들이 중재되며 아무런 방해가 없이 피조물들 위에 그리고 피조물들을 통해서 역사하는 구원적이며 새롭게 하는 능력으로 알려지게 된다. 이미 멸망에 넘겨진 것으로 보이는 생명이 새롭게 된다. 이해가 불가능해 보였던 곳에서 새로운 공동체가 창조된다.

이것은 피조물들의 내적 관계들에 대해서 사실일 뿐만 아니라, 이것은 또한 피조물들이 하나님 및 신적 생명과 맺는 관계들에 대해서도 사실이다. 성령의 새롭게 하며 소생케 하는 시간들의 강력한 능력을 통하여 피조물들은 하나님의 영원한 생명에 참여하게 된다. 그들은 이 생명 안으로 이끌리어 그것에 관여하게 된다.

신성의 첫 번째 존재 양식의 활동 안에 신실함과 항상성이 없다면, 두 번째 존재 양식에서 나타나는 하나님의 정체성과 의도들의 계시 안에 명료성이 없다면, 성령의 소생하게 하고 새롭게 하는 힘들은 인식될 수 없으며 말해질 수도 없을 것이다. 그러나 사실은 패트릭 밀러가

---

[20] 성령의 '부어 주심'과 관련하여 다음을 참조하라. M. Welker, *God the Spirit*, 147 ff. 그리고 228 ff.

인상적으로 제시한 차원을 보게 된다.

즉, 하나님은 단순히 피조물들을 자기 마음대로 하시며 지배하기를 원하지 않으신다. 하나님은 피조물들과의 살아 있는 관계, 즉 하나님이 호소를 들으시고, 설득되시고, 공격을 받으시고, 찬양을 받으시며, 기도 속에서 간구를 들으시고 영화롭게 되시는 관계를 기대하신다.[21]

그러나 하나님의 살아 있는 임재를 찾고 구하는 데 있어서 뿐만 아니라, 이런 임재를 경험하는 데 있어서 우리는 시간의 세 번째 형식을 접하게 되는 데, 이 형식은 역사적 기억과 제의적 연속성이 없이는 명백한 종교적 표현의 형식들을 획득하지 못한다. 나는 이런 시간적 형식을 구원적인 카이로스적 시간들의 복합이라고 부르고 싶다.

이런 시간들은 단순히 역사 내적인 현상들이 아니다. 존 폴킹혼이 지적한 것처럼,[22] '순전히 우주론적' 관점에서조차 '창조'로서의 우주의 제한된 발달 조건인 어떤 '카이로이'가 말해질 수 있다. 성령의 활동이 없다면, 우주적·생물학적·문화적 과정들은 우리가 '단순히 자연적'이라고 부르는 관계들에 복종한 채 남아 있을 것이다.

성령의 활동이 없다면, 우리는 그리스도의 역사를 우리의 역사로 간주하지 않을 것이다. 즉, 그리스도의 역사는 우리에게 낯설고 외적인 것으로 남을 것이다. 리듬·연속성·기대들의 안전성을 가져오는 과정들은 예기치 않은 성공, 놀라운 일치 그리고 개연성이 없는 우연을 통해 새로운 방향들을 초래하는 과정들과 분명하게 구별될 수 있다.

---

21 Miller, "Prayer and Divine Action."
22 Polkinghorne, "Natural Science."

그럼에도 우리는 사건들 가운데 있는 '상호 침투적 관계들'에 대해 말해야 한다. 우리는 하나님의 창조 활동들이 원칙적으로 각각 성령의 활동에 의해서 특징지어진다고 말할 수 있다. 동시에, 우리는 성령의 강력한 외적인 활동을 하나님의 창조적이고 보존적인 활동과 구별해야 한다.

더 나아가, '발생하는 모든 일이 다' 하나님의 창조적 활동과 성령의 능력으로 인한 것은 아니라는 것을 아는 것이 중요하다. 각각의 모든 시간이 다 하나님의 영원에 의해서 자동적으로 유지되고 채워지는 것은 아니다. 거절되는 시간들, '오래'되고 '낡아' 사라지도록 운명 지어진 시간들도 있다.

이것은 하나님이 이런 시간들로부터 새롭고 창조적이며 치유적인 것들이 나오도록 하실 수 있다는 가능성을 배재하지 않는다. 기독교 신앙은 그리스도 안에 계시된 사랑과 관련하여 하나님은 심지어 어떠한 시간도 영원히 상실된 채 남겨져 있기를 원하지 않으시며, 오히려 반드시 하나님은 모든 창조를 지속적으로 구원하고자 하신다고 주장할 것이다.

우리가 그것들의 항상성들과 상호 의존성들 속에서 재구성해야만 할 세 개의 은유들의 화관들이 있는 데, 이것들은 영원 속에 있는 시간들의 페리코레시스를 드러낸다. 첫 번째 화관은 삼위의 첫 번째 위격 또는 존재 양식을 다른 위격들이나 양식들과 연결시킨다.

창조주 하나님이 왕의 은유들을 사용하시는 것, 성경적 전통들이 하나님의 통치에 대해 말하는 것, 성경적 전통들이 우주적 권세들의 연속성들을 능가하는 견고성을 이 하나님의 통치에 적용하는 것, 이 모든 것은 우주적 시간들이 역사적 시간들의 복합과 맺고 있는 관계를 탐구할 때에 설명될 수 있다.

 동시에 대규모의 이런 통치가 특정한 역사적이고 개별적인 주변 환경에 대한 하나님의 '자비로운' 관심을 축소하거나 파괴하지 않는다는 사실은 사랑의 부모나 목자의 은유들이나 다른 은유들에 의해서 표현된다.

 이런 복합적인 은유의 화관들을 연결시키는 이론적 근거들이 분명 우리가 방금 탐구한 시간성과 영원성의 틀에 의해 결정되는 것만은 아니다. 그러나 이런 틀을 통해서 우리는 삼위의 세 위격들 또는 존재 양식들의 페리코레시스와 관련한 편재해 있는 모호함을 극복할 수 있다.

 은유들의 두 번째 화관은 예수 그리스도, 그의 삶 그리고 그의 역사를 한 편에서는 하나님의 통치의 우주적 차원과 다른 한편에서는 예수 그리스도 자신의 구원적 제휴와 연결시킨다. 위대한 기독론적 명칭들과 종말론적 이상들 그리고 어린 아이·친구·형제·어린 양 같은 은유들은 삼위일체적 '페리코레시스'에 비추어 볼 때 종교적 견해들의 '다원성' 그 이상으로 입증될 다양한 해석을 제공한다.

 '정경적' 비유들은 역사적 차원을 두 개의 다른 시간적 차원과 연결하며, 따라서 그리스도의 지상적·천상적 삶뿐만 아니라 이런 삶을 영원하신 하나님의 계시로 만드는 삼위일체적 관계들을 드러낸다. 은유의 세 번째 영역은 성령의 존재와 사역을 그리스도의 인격과 사역 그리고 첫 번째 위격 또는 신적 존재 양식의 창조성과 관련시킨다. 이 점에 있어서 우리에게 왜 그렇게 풍부한 은유가 없는 것처럼 보이는지에 대한 이유를 탐구하는 것이 중요할 것이다.

피조된 실재가 증언을 하고자 하는 자기 자신의 결의를 흐리게 하는 은유적 공간으로서 여기에 들어 오는가?

우리에게는 하나님의 영원성이 유한한 것들 속에서 현존하게 되는 방편이 되는 개괄된 '시간들의 페리코레시스'를 상세하게 탐구해야 할 절박한 필요성이 있다. 우리는 은유 화관들의 문법과 이론적 근거들, 그것들의 상호 연관들 그리고 그것들을 구별해 주는 것들을 탐구할 필요가 있다.

이런 탐구 과정에서 우리는 하나님의 창조적이며, 용서하시고 구속하시는 활동을 보다 분명하게 지각할 것이며, 동시에 우리는 삼위의 차이점들과 공통점들 두 가지 모두에서 삼위일체적 존재 양식들 또는 위격들을 보다 분명하게 규정할 수 있을 것이다.

따라서 하나님의 영원성과 시간성에 대한 집중이 삼위일체신학을 개시하고 발전시키는 중요한 열쇠로 판명된다. 차별화된 방식으로 이것은 하나님이 어떻게 피조물들을 자신의 활동 속에 관여하게 하시며, 그들을 신적인 삶 속에 참여하게 하시는지를 우리가 이해할 수 있도록 해 준다.

성령이 이것을 성취하신다거나 이것이 '그리스도 안에서' 일어난다고 하는 단순한 확신들과는 달리, 삼위 하나님의 활동은 시간들의 페리코레시스와 관련하여 묘사될 수 있으며, 부분적으로는 비신자들에게까지도 명백해질 수 있다. 감각과 경험과 성경적 방향 설정 같은 명백한 이유들이 여기에서 함께 작용할 수 있다. 이것들은 이해를 추구하는 신앙과 신학과 과학의 대화에 있어서 결코 나쁜 관점들이 아니다.

적어도 지금까지 삼위일체신학은 하나님과 관련되고 하나님에 대해 말하는 기독교적 형식이었다. 한편으로, 삼위일체신학은 하나님에 대해서 말하는 풍부하고 차별화된 방식을 발전시킬 수 있다. 다른 한편으로, 삼위일체신학은 일반적으로 종교적 정보의 수준이 미약한 기독교적 환경에 낯선 것처럼 보이지만, 그러나 무엇보다 기독교적 전통의 바깥에 있는 종교적인 사람들에게 낯선 것처럼 보인다.

지금까지 삼위일체신학으로 인해서 기독교적 경건과 신학은 일신론적 종교들 가운데에서 불안정한 특별한 지위를 차지하게 되었으며, 사실상 '삼신론적' 종교라고 하는 의심을 받아왔다. 우리는 자기 비판적인 방식으로 이런 태도를 검증하고, 가능한 한 그것을 제거하기 위해 장기간에 걸친 종교들 간의 대화를 경험할 필요가 있다.

이 과정에서 교회들과 유대인들 사이의 대화가 굉장히 중요할 것이다. 하나님에 대한 지각에 관한 지식을 교환하는 것, 그리고 구체적으로 말해서 그리스도인들과 유대인들에게 공통적인 하나님 안에 있는 구별들과 그리스도인들과 유대인들에게 서로 다른 하나님 안에 있는 구별들에 관한 지식을 교환하는 것 말이다.

하나님과 '하나님의 택한 자'(God's Chosen One) 사이뿐만 아니라 하나님과 하나님의 영 사이를 이스라엘이 구별하는 것은, 그리고 무엇보다도 하나님의 서로 다른 이름의 의미와 합리성은 기독교적 삼위일체신학에 대한 중요한 물음을 초래할 뿐만 아니라, 기독교적 삼위일체신학을 실질적으로 지지하게 될 것이다.[23]

---

[23] 살아 계신 하나님에 대한 종교 간의 담화 가능성들에 대해 나의 눈을 열어 준 사람은 바로 모세 이델(Moshe Idel)이었으며, 그런 담화는 많은 사색적이고 형이상학적인 하나님에 대한 사유가 피하고자 하는 하나님 안에 있는 구별을 진지하게

우리는 예수론적(jesulogical)이며 퀴리오스적(kyriological)인 기독론들을 비판적으로 재검토하고 이스라엘과 교회 사이에 훨씬 더 강한 실질적 공통점들이 있지 않은지, 예를 들어 토라와 토라의 성취 그리고 그것의 메시아적 중재에 관해 물어야 할 것이다.

이것은 삼위일체신학과 이런 신학이 교회와 이스라엘 간 대화와 이런 대화를 넘어서 종교 간의 대화 속에서 행하게 되는 중재와 일치를 신학적으로 책임있게 발전시키는 것이 한두 개의 사유의 표상을 교환하거나, 실제적으로 종교적인 또는 종교적인 것으로 추정되는 몇 개의 증거의 경험을 교환하는 문제가 아니라는 것을 의미한다. 살아 계신 하나님에 대한 교리는 오히려 삶과 지식의 광범위한 연관들을 드러내는 것을 다룬다.

취해야만 한다. 이 책은 이런 방향을 향한 첫 걸음으로 이해될 수 있다.

제3장

진리와 이해에 대한 추구

존 폴킹혼 · 미하엘 벨커

우리 두 사람은 우리가 삼위 하나님에 대한 신앙을 어떻게 이해하는지에 대한 윤곽을 제시했다. 한 명은 이론 물리학에서의 아카데미적 배경에서부터 그리고 실재에 대한 과학적이고 신학적인 관점들이 서로 간에 어떻게 연관되는지에 대한 지속적인 관심을 가지고서 글을 쓴다. 다른 저자는 문화 연구들에 대한 통찰에 관한 민감성을 일관되게 보여 주었을 뿐만 아니라 철학에 의해 제기된 질문들에 주의 깊게 주목한 조직신학자다.

우리가 믿기로는, 이런 글을 기고하게 된 관심의 일부에는 이것들을 통해서 서로 다른 배경을 가진 두 사람이 어떻게 자기들이 공유하는 기독교 신앙과 관련된 중심적인 신학적 질문들에 접근하는지에 대한 예를 제공하려는 데 있다. 우리 사이에는 많은 대비점이 있다는 것을 쉽게 볼 수 있는데, 이것은 각자가 상대편의 글에 대해 추가한 간단한 논평에서 부분적으로 드러난다.

그렇지만 또한 논의의 표면에 있는 저의에는 상당한 정도의 공통점이 있는데, 이것은 우리 두 사람 편에서 진리와 이해에 대한 탐구가 어떻게 이루어져야 하는지에 대한 접근의 기본적인 유사성에서 오는 것이다. 특별히 우리는 둘 다 성경적 전통들이 지니고 있는 필수적인 통찰들에 온전한 중요성을 부여하고자 한다.

1. 신앙과 지식

신앙의 삶은 진리에 대한 면밀한 탐구만이 아니라, 인간의 지성이 하나님의 무한한 실재와 씨름하고자 할 때 인간 지성의 한계들에 대한 겸손한 인정을 요구한다. 이 두 측면 모두가 중요하다. 후자가 없는 전자는 이성적 과신의 오만을 초래하고 지나친 단순화의 오류를 부추길 수 있을 뿐이다.

반면에 전자가 없는 후자는 불가지론적 절망이나 신앙주의적 단언만을 초래할 수 있을 뿐이다. 우리는 모두 미하엘 벨커의 다음과 같은 진술에 동의한다.

> 신앙은 헌신을 위한 토대이며, 우리의 헌신에 대해 물음을 던지는 것이다. 신앙은 신뢰할 만한 지식을 포함하며, 동시에 그것은 지식의 한계를 아는 것이다.[1]

우리의 관심은 신뢰할 만한 것인지에 관한 것이지, 단순한 확실성에 있는 것이 아니다. 20세기는, 다소 절대적 의미에서, 확실성은 거

---

1 위의 66페이지를 보라.

의 없을 뿐만 아니라, 그런 확실성은 소유할 만한 가치가 거의 없는 아주 사소한 상황들 속에서만 그것에 도달할 수 있을 뿐임을 우리에게 보여 주었다는 것이 명백해 보인다.

쿠르트 괴델(Kurt Gödel)은, 수학이 일관된 것으로 알려진 공리들로부터 도출되는, 진술 가능한 모든 것에 대한 불변하는 연역을 낳을 수 없다는 점에서, 수학조차도 피할 수 없는 논리적 불확실성을 가지고 있다는 것을 보여 주었다. 주의 깊게 해석된 신앙의 삶은 과학과 신학 두 가지 모두에서 합리적인 삶이지만, 이 둘의 어디에서도 신앙의 삶은 절대적인 확실성의 삶일 수 없다.

2. 비판적·자기 비판적 실재론

두 명의 저자 모두 비판적 실재론, 다시 말해서 탐구의 목표는 사물들이 실제로 존재하는 방식에 상응하는 이해에 도달하는 것이라는 믿음을 지니고 있다. 우리에게 있어서 종교적 신앙이 일차적으로 하나님의 실재와 관련된 이유가 이것이다.

우리는 신적 임재의 은혜로운 선물 속에서 우리에게 알려지는 이런 실재를 만나게 되는데, 이런 만남은 역으로 인간의 반응을 이끌어 낸다. 이런 반응은 단순한 지성의 동의를 훨씬 초월하는 전인을 수반한다. 물론 그런 동의를 포함하지만 말이다.

이런 경험에는 주관적 차원과 객관적 차원이 모두 존재한다. 여기에는 피조물을 향한 하나님의 은혜로운 움직임과 하나님을 향한 피조물의 순종적이고 예배적인 움직임이 관련되어 있다. 신의 선물과 이런 선물을 진정으로 받아들이는 것의 본질적인 측면인 인간의 반응은 둘 다 예루살렘 성전에서 이사야가 본 이상에 대한 이야기를 통해 예증된다(사 6장).

이사야 선지자는 스랍들에 둘러싸여서 천상의 경배를 받으시는 높이 들리우신 여호와를 본다. 누멘적 임재에 대한 이런 압도적인 경험은 이사야의 인간적 반응, 즉 먼저 자기의 죄인됨과 자기의 백성 이스라엘의 공동의 죄를 인정하는 반응을 낳는다.

그 다음에, 그는 자기의 선지자적 소명을 받아들일 수 있게 하는 정결함을 받게 된다. 개인적인 삶의 양식과 공동체적 삶을 위한 종교적 신앙의 결과들은 매우 가치있고 중요하지만, 그 자체로 그것들은 그 성격상 부차적이다.

왜냐하면, 그것들은 교리의 주요 관심사가 아니기 때문이다(마치 교리가 윤리적 행위를 촉진하기 위한 위장된 전략인 양 말이다). 그러나 교리는 또한 원칙적으로 산문적이며 항목별로 진술된 명제적 지식에 대한 것도 아니다. 초인격적인 신적 실재는 그런 합리적 그물들에 갇힐 수 없기 때문이다.

우리가 이미 말한 바와 같이, 교리의 중심적 관심은 하나님의 실재에 있다. 이런 너무도 엄청난 주제가 인간의 유한성에 위압적인 것처럼 보일지도 모르겠지만, 신학이 언제나 그것에 필연적으로 수반되는 반어적(apophatic) 차원을 인식하고 있어야 한다는 것은 사실이다. 신학의 담화에는 비유와 상징 같은 개방된 자원의 사용이 포함되어야 하는데, 이런 자원들에 의해서 하나님의 진리는 그것의 위대함과 깊이가 손상됨이 없이 확언될 수 있다.

이미 과학의 경우에, 실재론적 탐구와 관련되어 있는 '비판적'이란 형용사는 없어서는 안 되는 것이다. 왜냐하면, 이것은 절대적 진리보다는 신빙성(verisimilitude)이 노력의 결과일 것이며, 이런 신빙성을 추구하는 방법은 너무 미묘해서 명시 가능한 프로토콜(protocol)을 따르는 것으로 환원될 수 없다는 것을 의미하기 때문이다.

인간이 소유하고 있으며 신중하게 활용할 수 있는 것으로 드러나지만, 그들이 어떻게 해서 그렇게 할 수 있는지를 완벽하게 상술할 수는 없는 암묵적 기술들(the tacit skills)을 요구하는 판단 행위가 필요할 것이다.

동기가 부여된 믿음을 위한 합리적 토대로서의 이해가 필요하다는 것을 폐기하지 않은 채, 우리가 이해하기 위해서 믿고자 할 때, 어느 정도의 피할 수 없는 순환성이 존재한다.[2] 과학적인 방법에 대해 붙은 이 모든 조건은 진리에 대한 신학의 탐구에 있어서도 훨씬 더 타당하게 적용된다.

이것을 가장 명백하게 한 과학 철학자는 마이클 폴라니(Michael Polanyi)이다.[3] 그는 과학의 논리적 불안정성을 인정하는 동시에 그것의 실제적인 성공을 변호할 수 있다. 그는 자기가 믿기에 진리를 추구하는 공동체의 실천 속에서 배울 수 있는, 그리고 그 결과 보편적인 목적을 가지고 실행될 수 있는 그런 암묵적 기술들을 언급함으로써 그렇게 한다.

---

2 다음 책에 있는 논의들을 참고하라. Polkinghorne, *Beyond Science*, chap. 2; Polkinghorne, *Belief in God*, chap. 5.
3 Polanyi, *Personal Knowledge*.

이 모든 것이 훨씬 더 어렵고 힘든 신학의 과제에 타당하다는 것은 너무도 분명하다. 신앙의 헌신이 없이는 이것을 진정으로 추구할 수 없으나, 이렇게 말한다고 해서 신학자들이 신앙주의적 게토 속에서 산다고 비난하는 것은 아니다.

3. 경험에서 이해로

우리 사이에 있는 두 번째 유사점은 우리 둘 모두가 추상들(abstractions)을 일반화하는 것에 대해 경계한다는 것이며, 그러므로 우리는 우리의 사고를 구체적인 특정한 것들에 두고자 한다는 것이다. 존 폴킹혼은 이것을 '상향식 사고',[4] 즉 경험으로부터 이해에로 나아가려는 시도라고 부른다.

경험에 호소한다고 해서 결국 귀납적인 도약을 만들고자 하는 희망 속에서 모아진, 특정한 사례들에 대한 베이컨주의적 축적을 의미하는 게 결코 아니다. 경험과 해석은 언제나 해석학적 순환 속에서 상호 간에 얽히게 될 것이지만, 우리는 그 원들(circles)을 가능한 한 작고 조이게 만들려고 해야 한다.

상향식 사고는 과학자가 받아들일 수 있는 본능적 자세다. 물리적 세계에 대한 연구는 우리에게 놀라운 많은 것을 보여 주었다 (아마도 양자론이 두드러진 예일 것이다). 그 결과, 과학자들은 이성적인 것에 대

---

[4] J. C. Polkinghorne, *Science and Christian Belief/The Faith of a Phsicist*, SPCK/Princeton University Press, 1994.

한 선험적 또는 초월론적 개념들을 깊이 신뢰하기를 꺼려한다. 경험은 종종 우리가 선험적으로 가지고 있는 기대의 틀을 깨뜨리며, 따라서 우리는 사물이 실제로 존재하는 방식에 복종할 수 있을 만큼 개방적이고 겸손해야 한다.

다시 한번, 우리는 이런 자세가 신학에 얼마나 절대적으로 본질적인지를 알 수 있는데, 이는 신학이 현재의 하나님 개념을 교정할 수 없는 우상으로 바꾸려는 유혹에 굴복하지 않도록 하기 위함이다. 이해에 대한 그들의 탐구에서 과학과 신학은 둘 다 보이지 않는 실재들에 대해서 말해야 한다. 그것들이 기초적인 분자 물리학의 쿼크들과 글루온들이든지 아니면 하나님의 비가시적인 실재든지 말이다.

그러므로 둘 다 실증주의적 회의주의의 비판들에 맞서 그런 믿음을 변호해야 한다. 둘 다 그것들의 사례들의 토대를 이해 가능성에 대한 호소에 둠으로써 본질적으로 유사한 용어들을 사용하여 그렇게 할 수 있다.

오늘날의 정통 물리학계가 물리학자들에게 그들이 쿼크나 글루온에 접근하는 데에 '제한되어' 있으며, 심지어 간접적인 개별적 조사를 통해서도 그것들의 존재를 알 수 없다는 것을 보여 주고 있다는 사실에도 불구하고, 물리학자들이 그런 것들의 존재를 믿는 것은 그것들의 존재를 가정함으로써 엄청난 물리적 경험을 이해할 수 있게 되기 때문인데, 만약 그렇지 않다면 그런 경험은 그들에게 이해하기 어려운 것으로 남아 있을 것이다.

그리스도인들이 니케아신경에 표현된 신앙을 받아들일 수 있는 것은 삼위 하나님에 대한 믿음을 통해서 신약성경에 기록되고 그 이후 세대들의 기독교 신자들에게 알려진 엄청난 영적 경험을 이해하게 되기 때문이다.

상향식 사상가들이 보편적 방법의 존재를 믿으려 하지 않고, 오히려 특정한 실재가 이해되는 대로 그것의 본성에 따라서 자기들의 접근을 재단하려 한다는 의미에서, 이 사상가들은 인식론적으로 실용주의적이다. 어떤 신학자들은 일반적인 방법론적 전략을 논하는 데 지나치게 관심을 갖는 것처럼 보이는데, 이로 인해서 그들은 특정한 문제들을 영구적으로 고찰하지 못할 수가 있다.

우리 두 사람은 일종의 즉흥적인(improvisatory) 접근을 선호하는데, 이런 접근 속에서는 주제 자체가 논의 방식을 결정하게 된다. 우리는 '황제의 새 방법'(the Emperor's New Method), 즉 신학적 지식의 집에 있는 모든 자물쇠를 열 수 있는 열쇠를 발견했다는 어떠한 주장에 대해서도 의구심을 갖고 있다.

4. 삼위일체 신앙

우리의 상호 작용에서 우리는 신학적 내용의 질문들에 많은 관심을 가졌다. 우리 둘 모두가 믿는 바는 온전히 삼위일체적인 신학적 입장만이 기독교 신앙을 위해서 온전히 설득력 있는 토대를 제공할 수 있는 풍부한 내용을 가지리라는 점이다.

과학을 통해서 우리는 물리적 세계를 탐구할 때 많은 놀라운 일이 우리를 기다리고 있다는 것을 알았으며, 이것은 우리의 '상식적인' 사유 양식을 수정하게 한다. 우리는 신학이 적어도 정신적으로 확장력이 있다고 기대할 수 있는데, 이것은 합리적이다.

이런 관점은 사람들이 흔히 사실로서 받아들이는 것과는 정확히 정반대의 것이다. 대중적인 생각에 따르면, 창백한 이신론은 삼키기가 쉬워 보인다. 왜냐하면, 창백한 이신론은 일상적인 사고를 바꾸도록 거의 요구하지 않는 반면에, 삼위일체 신앙의 채택은 기괴한 일이 될 것이기 때문인데, 이 삼위일체 신앙은 믿을 수 없고 혼란스러운 것을 받아들이도록 요구하는 까닭이다.

제1부의 장들을 통해서 우리는 왜 우리가 이런 입장을 거부하는지를 설명하고자 했다. 우리는 둘 다 절대적이며 추상적인 하나님에 대한 이해가 아니라 이스라엘과 교회의 풍부한 경험 속에 뿌리를 두고 있으며, 원칙적으로 '별이 총총한 위의 하늘들'이나 '내부의 도덕법' 안에서가 아니라, 십자가에 못 박히시고 부활하신 예수 그리스도의 인격 안에서 드러난 하나님에 대한 이해를 추구한다.

그 결과, 우리 둘은 구약성경과 신약성경의 성경적 증언을 가장 진지하게 취하고자 하는 바람을 공유하고 있다. 물론 그렇다고 해서 우리가 근본주의적 의미의 성경 '무오'를 받아들이는 것은 아니다. 성경의 구절들에서 우리는 영원히 열려 있는 진리들과 문화적으로 제한된 관점들 모두를 발견한다.

진리를 추구하는 성경적 신실함이 무엇을 수반하는지를 이해하는 데에는 상당히 미묘한 것들이 관련되어 있지만, 바로 이 일이 우리 둘 모두에게 맡겨진 일이다. 존 폴킹혼은 미하엘 벨커가 주해적 관심을 조직신학적 통찰과 연결하는 것을 매우 높이 평가한다. 창세기 1장의 '두 시간'에 대한 논의는 이런 접근의 열매가 풍성함을 예증해 준다.

다시 한번, 우리는 상향식 사고의 필요를 접한다. 이런 상호 작용적 전략은 성경의 개별 구절들과 관련해서 발달되어야만 하는 전략이며, 그것은 하나의 지배적인 주해 방법을 따르는 것으로 환원될 수 없기 때문이다.

그럼에도 과학과 문화적 연구들은 신학적 사고에 매우 다른 배경을 제공하지 않는가?

이것은 분명 사실이지만, 우리 둘은 서로의 전문 분야에서 오는 통찰들을 진지하게 취하고자 하는 강한 바람을 공유하고 있다. 과학자에게 이런 자세를 갖도록 하는 여러 이유가 있다.

5. 과학자의 관점

물론 과학자들도 사람이며, 그들의 개인적인 삶은 과학의 비인격적인 설명이 묘사하는 달의 풍경에서는 볼 수 없는 부유함과 깊이를 그들에게 제공한다. 빈약한 과학주의가 지금까지 설명할 수 있었던 것 보다 말할 수 있는 것이 훨씬 더 많다. 많은 과학자가 문화를 진지하게 취하고 문화를 매우 높이 평가한다.

하지만 결국 그들 중 일부는 문화를 인간의 구성물에 불과한 것으로 간주한다. 많은 다양한 인간 언어가 있는 것처럼 아주 다양한 인간 문화가 있다(이 둘 사이에는 명백한 연관들이 있다). 극단적인 포스트모더니스트는 다양한 언어가 서로 다른 공동체의 다양한 언어적 용례를 반영하지만, 그것들이 실재를 가리키는 통로는 아니라고 주장할 것이다.

한 공동체에서 서로 다른 색깔을 나타내는 단어의 수는 그 공동체의 일원들이 세계에 대한 그들의 지각을 어떻게 구성하는지에 대해 우리에게 말해 줄지 모르지만, 그것이 전자기 스펙트럼의 내재적 성질들을 반영하는 것은 아니다. 이런 문화적 상대주의를 극단으로 몰고 감으로써 어떤 사람들은 과학을 사회학적으로 강력하게 설명하게 되었고, 결국 과학이 주장한 대부분의 통찰은 사물을 그런 식으로 보려고 하는 보이지 않는 대학의 동의일 뿐이라고 결론 지었다.

거의 모든 과학자가 이런 견해를 거부한다. 자연은 우리를 반복해서 놀라게 하고, 과학적 탐구가 발견의 과정이라는 확신을 강화함으로써 우리의 선험적 기대를 깨뜨린다. 그러므로 과학자들은 자기 자신을 변호하기 위해 단서를 단다.

하지만 과학자들은 다른 문화적 활동들에 대해 구조주의적 관점을 취하기가 더 쉽다. 상대화시키는 이런 경향에 저항하는 것이야말로 우리의 비판적인 실재론적 입장의 절대적 중심을 이룬다. 우리 둘은 모든 형태의 인간 경험과 탐구가, 그것들의 적절한 용어로 그리고 가장 폭넓은 가능한 방식으로, 실재에 대한 일련의 창을 열어주는 것으로서 진지하게 취해져야 한다는 개념 속에서 작업하기를 원한다.

이런 개방들은 그것들을 통해서 우리가 접근하게 되는 그 하나의 실재에 대한 우리의 이해를 형성하는 데 있어서 모두가 고려해야 할 다양한 관점을 제공한다. 물리적 세계의 경이로운 합리적 질서에 대한 과학의 이야기와 물리적 세계가 지닌 역사의 풍성함의 발견은 이 동일한 세계가 또한 미의 담지자요, 도덕적 선택과 책임의 장이며, 신의 임재와의 만남을 매개하는 것이라고 하는 우리의 경험과 결합되지 않으면 안 된다.

따라서 우리 둘은 단순하게 쉽사리 믿어 버리는 그런 믿음의 원칙이 아니라, 경험의 풍부함의 원칙을 확언한다. 우리는 각각의 그런 창에서 오는 견해를 주의 깊게 조사해서 그것의 관점이 통찰뿐만 아니라 왜곡을 수반하지는 않는지를 물어야 하기 때문이다. 이런 신중함을 고려할 때, 그 목적은 기독교적 사고를 이런 관대하고 포괄적인 형이상학의 맥락 속에 두는 것이다.

6. 통합

과학과 문화적 연구들, 이 둘 모두의 통찰에 공통된 만남의 장을 제공해 줄 수 있는 개념이 있다. 제2부 제1장은 과학적 관점으로부터 활동적 정보라는 개념을 소개했다. 새로운 유형의 창조 및 유지와 관련이 있는, 정보내용(information-content)이라고 하는 아주 풍부하고 강력한 개념은 물리적 세계 안에 있을 뿐만 아니라, 진리를 추구하는 종교적 공동체의 삶 속에 있는 풍부한 구조들의 출현을 다룰 수 있다.

만약 우리가 실재를 "우리가 우연히 맞닥뜨리는 것"(다시 말해서, 우리의 주목을 끄는 우리가 조우하는 것이요, 우리가 그것과 관계할 때 자신을 증명하는 것)이라고 규정한다면, 그때 실재에 대한 큼직하고 '두툼한' 설명만이 인간 경험에 적절할 것이다. 우리는 둘 다 지식의 통일성을 믿는 사람들이다. 신학의 매력 중 하나는 그것이 실재에 대한 그런 통합된 관점을 탐구하도록 강력하게 고무시킨다는 것이다.

이성에 합당할 정도로 아름다운 우주의 근본 질서를 과학자가 발견한다는 것은 창조주의 지성을 인식한다는 것이다. 우리의 윤리적 직관들은 완벽한 신적 의지의 암시들이며, 우리의 심미적 기쁨은 창조의 기쁨을 공유하는 것이다. 종교적 경험은 신적 임재에 대한 반응이다. 이런 식으로 신앙은 그렇지 않을 경우에 인간이 실재와 만나는 데 있어서 당혹스러울 정도로 아무런 관련이 없는 것처럼 보이게 될 측면들을 통합할 수 있다.

하나님은 한 분이시기 때문에 지식은 하나라는 것을 발견하게 될 것이다. 그렇지만 이런 통합은 즉석에서 맞지 않는 것을 잘라 내는 프로크루스테스적 기법을 통해 조기에 질서를 성취하고자 하는 일종의 강박적 깔끔함에 의해서 이루어지지 않는다. 실로 하나님에 대해서 경험하게 된 타자성은 우리의 지성이 거대한 종합을 이룰 수 있다고 믿고 싶은 유혹에 대해 경고한다.

우리 자신이 철저한 침묵에 빠지지 않도록 하면서 우리는 신학의 비교감적 측면(apophatic aspect)을 진지하게 취해야만 한다. 지식의 통일성에 대한 궁극적 확신에도 불구하고, 상향식 사상가는 이해를 단편적으로 추구하는 것에 종종 만족해야 하는 데, 이런 이해는 그것이 받아들이고자 하는 실재의 부요함으로 인해서 더욱 필연적으로 잠정적일 수밖에 없기 때문이다.

성경적 전통과 씨름하는 것의 이점 중 하나는 성경적 전통의 다양성이 창조의 다층적 성격과 관련하여 무언가를 반영한다는 것이다. 존 폴킹혼은 다음과 같이 썼다.

나는 성경의 각 부분을 그것에 가능하고 적절한 방식으로 사용하려고 애써야 한다고 느낀다. 오직 그때에만 삶에 있는 어수선함과 소망

이 성경에 있는 어수선함과 소망과 일치할 것이다.[5]

과학은 전문가들을 위한 일이며, 과학의 진보는 천재적인 남성과 여성의 통찰들에 상당히 의존해 있다. 신학적인 고찰 자체 역시, 그것의 학술적 양식에 있어서, 전문가들을 위한 일이라 할지라도, 신학은 하나님의 거룩한 백성이 삶으로 살아 낸 전통으로부터 그것의 자료를 이끌어 낸다.

이 공동체 내에는 신과의 심오한 만남들을 증언하는 성인들과 신비가들이 있다. 그러나 신학적 통찰의 궁극적 검증은 신실한 자들의 전 공동체가 그것을 받아들인다고 하는 전통, 특별히 동방 교회 내에서 보존되고 존중된 전통이 있다.

종교적 신앙의 토대인 매우 개인적인 경험을 표준적인 유형으로 환원시킬 수는 없겠으나, 개인적 경험은 어떤 제약이나 그것의 타당성에 대한 검증을 받지 않아도 될 정도로 매우 특이한 것도 아니다.

많은 그리스도인에게 그들의 영적 삶의 주요한 표현은 교회의 성찬식에서 이루어지는 예배다. 전례는 예배자들의 개인적 반응들을 담고 있을 뿐만 아니라 그것들을 가능하게 해 줄 수 있는 공통된 틀을 제공해 주는데, 그런 반응들은 신실한 자들이 모인 공동체의 공통된 삶 안에서 일어난다.

전례는 우리가 그 안에서 사는 실재와 절대적 실재(the reality and Reality within which we live)에게 정직하고 개방적이며 적절한 반응을 추구하는 상향적 사상가의 진리 추구 역시 자리를 발견할 수 있는 유형을 제공한다.

---

[5] Polkinghorne, *Science and Christian Belief*, 153.

7. 신학과 진리에 대한 추구: 신학의 가장 기초적인 형식[6]

고민에 빠져 있는 친구들과 기독교를 경멸하는 교육받은 사람들을 위해서 쓰여진 이 책을 통해서 독자들이 우리와 함께 살아 계신 하나님에 대해 진지하게 신학적으로 사유할 수 있기를 바란다. 하나님에 대한 모든 언급이 신학적인 것은 아니다. 면밀히 숙고해 보면, 심지어 모든 경건한 말이 다 신학적인 것으로 간주될 수도 없다.

종교적 연구라는 이름하에 의식적으로 행해지는 하나님에 대한 냉소적인 말이나 발표가 신학적 언급이 아니듯이, 침묵의 기도와 하나님을 향한 한숨 역시 신학적 언급이 아니다. 하나님에 대한 냉소적인 말이나 발표는 그것이 화자에게는 영적으로 굉장히 낯선 어떤 종교에 대해 말하고 있다는 것을 분명히 해 준다.

어떤 언급이 신학적인 것으로 인정받으려면 적어도 두 가지가 반드시 있어야 한다.

첫 번째 전제는, 하나님이나 종교적인 문제들에 대한 신학적 언급이 잘 발달된 '신앙'을 증명해 줄 필요는 없다. 오히려(이것을 주의 깊게 표현하자면) 신학적 언급에는 최소한의 확신이 들어 있어야 하며, 신학적 언급은 실존적으로 최소한의 영향을 받았다는 것을 보여 주어야 한다. 이것이 그 화자에게서 명백하게 드러나지 않는다면, 적어도 그 발표의 주제에서는 드러날 필요가 있다.

---

6   다음의 내용들은 다음의 것과 부분적으로 동일하다. Welker, "Theology in Public Discourse."

예를 들어, 하나님에 대해 토론하는 중에 있는 신자들을 들 수 있다. 신학적인 언급들에서 신앙이 나타나는 반성적 거리가 어떠하든지 간에, 이런 언급들이 화자가 공유하거나 가치 있게 여기는 최소한의 확실성을 증명해 주지 않는다면, 이런 언급들이 적어도 영적 신빙성과 진리에 대한 추구 또는 믿음의 필요를 증명해 주지 않는다면, 하나님과 종교적인 문제들에 대한 이 진술들은 신학적인 것으로서 간주될 수 없다.

아주 분명히 말하도록 하자. 이것은 두 가지 조건 중 첫 번째일 뿐이다. 그 자체로 이것은 충분하지 않다. 하지만 신학적이라고 주장되는 모든 언급에서는 이런 조건이 성취되어야 한다. 교회 공동체의 일원들은 때로 이런 조건이 학술적 신학의 영역들에서 적절하게 충족되지 못하는 것을 발견하게 된다.

두 번째 전제는 특히 까다롭다. 신학적 언급은 말로 공식화되어야만 하며 이해될 수 있어야만 한다. 신학적 언급은 다른 사람들이 그것의 논리를 따를 수 있는 것이어야만 하며 실질적인 발달이 가능해야만 한다. 신학적 명제들의 수준에 이르기 위해 종교적 언급들은 소통 가능하고, 이해될 수 있으며, 그것들의 대상 및 내용과 관련한 발달에 개방적인 확실성들을 표현해야만 한다.

학술적 신학은 때로 이런 면이 교회 생활에서 발달되지 못한 것을 발견하게 된다. 자기 폐쇄적인 상태로 남아 있을 뿐만 아니라, 그렇게 남아있기를 원하는 개별적인 종교적 언급들이 반복해서 존재한다. 즉, 이해도 관계도 허용하지 않는 밀봉된 확실성들 말이다. 이런 언급들은 (그렇지 않을 경우 존중할 만한 가치가 있을지도 모름에도 불구하고) 또한 신학적이 되기 위한 최소한의 조건들조차 충족시키지 못한다.

따라서 우리에게는 이미 중요한 결과가 있다. 즉, 하나님에 대한 명제들은 틀림없이 단편적이고, 초보적이며, 거리가 있을 수 있지만, 그럼에도 여전히 신학적일 수 있다. 그러나 그것들은 신학적이 되기 위한 최소한의 조건들을 충족시키기 위해서 그 내용과 주제가 실존적으로 진지하며 이해 가능한 방식으로 다루어진다는 것을 증명할 필요가 있다.

이것은 신학적이라는 게 무엇인지에 대한 매혹적인 기본 구성을 드러낸다. 하나님에 대해 말할 때, 신학은 확신의 일관성과 주제의 일관성을 연결하며 상호 연관시킨다. 신학은 확실성과 합의만을 추구하지 않는다. 신학은 또한 올바름과 정확성만을 추구하지도 않는다. 확실성·합의·올바름·정확성을 추구할 때, 신학은 진리에 대해 묻는다. 즉, 하나님에 대해 말할 때 확신의 일관성과 주제의 일관성을 연결하고 상호적으로 향상시키는 것에 대해 묻는다.

일단 무엇이 신학적인지에 대한 이런 내적 구성을 인식하게 되면, 우리는 우리가 교회 공동체들과(소위 평신도와 주변부에 있는 사람들 가운데서 뿐만 아니라) 교회 밖의 일반 대중 안에서 발견하게 되는 단편적인 언급들조차도 신학적인 것으로 평가할 수 있다.

우리는 또한, 예를 들어, 어떤 역사적이고 철학적인 학술적 신학들에서 만나게 되는, 하나님에 대한 매우 거리가 있는 언급들을 신학적인 것으로 인정할 수도 있다. 신학적이지 않거나 또는 아직은 신학적이지 않은 언급들을 구분하는 경계를 흐리지 않은 채, 우리는 단편적이고 거리가 있으며 암묵적인 것을 신학적인 것으로 받아들일 수 있다.

따라서 우리는 하나님에 대한 진술들과 신앙의 다른 내용들을 신학적이라 부를 수 있는 데, 그것들이 화자 안에서와 주제 안에서 존재론적 진지함을 보여 준다면, 그리고 그것들이 이해될 수 있고 소통 가능하며 실질적 발달이 가능하다면 말이다. 교회의 모든 지체가, 그리스도의 몸의 모든 지체가 신학을 할 수 있다고 말할 때, 우리는 이런 신학 개념을 전제로 하고 있다.

그리고 우리가 또한 신앙 공동체들 밖의 대중적인 영역들에서(다소간 세련된 형태로) 발견하는 것이 바로 이런 형태의 신학이다. 신학에 대한 이런 최소한의 (그러나 동시에 정교하고 까다로운) 정의가 시야에서 쉽게 사라지게 되는 데, 우리가 신학을 사유와 확신 사이의 매우 발달된 상호 관계 속에서 하나님에 대해 말하는 것으로서 이해하기 때문이다.

8. 신학과 진리에 대한 추구: 신학의 정교한 형식들이 지닌 축복과 잠재적 위험

예를 들어, 우리가 칼빈이나 바르트의 신학, 루터교의 신앙고백적인 글들의 신학, 성경에 관한 책의 신학 또는 (학식이 있는 사람일 필요가 없는) 성숙한 종교인의 신학에 대해 말할 때, 우리는 사유와 확신 사이의 매우 정교한 상호 관계를 본다. 우리가 교의신학, 회중, 또는 교회 전통에 대해 말할 때, 우리는 사유와 확신 사이의 매우 정교한 상호 관계를 본다.

일반적으로, 이런 정교한 신학들은 신앙 공동체의 밖에서 생겨나지 않는다. 이것들이 개인들에 의해서 발달된 곳에서조차, 이것들은 종교 운동들, 회중들, 교회들 그리고 교회 교육을 전제로 하며, 이 모든 것 속에서 전통과 강력한 영적 교류를 전제로 한다.

모든 신학적 언급들에서 확신과 주제의 일관성과 이것들의 연관과 이것들의 상호적 향상은 오직 잠재적으로만 현존할지 모르는 반면에, 정교한 신학들에서 우리는 이런 것들이 발전하고 검증되는 것을 발견하게 된다. 확실성·올바름·진리에 대한 다양한 질문에서 나타나는 정교한 신학들의 검증은 커다란 유익이다.

신앙 공동체들은 이런 신학들에 의해 형성된다. 신앙고백들과 신앙고백적인 글들 속에서, 교리 문답과 교재들 속에서, 찬송가와 전례들 속에서 형성된 명시적인 신학들이 신앙 공동체를 특징짓는다. 그러나 암묵적인 신학들 역시 신앙 공동체를 특징짓는 데, 이 암묵적인 신학들은 가르침·선포·영적 담화와 같은 살아 있는 과정들 속에서 종종 단편적인 표현만을 발견하며 계속해서 발달되고 있다.

오랜 전통을 가진 주요한 신앙 공동체들은 하나의 전체적인 신학들의 분류 체계에 의해 형성되는데, 이 체계는 본질적으로 상호 양립 가능하거나 그것들의 양립 가능성과 관련하여 지속적인 논쟁의 주제여야 한다.

이런 맥락에서 우리는 신앙 공동체의 '하나의' 신학 또는 '그' 신학에 대해 말할 수 있다. 이 신학의 통일성은 갈등 속에서, 신앙고백들의 형식화 속에서, 성직 수임식의 맹세들 속에서, 그리고 다른 제한된 상황들 속에서만 종종 분명하게 접근할 수 있지만 말이다.

신앙 공동체를 형성하는 정교한 신학들의 큰 가치에 비추어, 사람들은 종종 정교한 신학들이 변질되고 나쁘게 변형될 수 있다는 사실을 간과한다. 단지 단편적인 신학적 언급들만이 아니라, 매우 발달된 신학들과 신학적 고찰의 상호 관계들까지도 거짓되고 기만적인 것으로 판명될 수 있다. 틀림없이 모든 신학은 확실성·올바름·진리를 목표로 한다. 그러나 어떤 신학도 진리를 독점하거나 완전히 소유하지는 못한다.

이런 이유 때문에 정교한 신학들은 그 자체로 축복이 아니다. 비록 정교한 신학들이 최고의 선한 의도들하에서 발전되고 변호되었다 하더라도, 그것들은 파괴적인 결과들을 가져올 수 있다. 우리는 매우 일관된, 오랫동안 인정된 신학들이 나쁜 이데올로기들을 떠받치고, 옮기며, 전파한다는 것을 알고 있다. 심지어 그것들 자체가 이데올로기가 될지도 모른다.

정교한 신학들은 주요한 형성적 영향력을 얻을 수 있기 때문에, 그것들은 신앙을 강화하는 것뿐만 아니라, 신앙을 심각하게 왜곡하는 데에도 이바지할 수 있다.[7] 오늘날 수세기에 걸쳐서 기독교 신학들이 가부장적·쇼비니즘적·계급주의적·제국주의적 태도들을 지지해 왔다는 것을 인정하는 것은 신학적 자기 비판의 친숙한 형태에 속한다.

7　참조. Stackhouse, "Sociology of Religion," 325: "물론 종교는 못쓰게 되어서(go sour) 사회 체계를 파괴할 수 있다. 마치 파괴된 가정, 실패한 경제, 폭력적인 정권 그리고 의미가 없는 거짓 문화 등이 그럴 수 있는 것처럼 말이다. 종교 비판자들이 주장하듯이, 종교가 나쁜 모습을 띠게 될 때 이런 체계들을 파괴하는 데 이바지할 수 있다. 썩은 종교는 성적으로 억압적이고, 경제적으로 장애를 일으키며, 정치적으로 압제적이고 문화적으로 추할 수 있다."

더 나아가서 우리는 특히 신·개신교 신학들이 신앙을 공허한 종교적 확실성과 혼합하고 뒤섞음으로써 기독교회들 안에서 종교를 체계적으로 공허하게 만들고 개별화하는 데에 이바지해 왔다는 것을 보기 시작하고 있다. 3천 년대로 접어드는 입구에서 서양의 산업화된 나라들에 있는 고전적인 주류 교회들은 이 문제로 인해서 심각한 고통을 겪고 있다.

우리가 신학과 신학들에 대해 말하는 세 번째 의미가 있다는 것을 보게 될 때, 우리는 이 복잡한 별자리에 접근하게 된다. 이 세 번째 의미에서 우리는 단순히 단편적인 지적이고 인식론적인 신학적 주도권이나 단순히 사유의 정교한 상호 관계를 가리키는 것이 아니라, 이 두 개의 극단을 중재하는 과정을 가리킨다.

보다 정확히 말해서, 우리는 위에서 언급된 두 개의 극 사이를 왔다 갔다 하는 다수의 지적이고 인식론적인 과정들을 가리키는 것이다. 이런 지적이고 인식론적인 과정들은 특히 아카데미 신학에서 명백해진다. 이런 이유 때문에 많은 사람이 신학과 아카데미 신학을 동일시한다.

그러나 이것은 옳지 않다. 하나의 신학이나 심지어 몇 개의 정교한 신학에 친숙하게 되는 데, 그것들을 통찰하는 데, 그것들을 비판적으로 대조하는 데, 그리고 그것들을 검토하고 검증하는 데 상대적으로 오랜 기간의 교육이 필요하다는 것은 틀림없는 사실이다. 그런 교육은 우리의 연구와 소명이 우리에게 그것을 추구할 자유를 제공하지 않는다면 거의 불가능하다.

그러나 잘 정교화된 신학들에 단순히 몰두할 경우 결정적인 신학의 과제를 놓칠 수 있다. 그렇게 몰두함으로써 신앙에 대한 실존적 접근이 촉진되고 신앙의 주제가 더욱 전개되어서 '아래로부터'의 신학적 수고를 향상시키지 않는다면 말이다.

포괄적인 체계적 신학을 목표로 할 수 있는(하지만 그럴 필요는 없다) 이런 '아래로부터'의 신학적 수고는 결코 아카데미 신학만의 특권이 아니다. 포괄적인 체계적 신학은 신앙을 이해하고, 그럼으로써 진리에 대한 물음에 대면하고자 하는 모든 그리스도인의 과제다. (실로 기독교 밖에 있는 신앙 공동체들 안에서 그것은 모든 종교인의 과제다).

종교인들이 하나님과 그들의 신앙에 대해서 내용과 관련된 방식으로 자신을 표현하고, 이해를 받게 되며, 다른 사람들을 자극해서 하나님에 대해 새롭고 더 많은 언급을 하도록 하자마자, 신앙 공동체들의 밖에 있는 대중적 상황들에도 신학이 존재하게 된다.

그러나 신앙 공동체들이 스스로를 알리지 않거나 대중 종교들이 신앙 공동체가 되지 않는다면, 사유와 확신의 포괄적인 상호 관계들이라는 의미에서의 신학들이 이런 식으로 정교화 될 것 같지는 않다. 그리고 정교화 된 다양한 신학의 반성적 공존은 반드시 신앙 공동체들과 교육 및 연구를 담당하는 신학 기관들에 제한된 채로 남아 있어야 한다.

9. 정교한 신학과 기초 신학 사이에 있는 위험한 다리들로서의 종교적 최소주의의 다섯 가지 형태

커다란 사회 단체들에 결정적이라고 생각되는 최소주의적인 종교적 사유 형태들을 규명하려는 시도들이 반복해서 있어 왔는데, 이런 시도들은 신앙 공동체들의 밖에 있는 커다란 대중적인 단체들을 위해서 명백하게 포괄적인 신학을 이런 식으로 상술할 수 있기 위해서였다.

이런 주제는 '시민 종교'라는 표제 하에서 집중적인 담화의 주제가 되어 왔다. 주류 기독교회들의 영향력 하에 있던 19세기와 20세기에, 우리는 신앙 공동체들 내에 있는 신학들뿐만 아니라, 종교적 정신과 이런 공동체들의 한계들을 넘어서는 신학적 표현 능력을 형성해 온 적어도 다섯 가지 형태를 관찰할 수 있다.

첫째, 자기 자신과 그 밖의 모든 것을 낳고 규정하는 초월적 행위자나 인격으로서의 하나님에 대한 믿음을 지닌 고전적인 추상적 유신론이다.[8] 이런 유신론은 "종국적인 준거점"으로서의 하나님(고든 카우프만), "존재의 근거"로서의 하나님(폴 틸리히와 다른 이들), "첫 번째 원인"으로서의 하나님(많은 대중적인 창조 개념에서), 그리고 "우리의 절대적 의존의 출처"로서의 하나님(프리드리히 슐라이어마허)과 같은 공식 속에서 표현되었다.

둘째, 종교적 전체론(a religious holism)이 거듭 제시되어 왔는데, 이것은 대화가 '전체'로, 그리고 어떤 형태든지 '전체성'으로 향할 때마다, 언제나 하나님 및 종교적 주제들과의 관련이 있다고 가정한다.

셋째, 그것들이 보수적이든 진보적이든, 우리는 종교적으로 주입된 도덕주의의 풍부한 형태들을 발견한다. 종교적 사유는 특별한 도덕적 기대과 요구의 스펙트럼 안에서 상술되며, 도덕적 교통은 그것

---

[8] 이런 종교적 형태와 능력에 대한 강한 비판에 대해서는 다음과 같은 각기 다른 입장을 보라: Barth, *Church Dogmatics*, II.2; Whitehead, *Process and Reality*; Molt-mann, *Crucified God*; Jüngel, *God as the Mystery of the World*; and Welker, *Creation and Reality*.

에 동반되는 종교적 음조(어떤 사회학자들이 말하듯이, 종교적인 '두 번째 암호화')를 통해 강조된다.

20세기에 신앙 공동체의 내부와 외부에 있는 또 다른 두 가지 형태가 큰 영향을 미쳤다. 즉, 종교적 대화주의 또는 인격주의와 실존주의다. 종교적 대화주의가 한편으로는 전자적 대중 매체 및 전체주의 국가들의 도래와 함께, 그리고 다른 한편으로는 다원주의적 사회들의 출현과 함께 번창했다는 것은 주목할 만하다.

종교적 대화주의는 하나님·인간·창조 사이의 관계를 친밀한 '나-너'(I-Thou)의 관계로 보며, 이런 형태로 모든 종교적인 문제를 말하려고 (헛되이) 시도한다. 마틴 부버 같은 영향력 있는 유대주의 사상가와 칼 바르트 및 에밀 브루너 같은 소위 변증법 신학의 지도적인 대표자들은 대화주의가 때로 교회와 문화에서의 신학적 사유 형태로서 도덕주의와 실존주의를 그늘지게 했다는 사실에 직·간접적으로 기여했다.

하지만 마지막으로, 종교적 실존주의는 훨씬 더 큰 영향력을 행사해 왔는 데, 특히, 신앙 공동체 밖에 있는 대중적 상황 속에서 그러했다. 실존주의는 유신론적 하나님이나 대화주의의 위대한 '당신님'(Thou)을 완전히 내재성과 자기지시 속으로 끌어들인다. '하나님'은 내 안에 있는, 나의 가장 깊은 내면의 확실성 안에 있는 '타자'다. 이런 형태가 극히 강력해졌다.

종교적 실존주의는 자기 자신을 가장 순수한 신앙으로 제시했다. 즉, 하나님을 언어로 표현할 수 없다는 것과 하나님이 각각의 인간에게 가까이 계시다는 것을 특히 진지하게 여기는 순수한 확실성으로 제시했다.

사실상 이런 형태는 신학의 죽음이 될 수 있는 데, 이것은 신앙을 단순한 내적 확실성으로 환원시키며, 신앙에게서 내용뿐만 아니라 표현과 교통을 위한 능력을 박탈하기 때문이다. 이런 종교적 형태는 강력한 논리를 가지고 신앙 공동체의 내부와 외부에서 신학적 교통을 파괴한다.

한편으로 이것은 모든 사람에게 동일한 방식으로 하나님에게 빠르고 즉각적으로 다가가는 문을 열어주는 것처럼 보인다. 즉, 네 자신과 네 느낌 안으로 들어가라. 그러면 너는 네 자신 안에서 너를 대적하지만, 그럼에도 동시에 너에게 무한히 친밀한 '타자'를 발견할 것이다. 그러나 사실상 이런 형태는 공허한 확실성과 자기 확실성 그 자체에 주목할 뿐이다. 이것은 그것이 분명하게 시작하는 곳에서 신학적 교통에 종말을 가져온다.

10. 살아 계신 하나님에 대한 신앙: 진리와 이해를 추구하는 신학은 그것의 주제를 향한 예증적 방향 설정이 필요하다

신학은 사회적·문화적 비판에서 자기의 능력을 증가시켜야 할 절박한 필요가 있다. 이 증가된 능력은 신학이 단순히 문화와 사회에 대한 어떤 구체적인 이론을 취한다고 해서 생겨나는 것이 아니다. 신앙 공동체들 내에서 신학은 인간이 그 속에서 살고 활동하는, 그리고 그것에 의해서 자기 자신을 규범적으로 형성하게 되는 그 환경과 하부 조직들과 단체들의 영향을 받지 않은 채로 신학적 신념과 물음을 발전시키지 않는다는 사실에 대한 민감성을 고조시켜야 한다.

신학은 또한 이런 환경적 영향들에 대한 비판적이고 자기 비판적인 민감성을 일깨우지 않으면 안 된다. 이런 규범적 힘들은 인간들을 서로에게서 분리하고 멀어지게 한다. 주로 가정 생활과 교육 문제들로 자기 자신을 규정하는 사람은 매일같이 사법적 문제나 정치에 사로잡힌 사람과는 다른 세계관을, 그리고 다르게 채색된 경건을 발달시킬 것이다. 매일 주로 시장과 대중 매체의 합리성들(rationalities)을 먹고 사는 사람 역시 여전히 다른 물음들에 몰두할 것이다.

동시에 이 규범적인 힘들은 시대·전통·문화를 가로질러 인간들을 함께 묶어준다. 신학이 신앙 공동체들 밖에서의 대중적 담화와 관련하여 자기의 말과 행위가 점차적으로 요점을 벗어나기를 원하지 않는다면, 신학은 자기교육과 다른 사람들에 대한 교육에서 하나의 총체적인 모든 과제에 직면해 있다.

그러나 사회적·문화적 비판 가운데 신앙 공동체의 능력을 증가시키고자 하는 이런 노력 속에서, 신학을 신앙 공동체 내에 보존하는 것은 무엇인가?

신학이 실제적인 내용과 대상으로부터 떠나지 않도록 해 주며 하나님에 대한 말을 망각하지 않도록 해 주는 것은 무엇인가?

이런 물음은 보편적으로 답변될 수 없고, 특정한 신앙 공동체들을 위해서만 답변될 수 있다. 기독교 신앙 공동체의 신학에는 풍부한 맥락 속에서, 즉 그들의 차이와 그들의 상호 관계 모두에서, 하나님에 대한 믿과의 친밀성을 교육시키는 뛰어난 토대가 주어졌다.

천 년 이상 발달해 온 성경적 전통들은 하나님에 대한 신앙이 형성되고 전달되어져 온 매우 다른 예증적인 실존적·도덕적·정치적·문화적 불행과 역경을 지닌 풍부한 맥락을 제공한다. 출애굽에서부터 바울의 정치적 감성(political sensibility)에 이르기까지, 성경적 전통들은 다양한 '삶의 상황들'과의 상호 작용 속에서 신학적으로 정향된 삶을 정확하게 기록하고 있다.

창조를 우주적·생물학적·문화적·종교적 과정들의 상호 의존으로 제시하는 데서부터 이스라엘과 열방들, 유대인과 이방인, 그리고 교회와 이스라엘 사이의 갈등으로 점철된 관계들에 대한 수많은 반성을 거쳐서, 교회를 많은 지체를 지닌 그리스도의 몸으로 기술하는 것과 '성령의 부어 주심'의 논리에 이르기까지, 우리는 반복해서 재발견하지 않으면 안 되는 풍부한 창조적이고 신학적인 내용과 형태를 만나게 된다.

성경신학 안에서 훈련된 신학은 좋은 단순화들을 기만적 단순화들로부터, 어떤 것을 개연적인 것으로 만드는 필수적인 방법들을 거짓된 대중 영합주의로부터, 필수 불가결한 집중과 명료성을 나쁜 환원주의로부터 구별하는 민감성을 발달시키고 실천할 것이다. 거듭 말하건대, 신학이 성경적 전통들로부터 그것의 방향을 설정하게 될 때, 신앙 공동체 내부와 외부 모두에서 신학을 포로로 잡고 있는 환원주의적인 조직적 형태들이 박살나게 된다.

추상적 유신론, 대화주의 그리고 실존주의는 그것들이 진정으로 사랑하는 창조주와 하나님의 창조성에 대해서 말하고 있으며 얼마나 그렇게 하고 있는지, 그것들이 부활하신 그리스도의 신성에 빛을 비추어 줄 수 있는지, 그것들이 성령의 신성에 대해 말할 수 있게 하는지, 그리고 (이 모든 것을 통해서) 그것들이 사람들로 하여금 삼위 하나님을 부르고, 영화롭게 하고, 경험하며, 생각하도록 할 수 있는지에 대한 물음에 직면해야 한다.

교리적으로, 우리는 살아 계신 하나님에 대한 새로운 이해(오늘날 많은 사람의 인식 속에서 고전적 유신론이 도움보다는 방해가 되어 왔다는 이해)를 필요로 한다. 그러나 다양한 차원(하나님의 유일한 말씀으로서의 그리스도, 하나님의 말씀으로서의 성경, 율법과 복음의 형태를 한 하나님의 말씀)을 일관된 상호 관계 속으로 가져올 수 있게 해 주는 하나님의 말씀에 대한 차별화 된 이해가 절박하게 필요한 상황이다.[9]

모든 형태의 환원주의적 일반화에 맞서서 신학은 지속적으로 신앙 내용의 특수성에 대한 기쁨을 일깨우고자 해야 한다. 신앙이 그것의 내용과 주제에 초점을 맞추는 데에서 얻게 되는 기쁨과 신앙의 확실성 둘 모두가 일깨워질 뿐만 아니라, 진리에 대한 질문을 토대로 상호 간에 도전을 주고 서로를 자극하는 정신성과 형태를 개간해 냄으로써, 신학은 모범을 보여 주어야 한다.

이것은 신학적 이해에 이르는 다양한 과정 속에서 일어난다. 신학이 다양한 신학적 이해를 개간해야 한다는 요구가 이상하게 들린다. 그러나 이런 요구는 일반적으로 무심코 신앙 공동체들의 내부와 외부 모두에서 사람들을 신학적 미성숙 속에 붙잡아 두는 방향으로 작업하는 조직적이고 실천적인 신학들과 충돌한다.

어떤 종류의 신학이 사람들을 신학적으로 미성숙한 상태로 유지하는 데에 이바지하는가?

우리는 '평신도'에게 '가르치는 교회'의 말을 단순히 듣게만 하거나, 또는 좀 더 부드럽게 말해서, 그들을 그들의 신학적 책임에서 풀어놓는 신학들을 지적할 수 있다. 우리는 또한 일반화시키는 정신성

---

9 참조. Welker and Willis eds, *Towards the Future of Reformed Theology*.

으로부터 작업함으로써 신앙이 그것의 내용과 주제에 초점을 맞추는 것과 신앙의 확실성 둘 모두를 변질시키고 훼손하는 신학들을 지적할 수도 있다.

획일적인 사유 양식을 가지고, 이원론적 세계상을 가지고, '나와 너'의 영역을 넘어서지 못하는 에토스를 가지고, 모호한 도덕주의를 가지고, 그리고 똑같이 모호한 다원성의 수사학을 가지고, 수많은 신학은, 신앙이 감히 자신을 공개적으로 표현하고자 할 경우, 신앙이 단순히 과거의 동시대적 문화와 불완전하게 교육된 상식을 말하게 되는 상황에 기여해 왔다. 이런 사태를 바꾸는 것이야말로 신앙 공동체들로부터 나아가는 신학의 주 업무 중 하나다.

그러나 종교적 최소주의를 향한 나쁜 방향 설정을 대체할 수 있는 지도적 개념은 무엇인가?

신학의 주제를 향한 예증적 방향 설정을 위해 애쓰는 것이야말로 미래에 신앙 공동체들 밖에서 이루어지는 대중적 담화에서 유익한 영향력을 행사할 수 있는 신앙 공동체들에게서 생겨나는 신학을 구별해 주는 표지다. 개인의 신앙의 확실성에 대한 깊은 존중심을 상실하지 않은 채, 신학은 신앙의 내용들에 관한 통찰과 이해를 제공해 주는 신앙의 능력을 발견하는 법과 다른 사람들에게 그것을 발견하도록 가르치는 법을 배워야 한다.

신학의 주제를 향한 이 예증적 방향 설정은 전통에 대한 결정적 증언들에게로 돌아서는 것과 또한 우리의 동시대적 문화들과 사회들에 의해 제기된 뜨거운 물음들에 민감하게 관계하는 것 속에서 증명되어야 한다.